현대문학과
기독교 세계관

생의 구경적 양식으로서의
문학과 종교

현대문학과
기독교 세계관

남금희 지음

생의 구경적 양식으로서의 문학과 종교

　모든 인간은 종교적이다. 신 앞에 선 인간은 단독자인 동시에 신에게 의지하려는 귀향의식의 소유자이다. 동서고금을 막론하고 이러한 인간지심의 발로는 문학과 철학과 예술의 인문학을 꽃피워 왔다. 문학과 종교와의 관계에서 문학은 인간과 인간 삶을 탐구하는 이야기다. 문학은 인간 삶의 역사를 언어로 표현하고 그중에서 기독교문학은 기독교 세계관으로 인간과 자연, 우주의 섭리를 풀어낸다. 문학작품은 종교와 다르며 기독교문학은 작가가 신 중심의 이야기를 풀어나가는 것이 아니라 작품에 드러난 인물의 행동과 종교관을 통해 그가 어떻게 자신의 종교를 삶으로 살아냈나를 말할 수 있을 뿐이다.

　따라서 기독교문학은 소재 측면보다 작가의 기독교 세계관이 필요조건으로 요구된다. 하지만 문학작품이 그 자체로서 완결성을 갖추고 있다는 측면에서 여러 요소들의 유기적 관계 속에서 작품 그 자체가 충분조건으로 제공되어야 한다. 신앙생활의 체험을 문학 체험으로 승화시킬 때, 마치 거울이 사물을 비추듯 그분을 비추어야 하는, 그분에 대한 경이와 숭배에만 갇히면 오히려 곤란하다. 성서 소재주의나 송가 등의 호교(護敎)문학 범주에 빠지지 않으려면 신앙을 삶의 문제로 육화해서 그 정서의 밀도와 긴장, 갈등을 녹여내야 한다.

　나는 삼십여 년을 대학 강단 말단에서 문학과 글쓰기를 강의하며 생의 구경적 양식으로서의 문학과 종교 문제에 관심을 집중했다. 특히 한국 근ㆍ현대문학의 굵직한 봉우리인 김현승과 박목월, 박두진의 시세계를 기독교 세계관으로 분석해 볼 수 있는 기쁨을 누렸다. 또한 김춘수와 김동리를 통하여 예수의 육체 부활 사건을 이성으로는 받아들일 수 없었던 그들의 고뇌와 문학적 형상화 과정을 살펴보는 행운도 누렸다. 두 작가에게 문학 행위는 자기구원을 향한 여정이었다. 또한 소설 속 인물들을 통해 작가의 종교적 상상력이 작품에 어떻게 용해되어 있으며 그들이 얼마나 치열한 작가의식으로 생의 탐구를 계속했는지 엿볼 수 있었다. 김은국의『순교자』와 엔도 슈사쿠의『침묵』, A. J. 크로닌의『천국의 열쇠』는 기독교문학의 정수를 보여주는 작품들로서 읽고 분석하는 내내 나의 삶을 반성하고 점검하게 했다. 그들은 시련과 고난 속에서 더욱 그리스도의 삶을 이 땅에 실현하고자 했다. 이청준의 단편「벌레 이야기」와 일본의 기독교작가인 아쿠타가와 류노스케의「남경의 그리스도」는 신앙의 교리와 실천 행위에 대한 갈등 차원에서 살폈다.『깊은 강』은 엔도 슈사쿠의 유작인데 작가의 종교의식의 귀결점을 보여주는, 일본인의 심성에 맞는 유의미한 소설이었다. 작품 분석은 모두 텍스트 읽기 중심이어서 원문을 많이 실었다.

이 논문들은 주로《문학과 종교》학회지에 발표되었으나 쉽게 풀어쓰고 약간의 수정과 보완을 거쳐 책으로 묶게 되었다. 논문이라면 연구사 개관이나 참고문헌을 제대로 소개해야겠으나 독자의 부담을 덜기 위해 그 부분은 많이 줄였다. 세상 만물과 세상사가 나를 가르치는 스승이었기에 참고문헌을 적자면 끝이 없다. 사진 게재를 놓고 저작권 위반이 될까 봐 마음 졸인다. 이후의 모든 불찰은 나의 책임이다.

일찍이 김춘수의 예수 소재 시편을 논문으로 발표하시고 나를 독려하신, 부족한 내게 시 창작 지도를 아끼지 않으신 문학스승 이진흥 교수님께 감사드린다. 또 재미없는 내 강의를 경청해 준 영남신학대 신학도들에게 감사한다. 그들은 지금 목회 현장에서 손발이 짓무르도록 사역을 감당하고 있을 것이다.

나는 아직 한참 멀었는데 사실은 책을 묶어내기가 부끄럽다. 하지만 꽃진 자리 허공처럼 빈 채로 남기 위해 문학을 잊고 싶은 심정으로 용기를 냈다. 밤늦은 경북대 도서관의 적막을 사랑한 이 결과물 앞에서 나의 주님을 앙망한다.

2023년 8월
남금희 頓首

II 현대소설과 기독교 세계관

I

한국 현대시와
기독교 세계관

제1장

김현승 시의
정신주의와 절대귀의

기독교 신앙(Christianity)
정신주의(Spiritualism)
견고한 고독(Solid solitude)
까마귀(Crow)
절대귀의(Absolute devotion)
보석(Jewelry)
재(Ash)

1. 들어가며

다형(茶兄) 김현승(金顯承, 1913-1975)은 '눈물'과 '보석'과 '별'의 시인으로 알려져 있다. 맑고 뚜렷한 이미지들로 정신의 명징성과 높은 종교적 윤리성, 선비정신이 함께 녹아 있는 독특한 정신주의 시로 한국 현대시사에서 형이상학의 미학을 구축한 시인으로 평가받는다.

장년기의 작가 근영

그의 시세계는 기도와 신앙을 노래한 시편들과 양심 있는 지식인의 고뇌와 실존의 고독을 노래한 시편들로 대별된다. 이런 특징은 그의 시가 신앙인의 관

점에서 쓰였을 뿐만 아니라 사랑을 실천하는 기독교인으로서 진솔한 삶을
시 속에 투영했다는 것을 보여준다. 그의 시편에 드러난 신앙의 본질은 양
심과 신념으로 살아가고자 하는 자기 존재의 회의(懷疑)에서 출발하여 작
품과 인격이 일치되는 은유적인 면모를 보여주었다.

김현승 시인의 시세계는 시 성격의 변화에 따라 크게 넷으로 구분할 수
있다.

제1기는 해방 이전, 즉 등단(1934년)부터 시작을 중단했던 1936년까지
의 시기로 본다. 『김현승 전집1』에 실린 《새벽 교실》의 시기로서 주로 식
민지 현실의 울분을 생명 공간을 지향하는 동경의 시어로 표현했다. 자연
물의 감각을 살려 '아침'과 '새벽'을 꿈꾸는 모습이 나타난다.

제2기는 해방 이후 다시 창작을 시작한 1946년부터 『김현승시초』(1957)를
거쳐 『옹호자의 노래』(1963)를 상재한 시기까지로 본다. 사색을 통하여 고
독이라는 시적 대상과 만나는 시편들을 발표했다. 그에게 고독은 자신의
신앙에 대한 객관적 상징이었다. 대표작으로 「자화상」, 「플라타너스」, 「눈
물」, 「옹호자의 노래」, 「가을의 기도」, 「인간은 고독하다」 등이 있다. 이 시
기는 제3기 시, 즉 고독의식이 사상으로 발전한 다음 시세계로 문을 여는
시기이다. 제2기까지의 시는 기독교의 원죄의식을 바탕으로 우러나는 반
성과 참회를 노래하거나 신앙의 순수와 정의에 입각하여 시대와 사회에

대한 관심을 표명했다.

제3기는 고독이라는 인간 조건의 철학적 명제와 신앙 사이의 번민이 잘 나타난, l963년 이후 『견고한 고독』(1968), 『절대 고독』(1970)을 거쳐 고혈압으로 쓰러진 1973년 여름까지로 본다. 고독의식과 절대존재인 신 또는 신앙 사이에서 갈등하는 모습은 「제목」 이후의 시편들에서 볼 수 있다. 「견고한 고독」, 「절대 고독」, 「고독의 끝」 등과 같은 고독 시편들이 이 시기를 대표한다.

제4기는 고혈압으로 쓰러져 타계하기까지의 2-3년으로 비교적 짧은 기간이다. 그러나 시간은 짧지만 이전 시세계와는 다른, 신에게 절대 의지하는 시편들로 감사와 참회의 신앙시를 썼다. 《날개》와 『마지막 지상에서』(유고시집)가 있다.

이 글은 김현승 시인의 시세계 중 제1기에 해당하는 자연 상징물을 이용한 낭만적 서정을 제외하고, 주변 사물을 투명하게 응시하는 제2기부터 3, 4기를 통과하면서 겪게 되는 신앙 일탈의 고뇌와 제4기의 신앙시, 시어에 나타나는 이미지를 중심으로 그의 시세계를 살펴보고자 한다.

2. 사색과 순결 지향의 신앙시

1965년까지의 제2기 시편들에는 절대자를 향한 인간의 신념과 순응 의지가 잘 나타난다. 시집 『옹호자의 노래』로 대변되는 이 시기는 기독교 정신을 바탕으로 자신의 신앙을 노래하는 동시에 신의 문제보다는 인간의 문제를 추구하며 사회 저변에 깔려 있는 아픔에 많은 관심을 보였다. 창백하고 메마른 자신의 모습을 표현한 시 「자화상」은 일제강점기 암흑시대를 구차하게 살 수밖에 없었던 지식인의 신앙 고뇌가 드러난다.

내 목이 가늘어 회의에 기울기 좋고,

혈액은 철분이 셋에 눈물이 일곱이기
포효보담 술을 마시는 나이팅게일……

마흔이 넘은 그보다도
뺨이 쪼들어
연애엔 아주 실망이고,

눈이 커서 눈이 서러워
모질고 사특하지 않으나,
신앙과 이웃들에 자못 길들기 어려운 나-

사랑이고 원수고 몰아쳐 허허 웃어버리는
비만한 모가지일 수 없는 나-

내가 죽는 날
단테의 연옥에선 어느 비문(扁門)이 열리려나?

– 「자화상」 전문

위의 시에서 목이 가늘고 뺨이 쪼들고 눈이 큰 화자의 형상은 시인 자신의 실제 모습으로 읽힌다. 보잘것없는 자신의 육체처럼 보잘것없는 정신의 소유자인 인간 모습, 그러나 결코 남을 속일 수 없는 선한 양심에 따

I. 한국 현대시와 기독교 세계관

라 살아가는 일상인의 모습을 그렸다. 특히 마지막 연에서 단테의 『신곡』
을 떠올리고 자신의 지상에서의 삶이 사후에는 천국에 턱없이 못 미치는
연옥 입구 정도의 삶에 불과하다고 인식하는 겸손함을 드러낸다.

경건한 신앙인으로 살기 위해 물질의 욕망에서 순결하고자 하는 의지
를 노래한 시편을 살펴보자.

내가 가난할 때……
저 별들의 더욱 맑음을 보올 때.

내가 가난할 때……
당신의 얼굴을 다시금 대할 때.

내가 가난할 때……
내가 육신일 때.

은밀한 곳에 풍성한 생명을 기르시려고,
작은 꽃씨 하나를 두루 찾아
나의 마음 저 보라빛 노을 속에 고이 묻으시는

당신은 오늘 내 집에 오시어,
금은 기명(器皿)과 내 평생의 값진 도구들을
짐짓 문밖에 내어 놓으시다!

　　　　　　　　　　　　　　　　　　－「내가 가난할 때」전문

"내가 가난할 때에" 별들의 세계를 밝히 볼 수 있고 "당신"의 얼굴을 다시금 마주할 수 있다는 역설은 신앙인의 세계관이다. 은밀한 곳에서 풍성한 생명을 기르시려는 '당신'은 지금 "꽃씨"를 두루 찾고 계신다. 그 꽃씨를 나의 마음에 묻어 자라게 하시려고 당신은 내가 가진 값진 물건들을 버리게 하신다는 긍정과 순응의 면모를 보인다. 육신이 고달프고 외로울 때 세상 집착에서 벗어나 신앙의 풍요를 바라보는 화자는 당신이 내 집에 들어와 거할 자리를 마련하기 위해 청빈한 삶의 자세를 취할 수밖에 없다. 그 마음이 화자를 더욱 정결하게 하고 인간의 유한성을 깨닫는 정신 자세로 나타난다. 물질의 소유를 추구하는 가치와는 거리가 먼 이러한 청빈한 정신주의 태도는 이후 신에 대한 번민과 갈등에서 이성과 양심을 신뢰하는 양상으로 변모한다.

> 꿈을 아느냐 네게 물으면,/ 푸라타나스,/ 너의 머리는 어느덧 파란 하늘에 젖어 있다.
> 너는 사모할 줄을 모르나,/ 푸라타나스,/ 너는 네게 있는 것으로 그늘을 늘인다.
> 먼 길에 올 제,/ 홀로 되어 외로울 제,
> 푸라타나스,/ 너는 그 길을 나와 같이 걸었다.
> 이제 너의 뿌리 깊이/ 나의 영혼을 불어넣고 가도 좋으련만,/ 푸라타나스,/ 나는 너와 함께 신이 아니다!
> 수고론 우리의 길이 다하는 어느 날,/ 푸라타나스,/ 너를 맞아 줄 검은 흙이 먼 곳에 따로이 있느냐?/ 나는 오직 너를 지켜 네 이웃이 되고 싶을 뿐,/ 그곳은 아름다운 별과 나의 사랑하는 창이 열린 길이다.
>
> - 「푸라타나스」 전문

I. 한국 현대시와 기독교 세계관

이 시에서 "푸라타나스"는 "너"로 의인화된 나의 길동무이다. 1연에서 화자는 자신의 꿈을 견주어 자연물인 너에게 말을 건다. 고독한 시인의 내면이 투사된 물음에 플라타너스는 그늘을 늘이는 모습으로 자신의 존재감을 보여준다. 시인은 인생 여정을 같이 걸어온 너에게 보답하는 선물로 영혼이라도 불어넣어 주고 싶어하지만 자신은 그런 능력을 가진 신이 아님을 인정한다. 피조물과 자연이 서로 교감하며 내재된 한계를 받아들이는 모습이다. 그러나 수고로운 순례자의 삶이 끝나는 날, 별이 보이는 길목에 언제나 너를 이웃으로 두고 싶어 한다. 아름다운 별과 시적 화자가 사랑하는 창이 열린 길은 곧 천상을 향하는 여정일 것이다. 그 길의 동반자는 사람이 아니라 화자가 항상 바라볼 수 있는 자연물이다. 인생의 멀고 외로운 길을 플라타너스와 함께하고 싶다는 자연 친화의 태도는 「자화상」에서처럼 회의에 기울기 좋아하는 시인의 고독한 모습을 대변한다.

> 더러는/ 옥토에 떨어지는 작은 생명이고저……
> 흠도 티도,/ 금가지 않은/ 나의 전체는 오직 이뿐!
> 더욱 값진 것으로/ 드리라 하올 제,
> 나의 가장 나아종 지니인 것도 오직 이뿐!
> 아름다운 나무의 꽃이 시듦을 보시고/ 열매를 맺게 하신 당신은,
> 나의 웃음을 만드신 후에/ 새로이 나의 눈물을 지어주시다.
>
> ─「눈물」 전문

그는 이 지상에서 오직 썩지 않는 것이 있다면 그것은 신 앞에서 흘리는 눈물뿐일 것이라고 했다(「굽이쳐 가는 물굽이 같이」, 『고독과 시』, 236). 어린

아들을 잃고 '눈물'이 신의 선물임을 알게 되었다는 위의 시는 신의 존재를 인정하고 그에 순응하려는 자세가 신앙의 모순과 역설을 드러내는 절제된 시어로 나타나 있다. 눈물로 씨를 뿌리는(시 126:5) 시인의 순결한 영혼이 현실의 슬픔을 극복하고 더욱 적극적으로 신에게 다가가려는 의지를 느끼게 한다.

> 가을에는/ 기도하게 하소서……/ 낙엽들이 지는 때를 기다려 내게 주신/ 겸허한 모국어로 나를 채우소서.
> 가을에는/ 사랑하게 하소서……/ 오직 한 사람만을 택하게 하소서/ 가장 아름다운 열매를 위하여 이 비옥한/ 시간을 가꾸게 하소서
> 가을에는/ 호올로 있게 하소서……/ 나의 영혼,/ 굽이치는 바다와/ 백합의 골짜기를 지나,/ 마른 나뭇가지 위에 다다른 까마귀같이.
>
> – 「가을의 기도」 전문

전체 3연인 이 시에서 화자는 '가을에는 ~~하게 하소서'라는 기도의 어조로 구도자다운 자세를 보인다. 각 연 첫 행에 자리 잡은 가을은 낙엽이 지는 때이며 "가장 아름다운 열매를" 맺는 "비옥한 시간"이다. 화자는 가을에 영혼 깊숙이에서 우러나오는 자신만의 진정한 언어, 즉 "겸허한 모국어"를 갈망한다. 또한 가을에는 가장 소중하고 유일한 만남을 바라고 있다. 이는 절대자를 향한 신앙에 인간의 감정을 불어넣은 표현으로 보아도 좋고 사람과의 사랑을 종교 차원으로 끌어올린 표현으로 보아도 무방하다. 3연에 이르러 화자는 가을의 그 비옥한 시간에 다른 무엇보다 "호올로 있"기를 바란다. 절대자 앞에 겸허히 자신을 내어놓고 "굽이치는 바다"

와도 같았던 역경의 지난날과 "백합(옥잠화)의 골짜기"(아 2:1)와도 같았던 평화로운 시간을 지나 고독한 단독자로 남아 있기를 원한다. 홀로 있는 시간에 인간은 진실해지고 자신의 영혼을 돌아보며 성숙해진다. 여기서 주목할 대상은 까마귀라는 시적 상징이다. 까마귀는 천상으로 날아오르기를 애쓰는 것도 아니고 지상의 삶으로 내려앉기를 원하는 상태도 아니고 마른 나뭇가지 위의 허공에 머물러 있다. 마른 나뭇가지는 정신주의를 추구하는 시인의 여윈 모습과 흡사하다. 시각과 청각의 움직임이 멈춘 곳에 돌올한 까마귀는 초월과 구원의 상징이자 시인의 고독을 표상한다.

> 내 마음은 마른 나뭇가지/ 주여,/ 나의 머리 위로 산까마귀 울음을 호올로/ 날려 주소서./
> 내 마음은 마른 나뭇가지/ 주여,/ 저 부리 고운 새새끼들과/ 창공에 성실하던 그의 어미 그의 잎사귀들도/ 나의 발부리에 떨어져 바람부는 날은/ 가랑잎이 되게 하소서.
> 내 마음은 마른 나뭇가지/ 주여,/ 나의 육체는 이미 저물었나이다/ 사라지는 먼뎃 종소리를 듣게 하소서,/ 마지막 남은 빛을 공중에 흩으시고/ 어둠속에 나의 귀를 눈뜨게 하소서.
> 내 마음은 마른 나뭇가지/ 주여,/ 빛은 죽고 밤이 되었나이다!/ 당신께서 내게 남기신 이 모진 두 팔의 형상을 벌려/ 바람 속에 그러나 바람 속에 나의 간곡한 포옹을/ 두루 찾게 하소서.
>
> – 「내 마음은 마른 나뭇가지」 전문

이 기도시에서도 저무는 가을 풍경을 배경으로 한 화자의 존재론적 각성이 "마른 나뭇가지"라는 선명한 이미지로 제시된다. 화자의 나그네 삶은 마른 나뭇가지에 날아와 앉은 까마귀와 같다. 화자는 봄여름의 성장기를 지나 가을바람에 떨어지는 가랑잎처럼 이제는 몸도 마음도 시들었다고 고백한다. 그러나 아직은 눈을 열어 구도의 "종소리를 듣게" 하시고 "빛"을 보게 하시고 진리에 "눈뜨게" 해 주시기를 바라며 주께서 주신 육신의 팔을 벌려 이것들을 포용하고 싶다는 구도자의 자세를 보인다. 여기서도 주목되는 것은 화자의 마음이 허공의 마른 나뭇가지에 있다는 사실이다. 이 공간은 인간의 한계와 운명을 긍정하고 난 뒤 신과 마주하는 공간이자 본질적인 자아를 지향하고자 하는 정신의 한 극점에 해당한다. "모든 빛깔을 억누른 검은 빛깔로 저 자신을 두르고, 기쁨과 슬픔을 초월한 거친 소리로 울고 가는 광야의 시인"(『전집』 2. 397)인 까마귀는 신 또는 자신의 근원을 탐색하는 시인의 개인 상징이다. 그는 '나의 나뭇가지에는 산까마귀만이 날아와 호올로 앉아 있다'고 표현한 철학자 키르케고르의 눈을 통하여 겨울 남녘 들판을 바라보며 위의 시를 썼다(『전집』 2. 420)고 말했다. 이후 「겨울방학」에서 그의 고독은 신을 잃은 고독이며 지금까지 그가 의지해 왔던 거대한 믿음이 무너졌을 때 허공에서 느끼는 고독이었다고 했다. 이는 기독교와 밀접한 관련이 있는 고독이면서도 유신론적 실존주의자인 키르케고르의 신을 찾기 위한 전제조건으로서의 고독과는 다르다고도 했다. 제3기의 시세계에서 볼 수 있는 초월을 향한 의지를 가늠할 수 있는 발언이지만 그는 신을 잃었다고 말하는 그 시기에도 자신의 신앙이 사고에 내재돼 있었다는 것을 그 시기가 지나고 나서야 알게 되었다고 말한다.

3. 견고한 고독과 절대고독의 시

시인은 종교 세계가 인간에게 국한된 일부의 세계가 아니라 삶의 근원과 가장 밀접한 관계가 있는, 가장 본질적이며 보편적인 세계라고 보았다. 또한 종교는 인류악이나 사회악에 대한 근본 치료의 힘을 발휘하고 있다고 하면서 "종교는 구호미(救護米)와 같이 배고픈 사람을 당장에 배 불릴 수는 없으나 결국은 더 오래 배고프지 않게 한다"(「나의 문학백서」, 278)라는 효용론까지 역설했다.

하지만 1960년대 중반 이후 제3기에 해당하는 시들은 신을 향한 관심을 인간에 대한 관심으로 이동하여 '견고한 고독' 속으로 들어가는 양상을 보인다. 이 고독은 1964년부터 고혈압으로 쓰러지기 전까지 계속되었다. 그는 현대인의 삭막함은 고독을 상실하고 이탈한 데서부터 비롯되었다고 보았다. 그에게 영향을 준 릴케의 시 「가을날」처럼 그는 집을 떠나 먼 곳에서 홀로 방황하고 싶은 마음의 충동을 종종 경험(『전집』 2. 364) 했다. 이 시기는 신의 존재와 기독교 신관에 대한 회의로 자발적인 고독에 칩거하는 모습을 보인다.

> 무엇보다 하느님은 유일신이 아닌 것 같다. 만일 유일신이라면 어찌하여 이 세상에는 다른 신을 믿는 유력한 종교가 따로 있겠는가? 그리고 십계명에는 어찌하여 "나 이외에는 다른 신을 공경하지 말라" 하였을까. 그것은 다른 신의 존재를 전제하지 않고서는 표현할 수 없는 말이 아닌가. 또 기독교의 일원론은 악마의 영원한 세력인 지옥을 인정함으로써 결국은 이원론이 되고 만다. 그리고 일원론이 성립되려면 선의 책임과 함께 악의 책임도 창조주에게 지워져야 한다. 그런데, 기독교에서는 행복의 영

광은 신에게 돌리고 불행의 책임은 악마에게 돌림으로써 스스로 이원론의 모순을 저지른다. 지상의 종교란 초월적인 신으로부터 근원되는 것은 아니고, 결국은 인간들 자신이 만든 것을 오랜 세월에 따라 최초의 창시자를 신격화한 것뿐인 것 같다. (『전집』2, 274-75)

이와 같이 그는 유일신 사상이나 종교의 절대성과 상대성에 대해, 또 신앙 면에서 교인들의 생활과 마음가짐이 일반 사회인의 그것과 다름이 없다는 데에 큰 상심을 했다. 그들이 특유한 형식을 지키는 면에서만 다를 뿐 실제 생활면에서는 '영(靈) 중심의 교인들'이 육체 중심의 사회인과 별반 다를 것이 없다면서 방황하게 된 배경을 피력했다. 그가 혼란에 빠진 것은 기독교 신앙의 문제를 철학과 사상의 차원으로 바꾸어 이해하려고 했기 때문으로 보인다. 이러한 내부 변화는 시「제목」을 계기로, 지금까지 유지하던 서정의 세계에서 신과 신앙에 대한 변혁을 내용으로 하는 관념 세계로 발을 들여놓게 했다.

떠날 것인가/ 남을 것인가.
나아가 화목할 것인가/ 쫓김을 당할 것인가.
어떻게 할 것인가./ 나는 네게로 흐르는가/ 너를 거슬러 내게로 오르는가.
두 손에 고삐를 잡을 것인가/ 품 안에 안길 것인가.
허물을 지고 갈 것인가/ 허물을 물을 것인가.
어떻게 할 것인가/ 눈이 밝을 것인가/ 마음이 착할 것인가.
어떻게 할 것인가/ 알아야 할 것인가/ 살고 볼 것인가.
필 것인가/ 빛을 뿌릴 것인가.
간직할 것인가/ 바람을 일으킬 것인가.
하나인가/ 그 중의 하나인가.

어떻게 할 것인가/ 뛰어들 것인가/ 뛰어 넘을 것인가.
파도가 될 것인가/ 가라앉아 진주의 눈이 될 것인가.
어떻게 할 것인가,/ 끝장을 볼 것인가/ 죽을 때 죽을 것인가.
무덤에 들 것인가/ 무덤 밖에서 뒹굴 것인가.

-「제목」전문

이 시는 대구(對句) 형식으로 33행 모두가 의문서술형 어미 '~인가'로 되어 있다. 지금까지 신앙의 눈으로 삶을 투시하고 언어화하던 자세에서 방향을 틀어 그러한 삶에 대한 회의와 갈등을 산문 투로 시화하고 있다. 각 연의 대립되는 양상을 신앙의 내적 투쟁에 따르는 경계선으로 본다면 화자의 갈등은 이미 신앙 밖으로 나서고 있음을 짐작하게 한다. 신앙에 대한 회의를 나타내는 의문형 서술어는 '떠날 것인가, 쫓김을 당할 것인가, 네게로 흐르는가, 고삐를 잡을 것인가, 허물을 물을 것인가, 눈이 밝을 것인가, 알아야 할 것인가, 필 것인가, 바람을 일으킬 것인가, 뛰어들 것인가, 파도가 될 것인가, 끝장을 볼 것인가, 무덤 밖에서 뒹굴 것인가'이다. 그 대립 서술어는 '남을 것인가, 화목할 것인가, 내게로 오르는가, 품 안에 안길 것인가, 허물을 지고 갈 것인가, 마음이 착할 것인가, 살고 볼 것인가, 빛을 뿌릴 것인가, 간직할 것인가, 뛰어넘을 것인가, 진주의 눈이 될 것인가, 죽을 때 죽을 것인가, 무덤에 들 것인가'이다. 그러나 구조적으로 '어떻게 할 것인가'라는 망설임에 비중을 둔다면 신앙과 화자의 의지가 상충할 때, 심적 지향의 언어를 먼저 내세운 후 다음 행에서 그 대비되는 태도를 덧붙임으로써 고뇌의 심각성을 느끼게 한다.

나로 하여금/ 세상의 모든 책을 덮게 한 최후의 지혜여/ 인간은 고독하다!/ 우리들의 꿈과 사랑과/ 모든 광채 있는 것들의 열량을 흡수하여 버리는/ 최후의 언어여,/ 인간은 고독하다!
슬픔을 지나/ 공포를 넘어/ 내 마음의 출렁이는 파도 깊이 가라앉은/ 알지 못할 깨어진 중량의 침묵이여,/ 인간은 고독하다!
[…]
이 간곡한 자세 이 절망과 이 구원의 두 팔을/ 어느 곳을 우러러 오늘을 벌려야 할 것인가!

- 「인간은 고독하다」 부분

그는 신에게 구원의 팔을 뻗치고 있고 신의 절대적 위치, 인간이 책으로 알 수 없었던 "최후의 지혜"인 고독과는 다른 위치에 있는 신의 존재를 인정하고 있다. 아직은 신에 대한 회의의 그림자가 짙지는 않지만 그는 인간의 언어로 인간인 자신의 모습을 그리고 있으며 이 과정을 통해 고독이라는 명제를 찾아낸다. 그에게 고독은 구원에 이르는 고독이 아니라 구원을 잃어버리는 고독, 즉 구원을 포기하는 고독으로 나타난다. 이후 그의 시는 인간으로서의 의지적 고독을 고집하면서 제3시집 『견고한 고독』에서는 수단으로서의 고독이 아니라 순수한 고독 그 자체를 시화한다.

그늘에 빚지지 않고/ 어느 햇볕에도 기대지 않는/ 단 하나의 손발.

- 「견고한 고독」 부분

시인은 어떤 것에도 기대거나 빚지지 않을 만큼 단단하게 자신의 고독

     Ⅰ. 한국 현대시와 기독교 세계관

을 지키려는 의지의 고집을 부린다. 육체가 죽은 뒤에도 영혼만은 남는다는 사상까지도 버리고 완전한 고독의 무(無) 속으로 잠기게 되는 그의 고독은 철저히 순수고독 그 자체이다. 신의 무한성과 영원성에 대비되는 인간의 근원적인 허무를 자각함에서 비롯된 고독은 다음의 시에서 절정을 이룬다.

> 나는 이제야 내가 생각하던/ 영원의 먼 끝을 만지게 되었다.
> 그 끝에서 나는 눈을 비비고/ 비로소 나의 오랜 잠을 깬다.
> 내가 만지는 손끝에서/ 영원의 별들은 흩어져 빛을 잃지만,
> 내가 만지는 손끝에서/ 나는 내게로 오히려 더 가까이 다가오는/ 따뜻한 체온을 새로이 느낀다./ 이 체온으로 나는 내게서 끝나는/ 나의 영원을 외로이 내 가슴에 품어 준다.
> 그리고/ 꿈으로/ 고이/ 안을 받친/ 내 언어의 날개들을/ 내 손끝에서 이제는 티끌처럼 날려보내고 만다.
> 나는 내게서 끝나는/ 아름다운 영원을/ 내 주름잡힌 손으로 어루만지며 어루만지며/ 더 나아갈 수도 없는 나의 손끝에서 드디어 입을 다문다-나의 시와 함께.
>
> 　　　　　　　　　　　　　　　　　　　　　　　-「절대 고독」 전문

  그는 이 시에서 신의 무한이나 영원은 결국 나 자신의 생명에서 끝나버림을 노래하였다고 고백했다(「나의 문학백서」, 278). 시인은 지금까지 아름답다고 생각해 온 "영원의 별들"을 내게서 끝내며 "영원의 먼 끝"에서 "더 가까이 다가오는" 따뜻한 체온으로 그것을 품어준다고 했다. 그리하여 언어도 "날려 보내"고 "내게서 끝나는 영원을" 어루만지며 "더 나아갈 수도

없는" 절체절명의 공간에서 침묵으로 고독을 맞이한다. "드디어 입을 다" 무는 상태는 언어로는 표현할 수 없는 한계상황에 대한 시인의 자각인 셈이다. 인간 존재의 유한함과 소멸성에도 불구하고 그것으로 하여 본질적이며 영원한 세계를 지향하는 초월의 정신을 시로 형상화했다. 그가 절대고독에 처한 것은 인간의 궁극적 구원과 자아 완성을 향한 과정의 절정이라 할 만하다.

거기서/ 나는/ 옷을 벗는다.
모든 황혼이 다시는/ 나를 물들이지 않는/ 곳에서.
나는 끝나면서/ 나의 처음까지도 알게 된다.
신은 무한히 넘치어/ 내 작은 눈에는 들일 수 없고, / 나는 너무 잘아서/
신의 눈엔 끝내 보이지 않았다.
무덤에 잠깐 들렀다가,
내게 숨 막혀/ 바람도 따르지 않는/ 곳으로 떠나면서 떠나면서,
내가 할 일은/ 거기서 영혼의 옷마저 벗어 버린다.

－「고독의 끝」 전문

이와 같이 고독한 존재는 아무도 믿지 않고 누구에게도 의존하지 않으며 영혼이라는 것조차 생각지 않을 지경에 이르러 있다. 그는 절대자와 자신의 내적 정신세계를 대면하면서 고독이라는 단단한 열매로 자신을 감싸고 칩거한다. 건조미(乾燥美)를 표방한 그의 순수의지가 절대고독 상황을 통과하는 치열한 몰입의 경지에서 시인은 "영혼의 옷마저 벗어버린" 제3기를 보낸다.

뜰 안에 남아 있는/ 마지막 잎새처럼 달려 있는/ 나의 신앙 […] 마른 열매와 같이 단단한 나날

— 「겨우살이」 부분

신도 없는 한 세상/ 믿음도 떠나,∥ 내 고독을 순금처럼 지니고 살아왔기에 ∥ 흙 속에 묻힌 뒤에도 그 뒤에도/ 내 고독은 또한 순금처럼 썩지 않으련가

— 「고독의 순금」 부분

시인은 고독 속에서 왜소한 자신의 존재를 들여다보고 이 고독이 죽어서도 썩지 않을 것 같다고 한다. 고독은 신 중심의 의식세계에 대한 회의에서 잠시 인간 중심의 세계를 탐구할 때에 어쩔 수 없이 만나게 된 의지의 세계로서 시적 리얼리티를 확보하고 있다. "껍질을 더 벗길 수도 없이/ 단단하게 마른/ 흰 얼굴"(「견고한 고독」)과 마른 열매처럼 단단해지는 자아의 완고한 상태는 스스로를 핍진하게 만들고 단독자로서의 실존의식의 극점에 서 있음을 보여준다.

하지만 인간의 한계를 초월할 수 없는 내적 갈등은 그에게 인간의 문제는 곧 영혼의 문제임을 알게 했다.

4. 양심과 신앙 회복의 시

그가 비록 절대고독 속에 갇혀 있을 때에도 신앙의식이 기본적으로 깔려 있음은 그의 산문과 제2기 이후의 시편들에서 확인할 수 있었다. 그는

윤리나 현실의 측면에서 신을 부정할 수는 있겠지만 자신 안에서 활동하고 명령하고 있는 양심은 부정할 길이 없다고 고백했다. 양심에 대한 믿음은 그를 단순한 무나 허무주의에 빠지지 않고 오히려 견고하게 자신을 추스르게 한다고 말했다. 양심이라는 문제는 그가 신앙 회의 속에서 '육체가 죽은 뒤에도 영혼만은 남는다는 사상까지도 버리고 완전한 고독의 무(無)'(278) 속으로 잠긴 이후에도 그에게 확실한 삶의 기준이 되고 있었다. 양심이 얼마나 그에게 확실한 삶의 기준이 되고 있는가는 다음 시에 잘 나타나 있다.

> 모든 것은 안에서/ 물과 피로 육체를 이루어가도
> 너의 밝은 은빛은 모나고 분쇄되지 않아,
> 드디어는 무형(無形)하리 만큼 부드러운/ 나의 꿈과 사랑과 나의 비밀을/ 살에 박힌 파편처럼 쉬지 않고 찌른다.
> 모든 것은 연소되고 취하여 등불을 향하여도,/ 너만은 물러나와 호올로 눈물을 맺는 달밤……
> 너의 차가운 금속성으로/ 오늘의 무기를 다져가도 좋을,
> 그것은 가장 동지적이고 결렬한 싸움!
>
> ─「양심의 금속성」 전문

이 시에는 시인의 양심에 관한 확고부동한 의식이 나타난다. 양심은 은빛처럼 모나거나 분쇄되지 않고 파편처럼 찌르는 성질이 있으며 따로 떨어진 자의 "눈물"이며 "무기"라고 했다. 양심이 무기가 되어 김현승 시인은 '우리들의 양심을 시험하고 계시는/ 그분은 누구일까?'(「무기의 노래」)라고 반문하며, 그분은 곧 '역사를 깎고 만드는' 분으로 인식하고 있다. 양심은 인간 존재의 위대함이자 그 영혼의 고결함을 확인하는 길이다. 신앙을 버리고 신을 부정한다고 말하면서도 그의 안에서 활동하고 명령하고 있는 양심은 부정할 길이 없다고 하는 것은 곧 그에게 내재된 정신주의의 힘이자 잠재된 신앙의 발로라고 할 만하다.

그는 고혈압으로 쓰러진 이후 신앙생활의 복귀에 대해서 자신의 이전 생활이 '사이비 기독교인의 생활'이었다고 말하면서 신을 향한 절대 귀의를 선언했다(「나의 생애와 나의 확신」, 『전집』 2. 288-90). 또한 특별한 개인적 경험으로 회복된 이후에 더욱 신을 향한 찬미와 기도의 시를 쓰게 되었다.

① 깊은 산골에 흐르는/ 맑은 물소리와 함께/ 나와 나의 벗들의 마음은/ 가난합니다/ 주여 여기 함께 하소서.
밀방아가 끝나는/ 달 뜨는 수요일 밤/ 육송(肉松)으로 다듬은/ 당신의 단 앞에/ 기름불을 밝히나이다./ 주여 여기 임하소서.
여기 산기슭에/ 잔디는 푸르고/ 새소리 아름답도소이다./ 주여 당신의 장막을 예다 펴리이까/ 나사렛의 주여/ 우리와 함께 여기 계시옵소서.

- 「촌 예배당」 전문

② 몸 되어 사는 동안/ 시간을 거스를 아무도 우리에겐 없사오니/ 새로운 날의 흐름 속에도/ 우리에게 주신 사랑과 희망-당신의 은총을/ 깊

이깊이 간직하게 하소서.

- 「신년기원」 부분

위의 시는 그의 말년에 예배자로서 신의 은총을 누리며 살아가는 모습을 드러낸 시이다. ①에서는 수요예배에 밤늦도록 불을 밝히고 기도하며 주님이 함께 계셔서 마음이 가난한 우리에게 평안을 주시기를 간구한다. ②는 "시간을 거스를" 자 없다는 절대복종으로 오직 신의 은총을 간구하는 기원시라고 할 수 있다.

이와 같이 김현승 시인의 시세계에서 가장 중요한 비중을 차지하는 신과 인간의 문제는 그의 고독시편들 속에서도 항상 따라다녔으며 이분법적 대비구도 속에서 역설의 의미를 띠고 정신주의의 견고함과 긴장된 신앙의식을 유지하게 했다. 그는 일생 동안 양심을 의식하였으며 고혈압이 회복되는 체험 신앙도 얻었다. 그의 중기 이후의 시세계는 인간 존재를 탐구하는 고뇌와 구원에의 갈등을 거쳐, 고독의 끝에서 영원성을 찾는 신에 대한 귀의로 이어지고 있음을 알 수 있다.

5. 관념의 시어와 '보석'과 '재' 이미지

김현승 시인의 시에는 가을과 겨울을 소재로 한 시가 많다. 특히 가을은 여름이 저물고 대지가 열매 맺는 성숙한 계절이다. 봄의 꽃은 아름답지만 곧 시듦에 반해 가을의 열매는 단단하고 새 생명을 잉태하고 있는 씨앗이다. 그가 제2, 3, 4기에 쓴 시편들 중에서 독특한 관념을 드러내는 사물화된 시어들은 꽃보다 열매를 더 가치 있는 이미지로 사용하고 있다. 지상의 가치를 상징하는 꽃잎이나 낙엽, 재 등의 이미지와 본질적이며 천상적인 가치를 상징하는 뿌리, 보석, 열매 등 단단한 물체의 이미지가 이원적 대립 구도로 표현된다.

① 이 달엔/ 먼 수평선이/ 높은 하늘로 서서히 바꾸이고,/ 뜨거운 햇빛과/ **꽃들의 피와 살**은/ 단단한 **열매** 속에 고요히 스며들 것이다.

– 「가을이 오는 달」 부분

② 모든 육체는 가고 말아도,/ 풍성한 **향기**의 이름으로 남는/ 상하고 아름다운 것들이여,/ 높고 깊은 **하늘**과 같은 것들이여……

– 「가을의 향기」 부분

①에서는 뜨거운 햇빛과 꽃들은 '열매' 속으로 스며들어, 수평선이 하늘로 열리듯 소멸하지 않고 오래 남는다는 의미를 드러낸다. 소멸의 반대 개념은 영원히 남는 것이다. ②에서는 소멸되는 '육체'는 아름다운 '향기'로 남는다. 육체의 사라짐은 지상의 것들, 즉 상하기 쉬운 것들로서 그것 자체로 아름답기는 하지만 영원한 것은 아님을 화자는 말한다. 그러나 꽃이 열매를 맺는 것처럼 땅의 육체는 결실의 계절 가을에 '향기'로 남는데 그것은 천상의 높고 깊은 하늘과 대비를 이룬다. 이와 같은 이분법적 대비구도 형태는 신앙의 고뇌와 의지적 고독을 노래한 제2기 이후 시의 특색이다.

① 나의 가슴에 언제나 빛나는 희망은/ 너의 불꽃을 태워 만든 단단한 **보석**

-「빛」부분

② 그 큰 희망을 **보석**으로 조려/ **별**을 안던 내 마음

-「내 마음 흙이 되어」부분

③ 이 겨울은/ 저 **별**의 **보석** 하나로 산다 // 끝까지 팔지 않고/ 멀리 차갑게 떤다

-「겨울 보석」부분

④ 꽃잎을 이겨/ 살을 빚던 봄과는 달리/ **별**을 생각으로 깎고 다듬어/ 가을은 내 마음의 **보석**을 만든다

-「가을」부분

⑤ 지우심으로/ 지우심으로 그 얼굴 아로새겨 놓으실 줄이야……
홅으심으로/ 꽃잎처럼 우릴 홅으심으로 **열매** 맺게 하실 줄이야……
사라져/ 오오, / 영원을 세우실 줄이야……
어둠 속에 어둠 속에/ **보석**들의 광채를 길이 담아 두시는/ 밤과 같은 당신은,/ 오오, 누구이오니까!

-「이별에게」전문

⑥ 이제는 **밝음의 이쪽**보다/ 나는 **어둠의 저쪽**에다/ 귀를 기울인다

-「전환」부분

I. 한국 현대시와 기독교 세계관

⑦ 저녁에 놓이는/ 수척한 그림자와도 다른,/ 여위어가는 형자(形姿)를
 -향기와 꽃들의 마지막 형자를 본다

　　　　　　　　　　　　　　　－「청명의 남은 시간 속에서」 부분

　①에서 ⑤까지의 시어에서 '별', 보석', '열매' 등과 같이 견고한 이미지
의 사물이 많이 보인다. 이들은 육체적인 것이나 지상적인 것의 상함과 소
멸을 통해 보다 가치 있는 견고한 것, 즉 초월의 의미로 전이된다. 단단하
고 빛나며 불변하는 보석은 '불꽃을 태워 만든'(「빛」) 것이다. 보석은 빛을
발하는 광물체로서 밝음과 순수, 견고함과 불변의 가치를 상징한다.
　⑥⑦의 시는 밝음의 이쪽과 어둠의 저쪽과 같은 이분법적 대비구도로
사물의 형상이 박명의 시간을 거쳐 밝음보다 초월의 의미를 띤 어둠 쪽으
로 전환되고 있다. 이와 같은 서정의 흐름은 신앙의식을 시 정신의 바탕에
둔 결과이기도 하지만 그의 시를 일러 높은 정신주의 시라 일컫는 이유다.
　또한 그의 시에는 '재'와 '불꽃' 이미지가 자주 등장한다. 이는 어떤 것
을 위해서 자신을 소진하는 정신, 즉 가장 헌신적인 정신 자세를 표상한다.
능동적이고 헌신적인 자세 역시 보다 이상적인 세계, 즉 초월을 지향하는
시인의 시 정신이다.

　　당신의 불꽃 속으로
　　나의 눈송이가
　　뛰어듭니다.

　　당신의 불꽃은
　　나의 눈송이를

자취도 없이 품어 줍니다.

– 「절대신앙」 전문

이 시는 신의 절대적인 사랑과 포용 정신을 일깨워 준다. '불꽃' 속으로 눈송이가 뛰어들어 자취도 없이 사라지는 행위는 소멸이 곧 구원이라는 인식을 바탕에 깔고 있다. 유한한 존재인 인간이 유한성에서 벗어나는 길은 스스로 자취도 없이 녹음으로써 가능하다는 신앙의 역설이 드러난다. '눈송이'와 '불꽃'은 상극이지만 차가운 물질이 뜨거운 불꽃에 순식간에 형체도 없이 녹아버리는 모습은 절대자의 무한한 사랑 속에 자신을 내맡기겠다는 전적 헌신의 표시이기도 하다.

참나무가 탈 때,/ 그 **불꽃** 깨끗하게 튄다./ **보석**들이 깨어지는 소리를 내며/ 그 단단한 불꽃들이 튄다.
참나무가 탈 때/ 그 남은 **재** 깨끗하게 고인다./ 참새들의 작은 깃털인 양 따스하게 남는 **재**,/ 부드럽고 빤질하게/ 고인다.
까아만 유리 너머/ 소리없이 **눈송이**가 나리는 밤./ 호올로 참나무를 태우며/ 물끄러미 **한 사람**의 그림자를 바라본다.
짧은 목숨의 한 세상./ 그 헐벗은 **불꽃** 속에/ 언제나 단단하고 깨끗하게 타기를 좋아하던,/ 지금은 마음의 파여 · 플레스 안에/ 아직도 깨끗하고 따스하게 고여 있는/ 어리석은 **한 사람**의 남은 **재**를 생각한다.

– 「참나무가 탈 때」 전문

'재'의 이미지는 사물을 태우고 남는 것이라는 맥락에서 '열매', '보석',

'눈물'('웃음' 뒤에 '가장 나아종 지니'게 되는 것)의 이미지와 연결된다. '재'는 겨울과 태움, 불꽃, 어둠의 이미지를 배경으로 그의 기독교적 상상력의 패턴을 보여주는 이미지다. 위의 시에서 시인은 '깨끗하다'는 말을 네 번 반복하여 사용하면서 '보석', '불꽃' '눈송이' 등의 맑은 느낌을 주는 이미지를 끌어왔다. '보석들이 깨어지는 소리'의 감각적 이미지와 참나무의 맑고 단단한 정갈함이 어울리는 이 시에서 참나무는 태워져서 깨끗한 '재'로 남는다. 재는 지상에서 존재하는 최후의 모습으로 스스로를 태움으로써 속죄와 정화를 이룬 결과물이다. 3연에서는 깨끗함과 태우는 것의 비유적 이미지로 "한 사람의 그림자"를 떠올리는데 "언제나 단단하고 깨끗하기를 좋아하던" 한 사람의 헌신적인 사랑이 "남은 재"로 암시되어 있다. 화자는 온몸을 태워 자신의 형체를 비우고 다만 깨끗하고 따스하게, 어떻게 보면 어리석기까지 한 진실한 그분을 떠올린다. "헐벗은 불꽃 속에"서 스스로를 태우는 한 사람의 존재는 곧 절대자의 모습이다.

또한 지상에 존재하는 모든 것들은 '검은색'과 잿빛으로 겨울과 밤의 배경이 된다. 아래 시에서는 지상의 모든 것은 다 저물어가고 '재'만이 최후로 남는 것이기에 시인 자신도 '재'로 남고자 하는 심정을 드러낸다.

① 나는 무엇보다 재로 남는다/ 바람만 불지 않으면 재로 남는다./
무덤도 없는 곳에 재로 남아/ 나는 나를 무릅쓰고 호올로 엎드린다.

– 「사행시」 부분

② 나는 나의 재로/ 나의 모든 허물을 덮는다./ 나의 모든 기쁨과 슬픔
을/ 나는 한줌의 재로 덮고 간다.

그러나 까마귀여./ 녹슨 칼의 소리로 울어다오./
나의 허물마저 덮어 주지 못하는/ 내 한 줌의 **재**를/ 까마귀여,
모든 빛깔에 지친/ 너의 **검은 빛 통일의 빛**으로/ 울어다오.

– 「재」 부분

재는 "허물을 덮"는 물질인 동시에 "바람" 앞에서는 흩날리는 존재다.
불완전한 인간이 갈등과 고뇌 속에서 바람에 흩날리지 않기를 바라는 화
자는 자신을 "무릅쓰고 호올로 엎드"리는 견인(堅忍) 자세를 유지한다. 시
인 자신에게 영혼의 새(「겨울 까마귀」)로 상징되는 까마귀는 이러한 화자의
고통을 울어 주어 모든 빛깔을 무화시키거나 통일시키는 초월과 상승의
명징한 이미지를 만든다.

아래의 시 ③에는 사물이 타고 남은 마지막 모습인 '재'의 이미지가 까
마귀의 검은 빛과 대응되어 초월 지향의 의미와 '통일의 빛'으로 연결되고
있다. 사물이 불에 타서 '재'의 형태로 통일되듯이 모든 빛은 검은빛으로
수용되어 나타난다.

③ 사랑하기보다/ 사랑을 간직하며/ 허물을 묻지 않고/ 허물을 가리워
　 주는/ **빛**.
모든 빛과 빛들이/ 반짝이다 지치면/ 숨기어 편히 쉬게 하는 **빛**.
그러나 붉음보다도 더 붉고/ 아픔보다도 더 아픈,/ 빛을 넘어/ 빛에 닿
은/ 단하나의 **빛**.

– 「검은 빛」 부분

Ⅰ. 한국 현대시와 기독교 세계관

④ 아무리 아름답게 지저귀어도/ 아무리 구슬프게 울어 예어도/ 아침에
　서 저녁까지/ 모든 소리는 소리로만 끝나는데,
겨울 **까마귀** 찬 하늘에/ 너만은 말하며 울고 간다!
목에서 맺다/ 살에서 터지다/ 뼈에서 우려낸 말,/ 중에서도 **재**가 남은 말
소리로/ 울고 간다.
저녁 하늘이 다 타버려도/ 내 사랑 하나 남김없이/ 너에게 고하지 못한/
네 뼈 속의 언어로 너는 울고 간다.

– 「산까마귀 울음소리」 전문

「가을의 기도」에서 까마귀는 "굽이치는 바다와/ 백합의 골짜기를 지나/
마른 나뭇가지 위에 다다른" 영혼의 새였다. '마른 나뭇가지'는 까마귀가
도달한 지상의 마지막 목적지였다. 시 ④는 지상에서의 삶을 완성하고 지
상의 마지막 공간인 허공의 '마른 나뭇가지 위에 다다른 까마귀'같이 화자
의 영혼도 그러한 상황에 놓여 울고 간다고 표현했다. 까마귀는 지상에 남
아 있는 시적 화자의 마지막 형상으로 표상화되었다.

내가 십이월의 빈 들에 가늘게 서면,/ 나의 마른 나뭇가지에 앉아/ 굳은
책임에 뿌리 박힌/ 나의 나뭇가지에 호올로 앉아,
저무는 하늘이라도 하늘이라도/ 멀뚱거리다가,
벽에 부딪쳐/ 아, 네 영혼의 흙벽이라도 덤북 물고 있는 소리로,
까아욱–/ 깍–

– 「겨울까마귀」 부분

'죽음의 빛'을 두르고 주검을 노래하는 새인 까마귀는 지상의 모든 것

을 검은빛 속에 품고 영혼의 소리로 울고 있다. 지상의 소리와 빛깔은 까마귀의 형상 속에 응집되고 화자 역시 이제는 언어의 옷에서 벗어나 침묵으로 돌아가려 하고 있음을 보여준다.

> 나의 시는/ 나에게서 차츰 벗어나/ 나의 낡은 집을 헐고 있다.
> […]
> 나는 무엇을 생각하고 있는가,/ 얻으려면 더욱 얻지 못하는가,/ 아름다운 장미도 아닌/ 아름다운 장미와 시간의 관계도 아닌/ 그 장미와 사랑의 기쁨은 더욱 아닌 곳에,/ 아아 나의 시는 **마른다**!/ 나의 시는 잠을 이루지 못한다!
> 나의 시는 둘이며 둘이 아닌/ 오직 하나를 위하여,/ 너와 나의 하나를 위하여 너에게서 쫓겨나며/ 나와 함께 **마른다**!/ 무덤에서도 캄캄한 너를 기다리며……
>
> ─ 「고백의 시」 부분

육신의 "낡은 집을 헐고" 꿈꾸던 세계가 열리기를 기다리는 지상의 마지막 시간에 시인의 시는 "마른다"라고 표현한다. "오직 하나를 위하여" 화자는 입을 다물고 기다리며 마른다. 그래서 언어는 침묵하고 영혼이 깨어 기다리는 시간이 된다.

> 섰다.// 입을 다물었다.// 사라졌다./ 빈 하늘만이/ 나의 천국으로 거기 남아 있다.// 사랑과 무더운 가슴으로 쓰던/ 내 시의 마지막 가지 끝에…….
>
> ─ 「완전겨울」 부분

I. 한국 현대시와 기독교 세계관

이제 모든 것은 사라지고 영혼만이 서고 "입을 다물었다." "내 시의 마지막" 끝은 이 세상의 것이 사라지고 하늘이 열리는 경계에 있다. 그 가지 끝에서 모든 빛과 계절이 끝나고 "빈 하늘만이 나의 천국으로 남아 있다." 지상의 끝과 "나의 천국" 사이 허공의 "마른 나무 가지" 위에 앉은 까마귀는 모든 빛깔과 소리를 응집시킨 것의 마지막 형상이자 그 사라짐의 끝에서 울고 있는 영혼을 상징한다. 그 까마귀는 지상과 천상의 공간이 하나로 열리는 지평선을 향해서 날아간다. 그와 함께 시인의 영혼도 따라간다.

> 회색 보표(譜表)에 꽂은 비곡(悲曲)의 명작가/ 서산에 깃들이는 황혼의
> 시인-/ 나는 하늘에 우는 까마귀 따라간다.
>
> — 「까마귀」 부분

> 이 눈이 끝나는 곳에서/ 그 마음은 구름이 되고,
> 이 말이 끝나는 곳에서/ 그 뜻은 더 멀리 감돈다.
> 한세상 만나던 괴롬과 슬픔도/ 그 끝에선 하나로 그리움이 되고,/ 여기선
> 우람한 기적도/ 거기선 기러기 소리로 날아간다.
> 지나가 버린 모든 시간,/ 잊히지 않는 모든 기억,/ 나는 그것들을 머언 지
> 평선에 세워 두고/ 바라본다./ 노을에 물든 그 모습들을.
>
> — 「지평선」 전문

'그 마음-그 뜻-그 끝-거기'는 지평선 너머로 확장되는 공간이다. 지상에서 겪었던 "괴롬과 슬픔도" 하늘이 열리는 땅의 끝에선 모두 사라지고 아름답고 그리운 추억으로 남는다. 지상에서 "지나가 버린 모든 시간"

과 "잊히지 않는 모든 기억"은 지평선에 서 있다. 지상의 모습을 마지막으로 드러내는 최후의 빛, "노을" 속에서 시인은 하염없이 지난날을 "바라본다." 시인의 영혼은 언제나 "마지막 가지 끝" 허공에 남아 초월을 염원하는 관조자의 절제된 자세를 보인다. 「마지막 지상에서」 시인은 까마귀마저 사라진 '고요' 속에서 '그 나라 무덤'의 안부를 묻는다.

이렇게 시인이 지향하던 정신세계는 사물화되어 '열매'나 '나뭇가지', '보석', '눈물', '재' 등의 이미지를 거쳐 영혼의 새 '까마귀'를 따라가며 허공에 머물고 있다. '사랑과 무더운 가슴으로 쓰던' 시의 마지막 가지 끝에 침묵의 빈 하늘이 시인의 천국으로 남아 있음을 알 수 있다.

6. 나오며

김현승 시인의 시는 신과의 만남에서 시작되었고 그에 대한 회의와 절망이라는 과정을 거친다. 그 후 완고한 고독 속에서 인간 존재의 한계를 체험하고 신을 긍정하는 고통의 완성으로 마무리된다.

이 글에서는 그의 시세계 변모를 4기로 나누고 특별히 제2기부터 나타나는 신과 인간 존재의 문제, 제3기에 나타나는 절대고독의 세계, 제4기 시에 나타나는 신에 대한 절대귀의의 양상을 살펴보았다.

제2기 시에서 주된 관심은 신앙을 바탕으로 한 인간의 서정이었다. 차분한 기도시 형식을 빌려 자신의 신앙과 존재의 고독을 투명하게 응시하는 시편들이 주를 이루고 있었다.

제3기의 시들은 신에게서 인간으로 관심을 이동하여 견고하고 단단한 고독 속에서 자신의 자리를 찾으려고 하고 있었다. 시「제목」을 계기로 이제까지 유지해 오던 서정의 세계를 떠나 신을 외면하고 의지의 고독이라는 관념 세계에 몰입한 양태를 보여주었다.

제4기의 시는 시인의 생활 속에 항상 자리한 양심의식과 개인의 독특한 체험으로 신앙의 본향을 찾은 시편들이었다. 그의 시편에서 두드러지는 시어의 특징은 모두 시인의 신앙의식이 그 바탕에 깔려 있음을 전제로 했다. 꽃보다는 열매나 보석을, 웃음과 기쁨보다는 눈물과 슬픔의 가치를 더 존중하고 있었다. 또한 모든 것을 연소시키고 남은 재와 모든 빛을 흡수하는 검은빛 이미지를 속죄와 화합의 의미로 사용했고, 고독한 영혼을 상징하는 까마귀를 등장시켜 그의 신앙 고뇌의 양가치를 표현하는 시 정신의 치열함도 보여주었다.

김현승의 시는 기도와 간구의 투명한 서정을 노래할 때이거나 의지의 고독 속에 빠져 있을 때이거나 신앙의식이 항상 그의 시를 관통하고 있었고, 그는 한결같이 자신의 믿음에 따른 고뇌와 성찰을 정신주의적 자세로 노래했다.

제2장

박목월 시에 나타난
신앙의식의 세 양상

신앙의식(Faith consciousness)
인고로서의 부성성(the Paternity as endurance)
돌봄의 모성성(the Maternity as caring)
신성(the Eternal divinity)
돌 표상(Stone symbol)
성좌(Constellation)
영원한 지금(Eternal now)

1. 들어가며

경주시 〈동리목월 문학관〉 내부

한국 현대시사에서 박목월 시인 (1916-1978)은 청록파 3인 중의 한 사람으로 기억되는 수가 많다. 그러나 40년이 넘는 그의 시력 중에서, 조지훈, 박두진과의 합동시집인 『청록집』 발간(1946)을 전후하여 전통 율격의 계승과 자연과의 합일을 노래한 기간은 10년 남짓인 초기시력에 속한다.

이후 중기 시세계로 구분할 수 있는 변화를 보이는 『난·기타』(1959)에 오면 이상적이고 평화로운 자연을 노래하던 그의 시세계가 점차 자신의 생활 주변과 일상의 현실세계로 눈을 돌리고 있음을 알 수 있다. 일상에서도 성실하게 인내하는 삶에 대한 관용정신을 시로 표출한 그의 중기 시세계는 6·25전쟁을 겪고 종군작가로 참전한 경험 이후로 인간의 한계상황과 존재에 대한 고뇌를 심화시킨다. 후기시집에서는 신을 더욱 긍정하며 신앙의식을 강하게 드러내는 면모를 보인다.

☞☞ 전집으로는 『박목월 시전집』(서문당, 1984)이 있고 후에 또 유작들이 발굴되어 유고시집으로 문학사상사에서 『소금이 빛나는 아침에』(1987)를 낸 바 있다. 2003년 민음사에서 낸 『박목월 시 전집』은 〈시와 에세이집〉이랄 수 있는 『어머니』에 수록된 시들을 전혀 싣지 않고 있으며 『소금이 빛나는 아침에』에 실린 총 63편의 시들 중에서 53편을 빠뜨리고 있다. 또한 미수록작을 실었다고 하면서도 빠뜨린 미수록작이 있는데 예를 들면, 「천심의 호명」이 《행당(4)》에 74년에 발표되었다.(박현수 편, 『박목월』, 새미, 2002. 296. 참조) 또 1947년 8월 15일 자 《대구신보》에 발표된 「제자리」도 있다.(박동규, 『아버지와 아들』, 대산출판사, 2007, 164.)
필자가 조사한 바로는 지금까지 발표된 시는 동시집을 제외하고 도합 593편으로 추정된다. 『청록집』(15편), 『산도화』(29편), 『난·기타』(59편), 『청담』(44편), 『경상도의 가랑잎』(72편), 『어머니』(74편), 『무순』(88편─사력질 46편과 무순 26편 포함), 『크고 부드러운 손』(57편), 미수록작(민음사 간(刊)에는 102편), 『소금이 빛나는 아침에』(민음사 간 미수록작과 중복된 편수를 빼면 52편)까지 서지연구에서 보다 철저할 필요가 있다.

지금까지 박목월에 관한 논의 중 가장 많은 편수를 차지하는 것이 초기시집인 『청록집』(1946)과 『산도화』(1955)에 나타난 자연친화적 의미에 대한 고찰이었다. 일반적으로 이 두 시집을 박목월의 초기시로 보는 연구자들이 많고, 『난·기타』와 『청담(晴曇)』(1964)을 중기의 시로, 제4시집 『경상도의 가랑잎』(1968)과 『무순』(1978) 이후의 시기를 후기로 구분해 왔다. 이희중은 박목월 시의 변모과정을 다루면서 전기를 1930년대 후반부터 1940년대 후반까지, 중기를 1950년대 전쟁을 겪으면서 공군 종군작가로 활동한 시절을 포함해 1960년대 초반까지, 후기를 1960년대 후반부터 1978년 작고까지로 나누었다. 한편 최승호는 "근원에의 향수"라는 측면에서 박목월 시에 나타난 세 가지 근원을 탐색하였다. 그것은 첫째, 서정적 근원으로서의 자연, 둘째, 사랑의 근원으로서의 가족, 셋째, 존재의 근원으로서의 절대자라고 했다.

이승훈은 박목월 시를 구조적 측면에서 분석한 최초의 논자로, 서정시의 본령인 자아와 세계의 동일성에 근거하여 화자가 노래하는 대상과 정서와의 관계를 살폈다. 시인의 초기 시세계가 대체로 꿈꾸는 자로서의 화자가 '임'(자연)이라는 대상을 향한 불화와 화해의 관계를 노출하고 있다면, 중기 생활시편들에는 아버지로 대표되는 화자가 가정과 일상적 삶을 불화와 화해의 관계로 노래하고 있다고 보았다. 이후 『사력질』 연작에서부터 말년까지 화자의 시선은 죽음의 허무감이나 정서를 보다 순화시켜 마침내 신앙의 경건성을 찾게 되는, 세계와의 화해를 노래하고 있다고 보았다.

또한 오세영은 박목월 시세계를 '영원탐구의 시학'이라 규정하고 그 내적 세계를 크게 3등분하여 도표화하였다.

	초기	중기	후기
관계	세계의 주관화	세계와 주관의 양립	주관의 소멸
대상	자연의 공간	인간의 공간	초월의 공간
소재지	산	집(가정)	새벽빛(아침)
영원의 형식	꿈	시	신

오세영, 「영원탐구의 시학-박목월론」, 『한국현대시인연구』, 도서출판 월인, 2003, 507~560.

그중 초기 시세계를 꿈과 영원에 대한 탐구형식이라 보고, 영원의 의미는 자연을 소재로 하여 '꿈-동경'으로 나타난다고 하였다. 또한 중기 시세계는 일상생활 속에서 가정이라는 공간에서의 생활-시를 탐구하는 아버지의 모습으로, 후기에 이를수록 빛을 소재로 초월의 공간을 탐구하는 신앙시가 나타난다고 보았다.

I. 한국 현대시와 기독교 세계관

중기 이후 시세계는 주로 생활서정시로서, 집과 가족의 의미를 새롭게 돌아보고 시적 소재를 일상에서 찾아 서술체 위주의 시를 쓰고 있다. 시인이 말하는 서술체란 1인칭 시적 화자가 자아와 세계의 담화를 이야기 조로 서술하는 형태로서 일상 대화 구문의 반복과 대응, 단일문장 형태 등으로 나타난다. 이념류의 거대담론보다는 삶의 구체적인 편린과 일상사를 소재로 쓴 서술시들은 초기시보다 훨씬 쉽게 읽힌다. 그러나 자세히 읽으면 시인의 시는 소박한 듯하지만 무궁무진한 시공간의 변주와 그 의미의 깊이를 고찰할 수 있다. 현실 속에서 경험하는 생활서정은 차차 삶과 죽음, 영원과 무상, 흐르는 것과 닫혀 있는 것, 오늘과 내일 등의 대비를 통해 후기에 이르면 고독한 단독자의 정서를 신에게 의탁하는 회귀성을 드러낸다.

이 글에서는 박목월의 중기 이후의 시세계, 특히 『청담』이후의 생활서정시들을 통해, 가정의 중심이 되는 아버지의 부성성과 어머니 시편들에 나타난 모성성이 어떻게 신앙의 회귀성과 연결되는지 살피고자 한다. 아울러 단독자로서의 실존의식을 경험하는 '돌'의 시편들로써 신에게 귀의하고자 하는 그의 신앙의식의 지평을 살펴볼 것이다.

2. 인고의 아버지상(像)과 신앙의식

『청담』의 세계는 문자 그대로 하늘이 맑게 개기도 하고 흐리기도 하는 일상적 삶의 세계다. 이상적 자연세계를 동경하던 초기 시세계에 비해 훨씬 생활의 고단함과 외로움이 밴 시편들로서, 시인 자신이 곧 아버지-화자로 나타난다. 시인은 가장이고 원고를 쓰는 아버지이다. 가족에 대한 시인의 태도를 잘 나타내 주는 「심야의 커피」를 살펴보자.

I

이슥토록/ 글을 썼다./ 새벽 세 시./ 시장끼가 든다./ 연필을 깎아낸 마른 향나무/ 고독한 향기./ 불을 끄니/ 아아/ 높이 청과일 같은 달.

II

겨우 끝맺음./ 넘버를 매긴다./ 마흔 다섯 장의/ 산문(흩날리는 글발)/ 이천원에 이백원이 부족한/ 초췌한 나의 분신들./ 아내는 앓고……/ 지쳐 쓰러진 만년필의/ 너무나 엄숙한/ 와신(臥身).

III

사륵사륵/ 설탕이 녹는다./ 그 정결한 투신/ 그 고독한 용해/ 아아/ 심야의 커피/ 암갈색 심연을/ 혼자/ 마신다.

– 「심야의 커피」 전문

　　화자는 마흔다섯 장의 산문을 밤늦게 마무리하며 일상의 고단함을 드러내는데, 화자의 분신과도 같은 원고는 실생활에서 금전으로 환산하면 약 천팔백 원가량에 불과하다. 집에는 앓는 아내가 있다. 만년필이 지쳐 쓰러져 누웠다는 것은 곧 화자 자신의 피곤을 뜻하는 제유이다. 이러한 삶의 고달픔 속에서도 화자는 커피에 설탕이 녹듯 자신의 생활과 가장의 역할을 "투신"과 "용해"로, 고독하지만 성실하게 수용해 가려는 의지를 밝힌다. 시인의 가족애는 널리 알려진 다음 시편에서도 잘 나타난다.

> 지상에는/ 아홉 켤레의 신발./ 아니 현관에는 아니 들깐에는/ 아니 어느 시인의 가정에는/ 알 전등이 켜질 무렵을/ 문수가 다른 아홉 켤레의 신발을.
> 내 신발은/ 십구문반./ 눈과 얼음의 길을 걸어/ 그들 옆에 벗으면/ 육문삼의 코가 납작한/ 귀염둥아 귀염둥아/ 우리 막내둥아.
> 미소하는/ 내 얼굴을 보아라/ 얼음과 눈으로 벽을 짜올린/ 여기는/ 지상./ 연민한 삶의 길이어./ 내 신발은 십구문반.
> 아랫목에 모인/ 아홉 마리의 강아지야/ 강아지 같은 것들아./ 인욕과 굶주림과 추운 길을 걸어/ 내가 왔다./ 아버지가 왔다./ 아니 십구문반의 신발이 왔다./ 아니 지상에는/ 아버지라는 어설픈 것이/ 존재한다./ 미소하는/ 내 얼굴을 보아라.

- 「가정」 전문

화자는 한 가정의 "아홉 마리의 강아지 같은 것들"의 아버지이자 가장이다. 그 아버지가 사는 바깥세상은 "얼음과 눈으로 벽을 짜올린" 지상이며 "눈과 얼음의 길"이며 "인욕과 굶주림과 추운 길"이다. 그러나 아버지는 지상의 이러한 현실 여건 속에서도 가족을 위해 미소하며 아버지로서의 역할을 감당하고 있다고 말한다. 스스로를 "어설픈 것"이라고 말하면서도 공동체의 일원으로 아버지가 존재함을 당당하게 보여준다. 여기서 신발은 화자의 분신이며 지상의 모든 어려움을 감당해 내려는 인고의 상징이다. 화자가 미소할 수 있는 이유는 식구들이 한 지붕 아래서 아버지를 기다리며 아버지를 중심으로 모인다는 것을 알기 때문이다. 함께 모여 산다는 가족공동체 의식을 통해 화자는 현실의 삶이 고달프더라도 "연민한" 삶의 길을 앞장서 걸으며 가족의 안위를 지켜나가고 있음을 보여준다.

그러나 가족공동체의 단란한 응집과 질서는 가장의 입장에서 보면 또 다른 고민을 낳게 되기도 한다. 아버지-화자는 가족 앞에서는 든든한 가장으로 존재하지만, 허전하고 서글픈 꿈이 주는 무게에 짓눌려서 앞날에 대한 걱정이나 전망을 외면하려는 단념의 정서도 내보이고 있다.

I

어린 것들 옆에/ 잠자리를 펴고/ 나는 하룻밤을 지낸다./ 어린 것들 옆에/ 나의 하룻밤의/ 서글프고 허전한 꿈./ 얼마나 지속될 것인가/ 그것은 허황한 위구심./ 다만 지금은/ 어린 것들 옆에/ 잠자리를 펴고/ 이부자리 자락으로/ 귀를 덮는다.

II

내일은/ 내일. 내일의 아침은/ 신의 영역./ 봉해진 세계./ 내일 근심은/ 내일의 근심. 오늘은 오늘로서 족한./ 다만 지금은/ 어린 것들 옆에/ 잠자리를 펴고. 찬란한 성신의/ 허허로운 공간에./ 어린 것들 옆에 바람과 구름의/ 허허로운 공간에./ 다만 지금은/ 어린 것들 옆에. 흐르는 강물……/ 귀를 잠그고./ 어린 것들 옆에/ 잠자리를 펴고. 찌걱거리는 뗏목 위에/ 다만 지금은/ 찌걱거리는 뗏목 위에/ 잠자리를 펴고/ 이부자리 자락으로/ 귀를 덮는다.

－「일박」전문

"어린 것들"과 하룻밤을 지내는 화자가 살아가는 시간과 공간은 지금-여기다. 지금-여기에서의 삶은 "서글프고 허전한 꿈"의 연속이지만, 이러한 서글픔은 다만 오감이 살아 있는 오늘의 세계에서 멈추기로 한다. 가족을 가족이게 하는 보이지 않는 끈들이 얼마나 오래 지속될 것인가 하는 화자의 "허황한 위구심" 따위는 어린 것들과 함께 하룻밤을 지낸다는 그 생각만으로 지워버리며 그는 잠을 청한다. 왜냐하면 내일은 "봉해진 세계"이자 "신의 영역"에 속하는 일이기 때문이다. 알 수 없는 내일에 대해 근심하기보다 눈에 보이고 손에 잡히는 오늘의 시간 안에서 만족하고 휴식하며 생각의 문을 닫으려고 한다.

그런데 행 구분에 유의해 보면 화자의 의식세계는 "찬란한 성신"에 의지하고 있음을 알 수 있다. 언젠가는 가게 될 "잠자리"는 찬란한 성신의 잠자리이며 광활한 "허허로운 공간"이지만, 지금 어린 것들 옆에 있는 잠자리는 "바람과 구름의" 공간이며 기댈 벽이 없는 무정형의 허허로운 공간이다. 허허롭다는 것은 텅 빈 듯이 외롭고 허전하다는 뜻인데, 화자의 의식 속에는 오늘(지상)이나 내일(천상) 모두가 허허로운 공간에 위치하고 있다. 이는 화자가 바라보는 삶에 대한 근본 인식이자 세계관이다. 이 허허로운 세계관 때문에 눈에 보이는 오늘이 뜻하는 "다만 지금은" 신에게 모든 것을 의탁하고 더 이상의 허허로움을 생각하지 않고 "귀를 덮"을 수밖에 없는 것이다. 미지의 것을 신의 영역으로 돌리려는 이러한 삶의 자세는 지상과 천상이라는 이분법적 의식세계를 상정하게 된다. 지상에서의 삶은 "찌걱거리는 뗏목 위에" 누운 불안한 실존이지만 화자는 "내일 근심은/ 내일의 근심"(마 6:34)으로 두고 삶에 순응하려는 태도를 보인다. 이처럼 신의 영역을 인정하고 오늘 근심은 오늘로서 충분하다는 시인의 신앙의식은 신의 섭리와 경륜을 믿는 믿음이라 할 수 있다.

　지상이라는 오늘의 공간에서 살아가는 시인의, 가족과 삶에 대한 인식은 다음 시에서도 잘 나타난다.

> 어딜 가나./ 나는 원효로행 버스를 타고/ 돌아온다./ 어디서나 나는/ 원효로행 버스를 기다린다./ 릴케의 시구를 빌리면,/ 깊은 밤/ 별이 찬란하게 빛나는 누리 안에서/ 고독한 공간으로/ 혼자 떨어져가는/ 그 땅덩이에서/ 나는/ 호구책을 마련하기 위하여/ 하루 종일 거리를 서성거렸고/ 때로는/ 사람을 방문하고/ 외로운 친구와 더불어/ 잔을 나누고/ 밤이 되면/ 어디서나 나는/ 원효로행 버스를 기다린다./ 이 갸륵하고 측은한 회귀심./ 원효로에는/ 종점 가까이/ 가족이 있다./ 서로 등을 붙이고/ 하룻밤을 지내는 측은한 화목을./ 어둑한 버스 안에서/ 나는 늘 마음이 갈았았다./ 릴케의 시구를 빌리면,/ 이처럼 떨어지는 모든 것을/ 소중하게 받아주시는/ 끝없이 부드러운/ 그 손을/ 내가 느끼기 때문이다.
>
> － 「회귀심」 전문

　지상에서 화자는 "호구책을 마련하기 위하여 하루 종일 거리를 서성거"리다가 밤이 되면 영락없이 화자의 가족이 있는 "원효로행 버스를" 타게 된다. 화자에게 있어 가족은 "서로 등을 붙이고 하룻밤을 지내는 측은한 화목"의 관계이다. 화자는 의지할 가족에게로 돌아가게 되는 심정을 "갸륵하고 측은한 회귀심"이라고 표현한다. 회귀심이란 다시 제자리로 돌아가고자 하는 마음인데, 가족이 있는 곳으로 돌아가는 것을 토대로 종국에는 신에게 돌아가는 것으로 그 사유를 확대하고 있다. 화자는 밤이 되면 가족들이 집으로 돌아가듯 우리의 삶도 돌아갈 곳이 있음을 알고 있다고 말한다. "떨어지는 모든 것을 소중하게 받아주시는 끝없이 부드러운 그 손을 내가 느끼기 때문"에 화자는 삶의 측은함을 기꺼이 수용하는 태도를 보이고 있다.

　이러한 '부드러운 손'의 존재를 인식하면서 언젠가는 돌아가야 할 섭리를 깨닫는 지상에서의 삶은 화자가 능동적으로 개척하며 사는 삶이 아니라 신에게서 부여받은 지금 현재의 시간을 인고로 살아가야 하는 것으로 나타난다.

　　[…]/ 내일은 다만 신이 다스리는 시간/ 우리에게는 아직 허락되지 않는/ 봉해진, 신의 영토./ 우리의 보람은/ 오늘에 있는 것. 아무리/ 그것이 괴롭더라도. 오늘의 참된 삶을 위하여/ 참고 견디는 오늘의 보람./ […]/ 고뇌는 인류의 벗을 길 없는/ 영원한 숙명. 아담의 이마에 절이는 소금./ 그러나 인고로 신을 볼 수 있는/ 그것은 또한 신의 은총/ […]/ 아무리 인고의 쓴 즙이/ 오늘의 잔 위에 넘칠지라도/ 참고 사는 것은/ 그것에만 끝나는 것이 아닐세./ […]/ 미래의 까마득한 시간 속에/ 열리는 한 개의 최선의 열매./ 완미한 결실/ 누억대의 깊은 인고의 지층 속에서 자라날./ 참되고 착하고 아름다운/ 한 개의 완성품./ 그 신을./ 진리를 꿈꾸는 인류의 소망이/ 어느 날에 여름하는/ 눈물겨운 열매를./ 참음으로 우리는/ 길고 질긴 호흡을 가누고./ 참음으로 우리는/ 인류의 마지막 소망에 참여하는 것./ 아무리 인고의 쓴 즙이/ 오늘의 잔위에 넘칠지라도/ 이 거룩한 역사에/ 오늘은 오늘로서 참여하는.

- 「동행」 부분

다소 긴 인용이지만 이 시는 오늘을 살아가는 자세를, 참고 견디는 인고로 파악한다. 푸시킨의 저 유명한 '생활이 그대를 속일지라도' 유의 잠언적 경구라 볼 수 있다.

화자는 오늘이라는 현실의 인간 모습을 안개 속 고독한 그림자의 형상으로 본다. 오늘이 아무리 괴롭더라도 참고 견뎌야 하며 "고뇌는 인류의 벗을 길 없는 영원한 숙명"이다. 이것은 신앙적으로 인류의 조상인 아담 이래 현재까지 인간의 "이마에 절이는 소금" 같은 땀방울이자 역설적으로 보람이다. "참음"으로 인류의 마지막 소망에 참여할 수 있고, 그때 "신을 볼 수 있"게 되면 그것은 또한 "신의 은총"이다. 이러한 화자의 세계관은 에덴동산의 낙원을 상실한 인간이 추방당함으로 말미암는 '행복한 타락의 역설'을 상기시킨다.

시인의 오늘-여기에 관한 삶의 인식은 내일-거기의 인식과 대비되어 나타난다. 내일이 있음을 알기에 현실에 대한 회의나 의문보다는 주어진 오늘을 성실히 살아가고자 한다. 소망을 가지고 "참음으로", "인고의 쓴 즙"을 마시며 참되고 착하고 아름답게 살자는 신앙의 역설로 일상을 영위한다. 이렇게 박목월 시인의 생활서정시에 나타나는 아버지 의식은 지상에서의 오늘-여기의 삶을 신에게서 부여받은 것으로 보고, 그 속에서 화목을 도모하며 인고로 살아가려는 자세로 나타나 있다.

3. 돌봄의 모성상(像)과 신앙의식

시인은 유년 시절 자신의 어머니를 통하여 신앙이 형성되었음을 『어머

I. 한국 현대시와 기독교 세계관

니』(1968) 시편과 수필집 등에서 밝히고 있다. 어머니의 신앙 영향 아래서 자라며 받아들인 신의 성품 또한 자식을 양육하고 감싸주는 어머니처럼 자애로운 모성적 신앙의식을 낳게 됨을 살펴보자.

☞☞ 시인은 어머니를 그 상상이 지향하는 극점에서 만나면서, 육화된 존재로 만나던 어머니를 점차 시간과 공간의 한계를 넘어서 설화의 세계와 신의 세계로 만나고 있다. 한광구는 목월 시에 나타난 어머니를 육친으로서의 어머니, 생명의 근원인 신화적 자연으로서의 어머니, 신적 모성으로서 신앙의 대상이 되는 어머니 등으로 나누었다(한광구, 「박목월의 시에 나타난 어머니의 이미지 연구—어머니에 나타난 시간성과 공간성을 중심으로」, 《한국시학연구》 7집, 2002, 293–314. 참조).

   시인의 사모곡이랄 수 있는 『어머니』 시편에는, 어머니가 아들과 일정한 간격, 일정한 균형, 일정한 정서를 유지하는 '영원한 중심'이었음을 곳곳에 드러내고 있다.

      끙끙 앓는 **어머니** 머리맡에/ 무릎을 모아 앉아 있으면

                                          –「어머니가 앓는 밤에」 부분

      잠결에도 듣는/ **당신**의 속삭임이/ 꿈으로 살아나는……

                                                   –「레몬」 부분

      달빛에 나부끼는/ 갈잎에 살아나는/ 하얀 **어머니**의/ 얼굴.

                                          –「갈밭 마을의 명주고름 같은」 부분

아랫목에/ 주무시는 **어머니**의/ 고르고 편안한 숨소리.

- 「겨울밤」 부분

당신은/ 봄날 황혼의 들길./ 그처럼 부드러운
깃으로/ 돌아오는/ 새들의 보금자리. 그처럼 포근한.

- 「찬가」 부분

눈 위로 불어오는 바람결에서/ 향기로운 **당신**의 숨결을/ 제 코가 느낍니다.

- 「어머니에의 기도 ①」 부분

이처럼 어머니를 바라보는 화자의 시선은 극진하며, 화자는 어머니 가까이에서 그림자처럼 맴돌며 지냈음을 알 수 있다. 어머니를 통해서 비로소 사물에 눈뜨고 안식과 평화로움을 맛보게 되는, 어머니의 공간을 추억하는 집에 대한 화자의 태도를 살펴보자.

집에는/ 어머니와/ 어머니의 옥색 고무신./ 훈훈한/ 안방에/ 은은한 미닫이./찬장에는/ 가분한/ 찻잔과/ 빼닫이에 가득한 숟갈./ 곱게 그을린/ 남비는 부엌에/ 푸푸 소리 부는/ 뜸지는 밥솥./ 내 방에는/ 내 의자, 초록빛 의자./ 책꽂이에 단정한/ 책들./ [⋯]/ 때가 되면/ 절로 불이 켜지는/ 집 안에는/ 익숙하게 열리는 문과/ 낯익은 자리에/ 낯익은 물건들,/ 참으로 때가 되면/ 불이 켜지는 전등에는/ 환한 불빛과/ 안온한 방과.

- 「집에는」 전문

　　　　　　　　　　　　　　　　　Ⅰ. 한국 현대시와 기독교 세계관

다정하게 포개진 접시들./ 윤나는 남비./ 방마다 불이 켜지고/ 제 자리에 놓인/ 포근한 의자./ 안락의자./ 어머니가 계시는 집안에는/ 빛나는 유리창과/ 차옥차옥 챙겨진 내의./ 새하얀 베갯잇에/ 네잎 크로우버./ 아늑하고/ 그득했다.

-「가정」 전문

집에는 어머니의 손때 묻은 가재도구들과 어머니가 계심으로 말미암아 누릴 수 있는 아늑한 충만감이 있다. 집은 태어나 자란 곳이며 돌아갈 곳이며 안식처이자 고향이다. 고향을 추억할 때 어머니가 떠오르고 어머니의 공간 안에는 사물들이 잘 정돈되어 제자리를 지키고 있다. 그 질서 속에서 화자는 평화와 안식을 얻을 수 있었다. 어머니는 집안을 잘 꾸려 아늑한 휴식과 충족의 공간을 연출해 내는 창조자였다.

어머니는 내의를 갈아 입혀 주셨다. 새하얀 런닝셔츠와 정결한 팬츠. 그 날 밤 소년은 세례 문답을 받게 되었다.//
성경책을 끼고 소년은 등성이를 넘어갔다. 머리를 곱게 빗은 어머니가 소년 옆에 따라 왔다. 약간 골이 난 듯한 어머니의 긴장한 얼굴.
삼일 만에 불이 켜지는 수요일의 밤예배.//
두 손을 모아 쥐고 목사님 앞에 꿇어 앉았다. 꼭 같은 자세로 어머님이 옆에 앉아 있었다. 수염이 허연 목사님의 우렁찬 목소리. 문답이 끝나고, 사도신경은 어머니와 함께 암송했다.//
전능하사 천지를 만드신 하나님 아버지를 내가 믿사오며…… 갑자기 어머니가 잠잠했다. 의아하여 소년이 돌아보자, 단정히 꿇어 앉은 채 울고 계시는 어머니. 굵은 눈물 줄기에 남폿불이 어려 있었다.//
어머니와 함께 소년은 등성이를 넘어 집으로 돌아왔다. 수요일의 짙푸른

밤하늘. 별자리가 치렁치렁 널려 있었다. 가슴이 벅차 떨리는 목소리로 소년은 어머니께 여쭈었다.//

-하나님은 제 마음을 아실까요, 어머니.

고개를 몇 번이나 끄덕이며 어머니는 소년의 손을 꼭 쥐어 주었다.

소년은 말끔하게 숙성했지만 아직도 어린 티를 벗지 못했다. 그러나 세례를 받고 나자, 갑자기 자기 자신도 어머니에게도 하루아침에 어른이 된 것 같이 느껴졌다.

수요일의 불이 환한 밤예배. 짙푸른 밤하늘.

-「수요일의 밤하늘」 전문

화자의 소년 시절, 세례를 받던 수요일 밤 예배의 기억을 서술한 시다. 소년은 어머니와 함께 집을 나서고, 어머니가 보호자처럼 옆에 앉아계신 중에 세례문답을 받으며, 어머니와 함께 사도신경을 암송한다. 소년은 세례를 받으면서도 내내 어머니를 의식하고 돌아본다. 어머니는 아들이 치러야 하는 의식을 곁에서 함께 치르는 과정을 겪으며 소년의 "벅차 떨리는" 궁금증을 하나님을 대신해서 "고개를 몇 번이나 끄덕이며" "소년의 손을 꼭 쥐어주"는 자상한 관심을 보인다. 신앙의 안내자인 어머니를 통해 '하루아침에 어른이 된 것 같은' 느낌으로 소년은 자신의 신앙이 어둠 속에서 밝음으로 떠오르는 경험을 하고 있다.

이렇게 어머니와 함께 시작한 소년의 신앙생활은 어머니의 이미지에서 예수의 이미지(요 8:7b-9)를 겹쳐 떠올리게 된다.

갈릴리 바다의 물빛을/ 나는 본 일이 없지만/ 어머니 눈동자에/ 넘치는 바다./ 땅에 글씨를 쓰시는/ 예수님의 모습을/ 나는 본 일이 없지만/ 믿

음으로써/ 하얗게 마르신 어머니./ 원광은/ 천사가 쓰는 것이지만/ 어머
니의 뒷모습에/ 서리는 광채./ 아들의 눈에만 선연히 보이는.

– 「갈릴리 바다의 물빛을」 전문

화자는 어머니의 눈동자를 들여다보면서 갈릴리 바다의 물빛을 생각하
고, 믿음으로 하얗게 마른 어머니의 모습에서 예수의 모습을 떠올린다. 또
한 "넉넉하게 테두른 영혼의 달무리"(「찬가」)라고 하여 모성의 신성함을 나
타내고 있다.

아무리/ 엇길로 벗어나도/ 벗어날 수 없는/ 당신의 테두리.
당신에게서 멀어질수록/ 더욱 또렷한,/ 당신의 이름 불러주심.
저는/ 당신의 아들/ 어머님의 아들/ 나의 귀청을 울리는/ 당신의 불러주심.
당신이/ 저를 있게 하시고/ 당신의 열매로/ 저를 열매 맺게 하시는/ 아
아/ 당신의/ 그 간절하신 호명

– 「호명」 전문

위의 시에서도 "당신"을 어머니로 대체해서 읽어도 무방하고 하나님으
로 대체해서 읽어도 무방할 정도로 어머니 이미지와 하나님의 이미지는
병치되어 있다. 어머니는 서정적 화자가 절대자인 하나님에게 이르게 되
는 매개자이며, 육신의 모성적 존재인 동시에 영혼의 초월적 존재이기까
지 하다. 부성적인 신의 성품이 죄와 징벌 혹은 명령과 복종 관계에서 나
타나는 진노나 위엄이라면 모성적인 신의 성품은 사랑과 긍휼, 용서와 자
비 등으로 대표되는 인도와 보호의 개념일 수 있다. 화자가 어머니를 통하

여 받아들인 신성은 자비와 충족, 기다림과 긍휼의 모습이었다.

> 저는/ 목마른 사슴./ 육, 칠월 해으름에/ 산길을 헤매는./ 은은한/ 물소리를 찾아./ 당신을/ 갈구하며 길을 헤매는 목마른 사슴./ 귀를 기울이면/ 저편 산 기슭 골짜기에서/ 저를 부르는/ 당신의 안타까운 목소리/ 저는/ 길을 분별 못하는/ 육 칠월 해으름에/ 산길을 헤매는/ 목마른/ 어린 사슴
>
> — 「목마른 사슴」 전문

> 당신을 불러봅니다./ 제가 부를 때마다/ 어디서나 듣게 되는/ 당신의 응답/ 언제나/ 당신은 제 안에 계시고/ 외로울 때 어려울 때/ 부르기만 하면/ 눈물어린 계시로 당신은/ 제 안에서 살아납니다.
>
> — 「어머니에의 기도 ③」 전문

목마른 사슴이 시냇물을 찾아 그 갈증을 해소하듯이(시 42:1) 화자는 "길을 분별 못 하는" 어린 사슴과도 같은 아들을 걱정하면서 안타까이 부르는 어머니의 목소리를 기억한다. "나를 잡고 놓지 않는/ 그/ 손"(「어머니의 손」)의 절대보호자인 어머니는 무소부재한 하나님의 신성과 병치되어 있음을 보여준다. 이렇게 어머니를 초월적 존재와 연결시키는 시인의 신앙의식을 통해 그의 종교성 역시 모성 회귀의 지향성과 연결됨을 알 수 있다.

『어머니』 연작에 나타난 박목월 시인의 신앙의식은 어머니의 헌신적인 사랑에서 싹튼 자신의 신앙을 은혜와 긍휼의 신성으로 표현한다.

> [···]/ 가죽으로 장정된/ 모서리마다/ 헐어버린/ 말씀의 책/ 어머니가 그

I. 한국 현대시와 기독교 세계관

으신/ 붉은 언더라인은/ 당신의 신앙을 위한 것이지만/ 오늘은/ 이순의
아들을 깨우치고/ 당신을 통하여/ 지고하신 분을 뵙게 한다./ 동양의 깊
은 달밤에/ 더듬거리며 읽는/ 어머니의 붉은 언더라인/ 당신의 신앙이/
지팡이가 되어 더듬거리며/ 따라가는 길에/ 내 안에 울리는/ 어머니의
기도소리./

– 「어머니의 언더라인」 부분

이 시는 돌아가신 어머니의 성경책을 읽는 아들인 화자의 어머니에 대
한 그리움과 어머니의 신앙을 본받게 되는 일을 노래했다. 생전에 어머니
가 밑줄 그어가며 읽으시던 낡은 성경책을 이제는 화자가 물려받아 읽으
며 어머니 신앙이 자신에게 지팡이가 되어, "지고하신 분까지 뵙게" 되는
신앙의 연속성을 드러낸다. 기도 소리로 기억되는 어머니, 낡은 성경책의
붉은 밑줄로 살아나는 어머니의 신앙을 통해 화자는 자신의 신앙 고백에
서도 돌봄의 모성적 신성을 표출하고 있다.

4. 고독한 단독자상(像)과 구경적 신앙의식

시인의 나이가 지천명을 넘긴 1970년대 초입은 그의 관심이 생활서정
에서도 존재론적인 변모를 거듭하는 시기여서 주목을 요한다. 이후 그의
시세계를 지배하는 정서는 신 앞에 선 고독한 단독자로서 실존의 유한성
을 경험하며, 세계와의 초월적 동일성을 갈구하는 형태로 나타난다.
『사력질』은 박목월의 통시적 시작과정에서 후기 시세계를 가름하는 중

요한 지표가 된다. 왜냐하면 그 이전의 시세계에 등장하는 화자와 대상의 서정적 관계가 이즈음부터 그 정서의 흔적을 배제하면서 '본다'는 것의 새로운 의미, 즉 주어진 현상의 질서를 날카롭게 응시하는 시선으로 변모하기 때문이다.

사력질(砂礫質)은 토양 중에서도 모래와 자갈(조약돌)이다. 돌의 이미지는 초기시에서 '눈물로 가는 바위'(「임」)로 드러난 이후, '돌(덩이)'이나 '돌멩이' '자갈돌' '비석' '묘석' '대리석' '운석' 등으로 소재가 변용된다.

> 시멘트 바닥에/ 그것은 바싹 깨어졌다./ 중심일수록 가루가 된 접시/ 정결한 옥쇄(터지는 매화포)/ 받드는 것은/ 한 번은 가루가 된다./ 외곽일수록 원형을 의지하는/ 그 싸늘한 질서./ 파편은 저만치/ 하나./ 냉엄한 절규./ 모가 날카롭게 빛난다.

> > ─「사력질 1」 전문

위의 시에서 "중심일수록 가루가" 되고 "외곽일수록 원형을 의지하는" 깨어진 접시를 바라보는 화자의 시선은 본다는 것을 넘어 드러난 현상을 지각하고 있다. 중심과 외곽의 대비를 통해 저만치 깨어진, 파편의 접시를 바라보는 화자의 인식은 냉엄하다.

지각이란 사물의 표상을 보는 것이 아니라 사물을 자신이 아는 대로 보는 시지각(視知覺)일 수 있다. 지각은 사물로 통하는 하나의 창이며 사물과 접촉하는 인식에 의미를 두는 것이며, 그 접촉은 존재 자체와의 직접적인 접촉이 된다. 깨어지기 쉬운 접시를 통해 언젠가는 한 번은 가루가 되고야 말 존재의 근원적 한계, 그 "필멸성"을 "싸늘한 질서" "냉엄한 절규"로 화

I. 한국 현대시와 기독교 세계관

자는 인식하고 있다. "중심"에서 분리된 "파편"은 이 세상에 던져진 존재로서의 인간 숙명에 대한 인식을 새롭게 일깨운다.

☞☞ 「사력질」 연작과 관련하여, 아래 시 또한 시인의 변화된 세계관을 엿볼 수 있는 단서가 된다. 1969년 7월, 아폴로 11호가 달 착륙에 성공하고 닐 암스트롱은 달 분화구에 첫발을 내디뎠다. 그 현장은 전 세계에 중계되었다. 옥토끼가 방아를 찧는 달이 아니라, 물과 공기가 없는 암석 덩어리인 달의 과학적 실체가 밝혀졌다. 이를 바라보는 시인의 관점 또한 이전의 시와는 다른 새로운 인식을 보인다. "무색사질(無色砂質)의 분화구./ 숨이 말려드는 「고요의 바다」/ 죽음의 재 위에/ 우주인은 연착(軟着)하고/ 그/ 눈동자에 월평선/ 너머로 붉게 떠오르는 것은/ 또 하나의 달./ 그 지구에서/ 나의 탄생과 존재./ 그리고/ 나의 죽음과/ 접시의 한 방울의 물"(「한 방울의 물」 전문).
"결국 지구도/ 하나의 돌덩어리/ 절대공간의 점 하나/ […]/ 나는/ 진한 피 한 방울이 된다"(「사력질─오늘」 부분)에서는 빛이 없는 돌덩이에 불과한 달을 통해, 지구 역시 '또 하나의 달'임을 깨닫는다. 화자의 지각은 인간의 '탄생과 존재', 죽음에 대한 의문을 제기한다. 인간은 너무나 보잘것없는, '접시의 한 방울의 물'에 지나지 않는다는 존재의 각성은 지구 역시 '절대공간의 점 하나'임을 깨닫게 한다. 그러므로 화자는 지금─여기를 살아가는 의미 있는 '피 한 방울'이 되고자 한다고 썼다.

견고성과 내구성이 특징인 '돌'은 존재이거나 응집, 혹은 자아와의 조화로운 화해를 상징한다. 변화하거나 부패하지 않는 돌은 전체로서의 통일성과 강한 힘을 나타낸다. 반면에 부서진 돌은 해체 또는 심리적 분열, 무정형, 죽음, 전멸 등을 상징하는 이미지가 될 수 있다. 시인의 후기시에 나타나는 '돌'은 일반적인 돌의 상징과 비슷하기는 하지만 유한한 시간성과 공간성을 지닌 현존재의 실존을 상징하는 모습으로 나타난다.

가을비에/ 비석, 젖는/ 돌의 묵묵한 그것은/ 우리들 본연의 모습이다./ 제자신의/ 내면으로 침잠하여/ 안으로 물드는 단풍./ 인간의 심성은 **섬유질**이다./ 가늘게 올이 뻗쳐/ 죽음을 자각하는 자만이/ 참된 삶을 깨닫는다./ 아침에 일어나/ 자신의 잠자리를 살피고/ 순간마다/ 새롭게 창조되는/ 빛을 본다. 어둠 속에서 살아나는/ 아름다운 세계여./ 숨을 죽이

고/ 오늘의 연보랏빛 국화송이./ 그리고 숟가락에 어리는/ 간밤의 페가
사스/ 찬란한 **성좌**.

- 「간밤의 페가사스」 전문

시집 『사력질』에 실린 첫 번째 시이다. 시집에서 첫 번째로 실리는 시는
연대순으로 배열하는 특별한 경우를 제외하고는 그 시집의 대표적인 특성
과 관련되거나 시인이 임의로 선정하는 것이다. 따라서 처음이라는 순서
는 의미 있게 볼 필요가 있다. 이 시에서 화자는 돌을 우리의 본성, 즉 현존
재로 파악한다. 비가 오면 비를 맞을 수밖에 없으며 제자리를 이탈하지 않
고 묵묵히 주어진 조건에 순응하며, 내면으로 침잠하여 자신의 결실을 돌
아보는 존재자의 모습이 곧 돌의 표상이다. 돌이 우주 생성에서 떨어진 파
편이라면, 지상에 던져진 존재, 곧 피투성(被投性)의 존재는 본능적으로 자
신의 삶의 방식을 모색하게 된다. "섬유질"과 같은 심성을 지닌 생명체인
인간은 촉수를 뻗쳐 "죽음을 자각하는 자만이 참된 삶을 깨닫"는 실존의
역설을 경험한다. 그래서 화자는 근원적인 존재자를 인정하고 초연함을
유지하려는 태도를 보인다.

시인은 '돌' 표상을 통하여 사물을 자각하는 새로운 인식에 눈뜨고 현
존하는 돌의 영역 위쪽에 있는 별의 이미지를 역동적으로 끌어들인다. 지
상에서 천상으로 확장된 의식은 "순간마다 새롭게 창조되는 빛"의 세계를
보고 "찬란한 성좌"의 존재를 인지한다. 별이 떨어져 운석이 되는 것을 생
각하면 하늘의 별은 지상에 있는 돌의 다른 표상이다. 별이 있는 곳은 천
상이며 돌이 있는 곳은 지상이다. 별의 이미지는 시인의 시 속에서 '성신
(성좌)', '성운', '유성', '별자리', '별무리', '북극성', '페가사스' 등으로 변용

　　　　　　　　　　　　　　　　Ⅰ. 한국 현대시와 기독교 세계관

되어 나타난다. 그 변용의 끝은 곧 빛이요, 신성이다. 이러한 지상과 천상의 대비는 지상적 삶의 한계성과 천상적 삶의 무한성을 인식하게 하고 시인의 구경적 신앙의식에 중요한 지평이 된다.

구름이 날개를 적시는/ 따끝에서/ 바다가 얼어붙는/ 불모지의/ 이편 따끝까지/ 그 중심에서/ 나의 발길에 채이는/ **한 덩이의 돌**./ 거품으로 이는 수직의 연꽃/ 꼭지에서/ 유황과 불의 바닥까지/ 그 중심에서/ 나의 발길에 채이는/ 한 덩이의 돌./ 바람과/ 고래의 길에서/ 수맥으로 사라지는/ 수국의 오늘의 줄기에/ 또는 해와 달의/ 그 중심에서/ 나의 발길에 채이는/ **한 덩이의 돌**./ **사랑이어**/ **사랑이어**/ **사랑이어**/ 한 가닥의 핏발로 뻗히는/ 억겁의 순간/ 순간./ 나의 발길에/ 툭 채이는/ **한 덩이의 돌**

– 「중심에서–돌의 시 ①」 전문

돌은 시인의 사물화된 자아로서, 어디든지 굴러다니는 흔한 물체이면서 세상의 "중심"이다. 이편 땅끝에서 저편 땅끝까지 우주 전체를 뒤덮은 자연물의 중심에서 "한 덩이 돌"은 곧 화자의 실존 그 자체이다. 억겁의 시공간을 오르내리며 천상('연꽃', '해와 달')과 지상('수국')과 지하('유황의 불과 바닥')의 중심에서 화자는 자신의 발부리에 차이는 돌의 감각을 곧 삶에 대한 환유로 파악한다. 자연의 질서 안에서 중심을 이루고 있는 돌의 숙명은 "사랑"으로만 완성될 수 있는 화자의 구경적 삶의 태도이다. "사랑이어"를 세 번이나 호명하는 화자의 어조는 절박하면서도 고양된 영탄성을 지니고 있다. 사랑은 화자가 이루어야 할 평생의 과업이자 "신이어/ 신이어/ 신이어"(「무제」)로 대체되는 신의 다른 이름이 된다.

[…]/ 강 건너 돌을 생각한다./ 해질 무렵에 돌아와/ 눅눅한/ 장갑을 벗으며/ 강 건너/ 저편 기슭의/ 돌을 생각한다./ 지천명의/ 해질 무렵에 집으로 돌아와/ 눅눅한 그것을 벗으며/ 왜랄 것도 없이/ 춥고 어두운 강 건너/ 황량한 들판에 내팽개쳐진/ 한 덩이 돌을/ 생각한다.

- 「강 건너 돌-돌의 시 ③」 전반부

화자가 강하게 응시하는 "강 건너 돌"은 뇌리에 남아 있는 생각의 돌로서, 빛의 이미지를 떠올리게 하는 매개물이다. "지천명의 해질 무렵에 집으로 돌아와" "춥고 어두운 강 건너 황량한 들판에 내팽개쳐진 한 덩이 돌을 생각"하는 것은 지금-여기의 실존의식이다. 실존의 극단에서 항거할 수 없는 유한성을 느낄 때, 화자는 그것을 "그물로 던져진 별자리 아래 내팽개쳐진"이라 표현한다. 우주의 질서로부터 단절되고 소외된 화자는 외부에서 존재의 물음에 대한 답을 찾기보다 존재의 심연에서 빛을 찾음으로써 곧 본질을 인식하는 방법을 터득한다.

"그물로 던져진 별자리"가 인간에게 주어진 숙명이라면 "치렁치렁한 성좌"나 달무리처럼 펼쳐진 "성운"은 내팽개쳐진 인간의 숙명을 주관하는, 모든 존재의 원천과 근원이 되는 '존재 자체로서의 신(God as Being Itself)'을 표상하는 이미지다. 화자는 존재의 유한성을 깨달을 때마다 근원에 대한 물음을 갖게 되고 신적 존재의 영원성을 성좌나 성운으로 병치시켜 둔다. 하늘로부터 분리되어 이 땅에 떨어진 운석과 같은 인간의 숙명과는 대조적으로 회전하는 (별)빛은 신성한 존재, 곧 절대자를 상징하는 기호로 나타난다.

I. 한국 현대시와 기독교 세계관

돌을 던졌다./ 보이는 물속으로/ 보이지 않는 늪속으로/ 돌은 가라앉았다./ 왜,/ 왜,/ 왜,/ 아무리 몸부림쳐도/ 말문이 열리지 않는 꿈속에서/ 물살은 나의 목을 감돌고/ 가라앉는 돌./ 왜,/ 왜,/ 왜,/ 아무리 부르짖어도/ 큼직한 바람의 손이/ 입을 막는 현실 속에서/ 깊이 가라앉는 돌./ 돌을 던진다./ 무수히 많은 돌을/ 무수히 던지며/ 나의 생애도 끝이 보이는./ 물살은 목을 감돌고/ 수면에서 사라져 갔다.

- 「돌과 그림자-돌의 시 ⑤」 전반부

화자는 삶의 불확정성과 불안을 응시하고, 보이지 않는 현실 속으로 깊이 가라앉는 돌의 존재에 대해 질문을 던진다. 그러나 "왜,/ 왜,/ 왜,/ 아무리 부르짖어도/ 큼직한 바람의 손이/ 입을 막는 현실"은 곧 알 수 없고 말할 수 없는 닫힌 현실일 뿐이다. 인간은 생래적으로, 나는 누구이며 왜 이런 모습으로 살게 되었는지, 인간 궁극의 운명은 어떻게 될 것인가에 관한 존재론적 질문을 던질 수밖에 없다. 그에 대한 답변을 기다리는 화자에게 돌은 "가라앉"고 모습을 잃어버리고 만다.

앉으면/ 그것이 그의 자리다./ 널려 있는 **성좌**를 이고/ 바람에 씻기운다./ 내 것이 없는/ 있음 속에서/ 옮아가는 **별자리의**/ 스치는 옷자락 소리가/ 조심스럽다./ 꽃이 핀다./ 도라지는 도라지 빛으로/ 구름은 구름의 빛깔로/ 하지만 흐르는 물은/ 제자리로 돌아갈 뿐./ 앉으면/ 그것이 그의 **좌향**(座向)이다./ 널려 있는 **성좌**를 이고/ 뿌리를 내리는 돌의 깊이/ 옮아가는 **별자리의** 스치는/ 옷자락 소리가 조심스럽다.

- 「좌향-돌의 시 ②」 전문

앉는 자리가 나의 자리다./ 자갈밭이건 모래톱이건/ […]
세상의 모든 것은/ 앉는 자리가 그의 자리다/ […]
세상의 모든 자리는/ 떠버리면 흔적 없다./ 풀꽃도 자취없이 사라지고
저쪽에서는/ 파도가 바위를 덮쳐/ 갈매기는 하늘에 끼룩거리고
이편에서는/ 털고 일어서는 나의 흔적을/ 바람이 쓰담아 지워버린다.

– 「무제」 부분

박목월 시인의 '자리론'이라 할 수 있는 위의 두 시를 통해 '자리'는 지상에서 붙박이로 살게 되는 삶을 뜻함을 알 수 있다. 앉는 그 자리가 자신이 있게 되는 삶(실재)이고 그 자리를 떠버리면(부재) 흔적이 지워진다. 그러므로 현존재인 돌은 화자의 실존이다. 그가 등을 지고 앉아 정면으로 바라보는 방향(座向)은 "널려 있는 성좌"가 있는 곳이고 이 환유는 키르케고르의 신 앞에 선 단독자의 개념을 상기시킨다.

「좌향」은 나중-거기보다는 지금-여기의 지상에서의 현재성을 강조한다. 꽃이 피는 현상은 반복되고 "흐르는 물은 제자리로 돌아"가는 것이 당연하다. 우주 만물은 본래 신이 인간에게 베풀어 준 것으로 내 것이 아니지만 내가 현존하는 한에 있어서는 내 것이다. 따라서 "내 것이 없는/ 있음 속에서" 초연하게 사물을 응시한다. 흐르는 물이 제자리로 돌아가듯, 신과 역사 앞에서 매 순간의 결단을 통해 종교적 성화의 단계로 올라가야 하는 일을 화자는 역설적으로 지상에 깊이 "뿌리 내리는 돌"로 표현한다.

뿌리내림의 전제조건은 "널려 있는 성좌를 이고"이다. 우주의 순행하는 질서에 맞춰 뿌리를 내리고자 하는 화자의 숙연한 의지는 움직이는 것들 속에서 중심을 찾는 일이다. 돌은 모든 것이 사라진 후에 남는 최후의 자

연물로서, 돌의 표상을 통해 화자의 의식은 상승하고 존재는 하강한다. 화자가 취해야 하는 신앙의 구경적 자세는 천상으로의 뿌리내림이다.

> 나의 뜰에는/ 늦가을의 그늘이 내리고/ 가랑잎이 지고 있다./ 이제/ 모든 겉치레를 벗고/ 저 안으로/ **뿌리를 내릴 때다.**/ 참음으로/ 고독을/ 별나라까지 이르게 하여/ 고독 안에서/ 맑고 투명한 **영혼의/ 눈동자를 얻어야 할 때다.**/ 참음으로/ 고독을/ 무한으로 넓혀/ 고독 안에서 마련되는/ 새로운 질서의/ 밤과/ 별자리와/ 한 밤중에서도 환하게 빛나는/ **빛을 얻어야 할 때다.**/ 세속적인 그것을 위하여/ 열려 있는 귀를 막고/ 입을 봉하고/ 눈을 감고/ 인내와 고독의/ 바위 안에서/ 절대로 그분을 위하여/ 그분의 말씀에 따라/ 나의 **거처가/ 마련되어야 할 때다.**/ […]
>
> – 「바위 안에서」 부분

이 시에서 늦가을의 뜰을 내다보고 있는 화자에게 지금이란 시간은 "겉치레를 벗고 안으로 뿌리를 내릴 때"이며 "투명한 영혼의/ 눈동자를 얻어야 할 때"이며 "새로운 질서의/ 밤과/ 별자리와/ 한 밤중에서도 환하게 빛나는/ 빛을 얻어야 할 때"이며 "그분의 말씀에 따라/ 나의 거처가/ 마련되어야 할 때"이다. 가랑잎이 지는 쇠락과 소멸의 공간에서 인내와 "고독"의 바위 안에 나의 거처를 마련해야 하는 일은, 마치 곰이 쑥과 마늘을 먹고 인간으로 변신하기를 기다리는 일처럼 인내를 필요로 한다. "바위 안"은 "참음"을 필요로 하는 고독한 공간이지만, 동시에 존재의 소멸을 영원한 생명으로 전환시키는 재생의 공간으로 작용한다.

이처럼 박목월 시인의 후기시에는 시간과 공간을 무화시키면서 천상을 사모하는 신앙의식이 두드러진다. "바위 안"은 화자가 노년에 이루어야 할 경건성의 자리로서 "맑고 투명한 영혼의/ 눈동자"와 "빛"을 얻을 수 있는 초월의 공간이다. "절대로 그분을 위하여/ 그분의 말씀에 따라" 나는 없고 그분만 있는, 존재가 무화되는 성화의 일체감에 이르기를 갈망하는 화자의 삶은 구도자의 그것이다.

> 꽃에서/ 사과가 되는 사과의 전과정을/ 생각한다.
> 그런/ 생각 속에서/ 나는 그 분을 만난다./ 눈이 환한./ 그 분은 허리에 푸른 띠를 두르고 계셨다.
> 시원에서/ 바다에 이르는 형산강의/ 길고 끝없는 흐름……
> 그 분의 노래는/ 항상 너그러운 율조를/ 띠운다.
> 꽃에서/ 사과가 되는 사과의 노래/ 시원에서/ 바다에 이르는 흐름의 노래.
> 그리고 나는/ 오늘/ 한 개의 질그릇이 되기를 바란다. 흙으로/ 빚은. 불로 구운./ 그 전과정을 거쳐 하나의/ 완성품./ 물을 담는/ 어줍잖은 물그릇이라도 좋다.
> 나의/ 시에 담겨진,/ 그 분의 숨결 그 분의 손길/ 그 분의 율조를 나는/ 경건히 기다린다.

-「무제 3」전문

하이데거는 초연함의 본질을 기다림에서 찾는다. 마치 농부처럼, 식물이 싹이 트는지 성숙하는지 어떤지를 기다릴 줄 아는 초연한 인간을 하이데거는 '시원(Anfang)적 인간'(전동진, 216)이라고 표현했다. 오래 참을 수있는 고결한 마음씨를 지니는 태도야말로 시원적 인간의 한 모습이며 성경에서 말하는 오래 참음의 과정으로서의 삶이다. 시적 화자는 씨앗에서 사과가 되는 전 과정이나 강의 시원부터 바다에 이르는 전 과정을 흙이 그

릇으로 완성되는 전 과정과 병치시키면서 그분의 숨결과 손길을 느낀다. 우주의 생성과 소멸이 신의 섭리하에 이뤄지는 일임을 인정하고 자신도 "한 개의 질그릇"으로 빚어지기를 바라는 화자의 소망은 자신의 시 속에도 "그분의 율조"가 담기기를 기다린다.

이와 같이 시인은 세상에 던져진 존재로서의 실존의식을 매개로 하여 신 앞에 선 단독자로서 절대자를 인식하고, 그 절대자에게 자신의 의지를 내어 맡기는 존재의 체화로 돌의 표상을 사용했다. 시인의 궁극적 관심의 대상은 하나님이었다. 세수하거나 길을 걷거나, 거리에서 또는 모든 출입에서 시인은 절대 보호자이며 전능자인 하나님에게 자신의 실존을 의탁하는 기도와 간구의 시편들을 낳았다.

> […]/ 진실로/ **당신**이 뉘심을/ 전신으로 깨닫게 하여 주시고/ 오로지/ 순간마다/ **당신**을 확인하는/ 생활이 되게 **믿음의 밧줄로**/ 구속하여 주십시오./ […]
>
> – 「거리에서」 부분

> […]/ **주여**./ 우리의 출입이/ **당신**으로 말미암아/ **당신**에게로 돌아가는 것./ **당신**이 열어주심으로/ 문이 열리고/ **당신**이 닫아주심으로/ 문이 닫기는 오늘의/ 우리들의 출입
>
> – 「우리의 출입」 부분

> […]/ **주여**/ 우슬초로/ 나를 정결케 하옵소서./ 정한 마음을/ **당신**이 창조

해 주심으로/ 나는/ 새롭게 눈을 뜨고/ 내 안에 돋아나는/ 기름진 잎새.

- 「우슬초」 부분

주여/ 열이 오른 이마를/ 짚어 주시는 **당신**의 손길,/ 앓아누운 자리에서도/ 함께 하시는 **당신**의 은총/ 눈을 감고도/ 뜬 것보다 더욱 선명하게/ **당신**을 뵈올 수 있는/ **믿음**의 자리가/ 되게 하옵소서

- 「이만한 믿음」 부분

이제 신 앞에 선 피조물로서 인간은 돌아가야 할 자신의 때를 알고 지상에서의 삶을 다음과 같이 회고한다.

당신이 허락한 시간을/ 성의껏 살았습니다./ 어줍잖은 일에/ 정성을 다하고/ 밤에는 편안한 마음으로/ 이부자리 속에 들었습니다./ 이룩한 일이/ 무엇이냐고/ 뉘우쳐 보기도 합니다마는/ 인간이 할 수 있는 사업이/ 과연 무엇이냐고/ 되려 반문을 하게 됩니다./ 진실과/ 물거품의 시간 속에서/ 성의껏 사는 것/ 그것이 전부입니다./ 땅에서 열리는 열매는/ 땅으로 되돌아가는/ 하나의 유성 위에서/ 가족을 사랑하며/ 이웃을 사랑하며/ 오늘의 정성을 다하는/ 좁고도 후끈한/ 체온의 둘레/ 하루의 기름진 수레바퀴/ 이제 저무는 세모에/ 새삼 뉘우칠 것도 없이/ 마음의 구김살을 펴고/ 고백합니다./ 당신이 허락한 시간을/ 성의껏 살았습니다.

- 「물거품의 시간 속에서」 전문

"당신이 허락한 시간"을 산다는 것은 지상에서 본향으로 돌아가야 할 회귀자의 삶의 자세다. "인간이 할 수 있는" 일이란 지상에서 무언가를 이

Ⅰ. 한국 현대시와 기독교 세계관

뤄내는 일보다 가족과 이웃을 사랑하며 "오늘의 정성을 다하는" 것이었다. 주어진 시간을 성의껏 사는 일은 영원에 이르는 길이었으므로 시인에게 있어 오늘이란, 절대자 앞에서 '영원한 지금'(eternal now)의 신앙의식으로 살아가는 날임을 알 수 있다.

5. 나오며

이 글에서는 박목월 시인의 시세계를 크게 3기로 구분해서 중기 이후의 생활서정시와 어머니를 주제로 한 시편들과 유고집에 나타난 시인의 신앙의식에 대해 살펴보았다.

시인은 해방 정국의 혼돈과 종군작가단 체험 이후, 자연을 소재로 시를 쓰던 위안에서 한결 적극적으로 인간에 대한 관심과 일상의 삶에 참여하는 시편들을 발표했다. 시인은 집과 가정의 의미를 새롭게 돌아보고, 1인칭 시적 화자가 자신의 경험을 이야기조로 서술하는 형태인 서술체의 시를 쓰기에 이른다.

삶과 죽음, 영원과 무상, 흐르는 것과 닫혀 있는 것, 오늘과 내일 등의 대비를 통해 시인은 삶의 측은한 정서를 노래하고 후기에 이를수록 더욱 고독한 단독자의 정서를 신에게 의탁하는 회귀성의 신앙의식을 드러냈다.

전반적인 생활서정시에서 화자는 곧 시인 자신이자 아버지로 나타났다. 가족의 구심점인 아버지는 가장으로서의 생활의 고단함을 인내하고 가족의 화목을 염원하는 부성의식을 보여주었다. 화자는 신이 부여한 오늘(지금-여기)의 삶을 소중히 받아들이고, 가족공동체의 화목 속에서 자신에게 주어진 운명을 성실하게 인고로 살아가려는 신앙의식을 나타냈다.

어머니를 주제로 한 시편들에서 화자는 어머니에 대한 사모의 정을 절대자의 신성을 사모하는 차원으로 끌어올리며 신의 성품을 유추해 냈다. 어머니의 자상하고 평화로운 돌봄이 곧 목자로서의 신의 성품과 병치되어 있어, 언제나 사랑을 베풀고 안식을 주는 모성적 신앙의식을 보여주었다.

1970년 이후 「사력질」 연작에서는 사물의 의미를 새롭게 응시하는 '돌' 표상을 통해 존재의 근본을 사유하는 단독자로서의 고독한 삶 의식을 드러냈다. 시편에 등장하는 '돌'은 주어진 지상적 삶을 영위하는 유한한 존재의 체화였다. 고독한 단독자로서의 돌-인간은 창조주의 우주적 질서 아래 유성과 운석, 구름과 강물, 성좌와 돌 등의 이분법적 구도로 병치되어 나타났다. 이를 응시하는 화자의 시선에는 초연함이 있으며 이 초연함은 겸손한 기다림의 자세로 천상의 삶에 뿌리내리기를 원하는 고독을 감수하고자 하는 신앙의식이었다.

시인은 어릴 때 어머니를 통해 신앙을 받아들이면서 어머니의 품성을 신에 대입시켜 자신의 신앙을 노래했고, 한 가정의 가장으로서 삶의 고단함을 인내하는 부성으로 자신의 신앙을 표현했다. 또한 신 앞에 선 단독자의 개념인 '돌' 표상으로 존재의 근본 물음을 제기하고 그 응시를 통해 신앙적 삶의 구경적 자세를 보여주었다. 그의 궁극 관심의 대상은 성좌나 빛으로 존재하는 하나님이었다. 박목월 시인의 생활서정시에 나타난 신앙의식은 지상의 고뇌를 절대자에게 의탁하고 회귀하려는 본질지향성을 담고 있으며, 이 땅에서의 삶이란 신이 허락한 시간 동안 성의껏 살아가는 순종의 여정임을 노래했다.

제3장

박두진 시에 나타난 구원의 서정(序程)
– 『나 여기에 있나이다 주여』를 중심으로

구원의 서정(Ordo Salutis)
소명(Calling)
칭의(Justification)
성화와 견인(Sanctification & Perseverance)
영화(Glorification)
그리스도의 대속죽음(the Death of Christ Redemption)
사도의식(Consciousness as a Apostle)
한몸의식(Union with Christ)

1. 들어가며

혜산(兮山) 박두진(1916-1998)의 시
는 성서적이다. 그러나 성서 소재들은
신앙 차원으로 가려져 있고 드러나는
정서는 경이로움과 감탄, 예언자적 의
지와 고독, 감사와 소망의 형태 등이다.
그는 자연에 대한 순수한 감각의 기쁨
에서 출발하여 자연과 인간 그리고 신

수석과 함께 한 박두진

존재의 탐구로 시의 범위를 확대해 갔지만 그의 시세계는 줄곧 신앙의 내
면적이며 형체적인 일체성을 추구하는 일에 초점이 맞춰져 있었다. 시는
신의 영광을 위해서 써져야 하고 인류는 신의 사랑의 섭리 아래 하나로 완

성될 것임을 궁극의 이념으로 표현하는 것이 그의 시작 생활의 한 방향이며 신념이었다(박두진, 『고향에 다시 갔더니』, 신원문화사, 1996, 174). 그것이 초기시편에서는 산과 강, 해 등의 자연물을 통해 드러나고 중기 시편에서는 깃발과 새 등을 통해 기독교 예언자의 실천 지성으로 표출되었다. 또한 후기시편에서는 '수석'을 통해 근원적이고 초월적인 본체와의 교감을 보여주었다.

초기시집인 『청록집』과 『해』 등에서는 자연의 생명력과 초월적 이데아에 대한 염원이 돋보인다(「향현」, 「해」, 「묘지송」 등). 중기 시집인 『오도』, 『거미와 성좌』, 『하얀 날개』, 『고산식물』 등에서도 성좌와 거미, 달과 이리의 공존을 세계의 특성으로 파악하고 성경에 입각한 시인의 세계관과 현실관을 드러냈다. 그는 이원적 대립의 갈등 극복과 그 궁극적 화해를 위해 사자와 어린 양의 공존(사 11:6)으로 구현되는 기독교 낙원을 이상으로 꿈꾸었다. 「사도행전」 연작과 『포옹무한』, 『수석열전』 시리즈에서도 자연과 인간사를 포용하고 응축하면서 절대초월적 세계의 신성함과 그 근원적 절대순수의 세계를 펼쳤다. 또한 신앙시가 종교시라는 타성과 상투성으로 빠지는 것을 극복하기 위해 수석을 매개로 사유하고 그 사유의 결과를 알레고리로 삼아 시를 썼다. 그러나 수석시의 핵심도 결국 초월적 본체의 현현을 체험하고 묘사하는 시편에 다름 아니었다. 유고시집을 포함한 17권의 시집과 천 편이 넘는 시들은 그가 기독교 신앙이라는 프리즘을 통해 "초월적 존재의 온전성과 그것의 투영으로서의 지상적 질서(자연, 인간, 신성)의 완성을 노래"(유성호, 「윤리와 실존으로서의 종교 의식」, 『현대문학의 연구』 37, 2009, 119.)했다는 것을 보여준다. 그는 확고한 신앙 위에서 자신과 공동체의 비전, 우리 민족이 나아갈 길을 모세와 같은 예언자의 말씀으로 시화하기도 했다.

이 글에서는 시인 자신이 "기독교 사상과 기독교 정신 혹은 그 신앙이 바탕이 됐다고 생각되는 시들"(박두진,『나 여기에 있나이다 주여』, 홍성사, 1883, 서문. 이후에 발간된 15번째 시집『빙벽을 깬다』와 16번째 시집『폭양에 무릎 꿇고』, 유고시집『당신의 사랑 앞에』는 소재적 측면에서 수석 관련 시편들과 생활시들이 섞인 양상을 보여 제외했지만 본 텍스트의 연장선상에서 이해될 수 있는 시편들은 참고로 하였다. 한자나 띄어쓰기 등의 표기법은 현재와 다르지만 원문대로 살린다.)을 묶은 『나 여기에 있나이다 주여』를 중심으로 자신의 신앙을 시적 체험으로 승화시킨 시편들에 나타난 구원의 서정(序程, Ordo Salutis) 양상을 살펴보고자 한다. 이 시집은『야생대』,『고산식물』,『사도행전』,『인간밀림』,『거미와 성좌』,『오도』,『수석열전』,『속 수석열전』과 자전적 고백시집『포옹무한』에서 시인이 직접 가려 뽑은 신앙시편들로만 구성되어 있다.

한편 구원의 서정이란 택함을 받은 자가 구원의 길로 인도되는 논리적 순서를 말하는데 신앙인 개개인의 내면적 변화의 과정, 즉 그리스도의 장성한 분량에 이르게(엡 4:13) 되는 믿음의 과정을 이론화해 놓은 것이다. 구원의 순서인 이 과정은 구원은 인간의 판단과 결정에 따라서 믿게 되는 것이 아니라 전적으로 하나님의 의도하심과 결정하심에서 비롯되었다는 관점이다. 즉 구원은 개인의 신념에 의한 것이 아니라 하나님에게서 예정된 것이다. 루이스 벌코프(L. Berkhof)는 구원의 서정을 그리스도 안에서 행해진 구원의 사역이 죄인들의 심령과 삶에 주관적으로 실현되는 과정을 서술하는 용어로 보았다. 그리스도가 이룬 객관적인 속죄함이 택함 받은 개인에게 어떻게 성령의 역사로 주관적 적용을 이루는가 하는 과정이라는 것이다. 존 머레이(J. Murray)는 사도 바울의 가르침(롬 8:28-30)을 좇아 하나님이 미리 정하신 계획과 그 은혜에 따라 창세 전에 예정하시고 그 뜻대로 부르시고(召命) 의롭다 하시며(稱義) 거룩하게 하시고(聖化) 영화롭게 하신 것으로 믿음의 내적 일관성과 질서에 대해 설명했다.

☞ 머레이의 『구속론』은 크게 구속언약과 은혜언약인 구속성취(속죄론)와 구속적용(구원서정)으로 정리할 수 있다. 그는 원론적으로 속죄사역과 구속적용인 소명, 중생, 칭의, 양자됨 등을 반복할 필요가 없는 단번에 성취된 하나님의 행위라고 보았다. 본질상 확정적이며 하나의 묶인 사역으로 생각했다. 그러나 성화에 있어서 확정적 성화를 언급하면서도 점진적 성화를 동시에 언급하듯이 구속성취와 구속적용은 이미 확정된 사역이지만 역사 속에 시간 안에 이루어지는 사역이므로 그 논리의 신학적 설명을 전개해 나간 것이다.
그는 성경의 중심이 예수 그리스도의 속죄사역과 그 속죄사역을 적용시키는 성령의 은혜에 있음을 주지시키고, 그 속죄사역의 은혜를 입은 백성들은 그 은혜를 가져온 그리스도의 삶의 원리를 적용하여 열매를 맺어야 한다고 말한다. 또한 신앙 인격은 사랑으로 역사하는 믿음(갈 5:6)임을 상기시키고, 성경신학과 조직신학의 적절한 조화를 바탕으로 구속성취와 구속적용을 설명했다. 그가 말하는 예수 그리스도의 십자가 구속성취와 그에 따른 구속적용의 순서는 소명, 중생, 신앙과 회개, 칭의, 양자, 성화, 견인, 그리스도와의 연합, 영화의 아홉 단계이다. 이것은 구속적용에 대한 인과적 논리의 순서에 해당하는데 구원의 주권성과 유효성을 지닌 하나님의 은혜를 강조한 것이다. 또한 소명(calling)이라는 단어 앞에 유효적(effectual)이라는 형용사를 덧붙여, 보편적인 부르심을 뜻하지 않고 구원상태로 인도하는 소명이라는 점을 부각시켰다.

그런데 이러한 과정은 시간적인 차원에서의 순서를 말하는 것이 아니며 단지 논리의 일관성 관점에서 전개된 것이다. 또한 각기 구분되는 성질의 단계라기보다 동시다발로 진행될 수 있고 일정한 질서 아래서 진행되는 것임을 간과해서는 안 된다. 하지만 '소명'에 '중생'이나 '회개'의 단계가 수렴되고 '양자(養子)'로 입양되는 과정은 거의 동시에 일어난 '이미'라는 과거적 구원이라고 볼 수 있고, 지상에서 신앙인으로 살아가면서 경험하는 '성화'와 '견인'은 지금 구원을 이루어가는 과정이라고 볼 수 있으며 '영화'는 천국에서 누릴 미래적 구원에 해당한다고 하겠다. 그래서 머레이는 크게 '소명'과 '칭의'와 '영화'라는 세 단계를 추출했다. 하나님의 의를 믿는 믿음은 곧 죄를 알게 하고('회개'), 양자됨과 성화, 견인 등의 과정은

Ⅰ. 한국 현대시와 기독교 세계관

모두 '칭의'에 근거하여 이루어진다고 보았다. 이후 그리스도인의 내세관과 관련하여서는 예수 재림의 그때에 몸의 속량을 이루는 '영화'의 과정이 기다리고 있는데 이는 현세에서는 소망의 단계로 나타날 수밖에 없을 것이다. '영화'의 개념은 일종의 예언 완료형 또는 미래완료형 개념으로서 그리스도 재림의 때에 영광의 자유의 몸을 입는다(계 7:13-17)는 구원의 궁극 단계(계 21:9-11)로 받아들일 수 있다. 그리고 이러한 구원의 전 과정은 그리스도와의 연합이라는 기초 안에서 전개된다. 이 글은 박두진 시인이 격동하는 시대 · 사회적 질곡 속에서 일관되게 육화(肉化)한 신앙시를 통해 구원의 서정이 한데 어우러져서 표현되고 경험되는 양상을 살펴보고자 하는 시론(試論)이다.

2. 구원의 서정을 묘사하는 시적 서정성

그는 성경이 "창세기의 첫 구절부터 묵시록 끝 절까지 오묘하고 숭대한 하나님의 전섭리(全攝理)와, 권위와 전통을 배경으로 해서 우리에게 감수되기 때문에, 실로 소위 문학적인 표현과는 아무런 관련도 없는 극히 평범한 구절까지가, 다시없이 깊은 위동(威動)으로 우리를 울리며 시적 감흥을 자아내"(박두진.『예레미야의 노래』. 창작과 비평사. 1983. 183.) 준다고 말했다.

박두진 시인의 신앙시편은 시인을 부르시고 택하신 창세 전 예정에 대해 경이로움을 표현한 시편들과 그 부르심에 힘입어 칭의를 이루어가는 예언자적 사도의식과 한몸의식이 표현된 시편들, 또 그리스도인으로 살아가는 고독한 길에서 소망과 기도의 자세를 드러내는 시편들로 분류해 볼

홍성사(1983) 출간 표지

수 있다. 하지만 이러한 시적 서정성은 그의 모든 신앙시편들에 다 나타나 있다고 해도 과언이 아니다. 다만 구원의 서정과 관련하여 무엇이 전제가 되어야 하는지, 십자가 구속이 어떻게 인간을 대신하여 이루어졌는지를 시인은 정확하고 구체적으로 진술했다는 점에서 그 내용을 분류해 본 것이다. 그의 시는 산문성이 강해 한 문장을 여러 층위의 행들로 나누거나 단어를 도치시켜 새로운 행으로 반복 서술하는 경향이 있다. 그래서 반복되는 패턴을 서술어 중심으로 도표화해 보면 다소 관념적이었던 시어들이 일정한 질서로 배치되어 있음을 알 수 있다.

시인은 자신의 시가 구체적인 현실은 없고 관념적이라고 말하거나 다만 뜨거운 말로 호소하는 양태에 불과하다고도 말한다. 그럼에도 불구하고 『나 여기에 있나이다 주여』는 신앙의 고독한 행군을 시적 서정으로 노래했을 뿐만 아니라 개혁주의와 칼빈주의 관점에서 구원의 서정을 살피기에 충분한 내용들을 담고 있다. 시인은 천지창조의 주인이 누구인가를 알고 '위의 것을 찾는' 자세(골 3:1)로 그의 광대하심을 찬양한다. 또한 시인을 부르신 '소명'에 대한 경탄과 '칭의'로써 얻게 된 구속(갈 3:1)에 대한 통절한 이해, '성화'와 '견인' 과정에서의 사도의식, 궁극적인 '영화'에 대한 소망 들을 그리스도 안에서(엡 1:3) 반복하여 노래하고 있다.

2.1. '소명'에 대한 시적 반응 – 신비와 황홀

'소명(calling)'과 '중생'의 단계는 시인 자신을 흙으로 빚어 만든 하나님의 존재를 인정하고 그에 따른 믿음으로 자신의 정체성을 새롭게 하는 영접단계라 할 수 있다. 시인은 자신을 창세 전에 계획한 하나님의 뜻대로 택자(擇者)로 부르신 것을 기독교 교리와 한국 기독교 선교 역사를 바탕으로 다음과 같이 고백한다.

> […] 우주 천지의 한 분이신 대 주재자/ 빛, 사랑, 진리, 영원./ 말씀과 곧 생명이신./ 신이시며 인간이신./ 골고다 그 진한 피의 오고 오는 승리가/ 이 땅 여기 너, 나./ 한반도의 역사 속에 오신 것이 아닙니까./[…] 허다한 전도자를 거쳐./ 그 피 뛰고 뛰어 내게까지 온./ 그 씨앗 뿌려 뿌려 내게까지 온./ […] 너무 깊은 당신의 은총을/ 헤아릴 수가 없습니다./ 오늘 여기./ 당신, 나, 너로 얽힌/ 알 수 없는 섭리./ 신비 영원 사랑의 뜻을 […]
>
> – 「머나먼 갈보리 그 뜨겁고 진하고 아름다운 말씀의 핏방울」, 149-150

시인은 시의 전반부에서 자신에게 찾아온 부르심의 기억을 소개하면서 자신의 영혼 깊숙이 어떻게 신의 존재가 뿌리박히게 되었는지를 알 수 없다고 표현하였다. 이는 구원이 위로부터 주어지는 것이며 구원의 특정한 때를 언제 어디서라고 말할 수 없다는 표현에 다름 아니다. 그것은 너무나 기이하고 당연한 만남으로서 동양과 서양의 구분이라거나 이스라엘 땅만의 하나님이 아닌, 우주 천지의 한 분이신 대 주재자로서 한반도 역사 속의 자신에게 찾아오고야 말았다는 사실에 경탄한다. "천지 우주 영원 절대

사랑이신 신"의 "신비 영원 사랑의 뜻"이 너무 광대해 아직도 자신이 '예수'와 '나'로 얽힌 그 은총을 알지 못한다고 고백한다. 「방황 II」에서도 시적 자아는 외롭고 약한 영혼으로 살고 있던 지난날의 방황 속에서 "알 수 없는 숙명감과 알 수 없는 금빛 단절"을 경험하기도 했으며 영원을 경험했다고도 표현하였다. 이러한 시적 자아의 진술은 산문 투로 이어지다가 명사의 나열로 행이 끊기거나 하면서 하나님으로부터의 부르심에 대한 표현하기 어려운 감격을 어눌하게 발설하는 효과를 낳고 있다. 그래서 다소 주관적이고 관념적이긴 하지만 믿음이 어떻게 시적 자아를 찾아왔는가 하는 근원 탐구의 시라는 점에서 주목을 요한다. 시의 후반부에 이르면 행마다 쉼표를 사용하여 부르심에 대한 벅찬 감동을 절제하고자 애쓰는 그의 의도를 읽을 수 있다. 예언자와 선지자, 전도자의 전도를 통해 오늘-여기 자신에게까지 찾아온 하나님의 오묘한 경륜과 섭리를 감당할 수 없어 하는 시적 자아의 전율이 드러난다. 「그 때」에서도 "내가 나기 이전부터 나를 아시는" 분이라거나 "말씀은 곧 빛"이었고 소리였고 뜻이었고 영이었으며, "말씀은 곧 불"이었고 물이었고 바람이었다는 언술이 반복된다. 그래서 「어떻게 나를 빚으셨을까」에서는 '나'를 곤충이나 하루살이가 아닌 "내가 나이도록" 만드신 섭리에 대한 놀라움을 각종 미물들의 이름을 열거하고 이를 다시 무화시키는 기법을 쓰고 있다. 이때의 이름 하나하나는 낱말로서의 의미를 갖기보다 시인의 의식 속에 떠오른 풍경일 것이다. 그런 풍경 중 하나에 시인의 관심이 머물면 그 대상은 시적 화자와 동등한 위치에 서게 된다. 그래서 호명된 대상 그것은 감정과 사상을 지닌 생명체로서 화자와 관련된 하나의 세계를 형성하는 의미를 부여받는다. 이러한 서술기법은 대개 시의 말머리에 등장하는데 동일한 의미의 행이 반복되는 가운데

I. 한국 현대시와 기독교 세계관

리듬을 형성하고 후반부에 가서야 시적 질서를 회복하는 양상을 보인다.

또한 시인에게 있어서 창조주 하나님은 성부 성자 성령의 삼위일체 하나님이었다. 창세기 1장에 근거하여 창조주의 천지창조를 노래한 「창세기 파도」와 인간을 빚으실 때의 일을 노래한 「사도행전 3」 등에서는 천지창조의 기운과 천지창조의 순간, 하나님이 인간을 창조하실 때의 광경을 "커다랗게 허릴 굽힌 당신의 접근/ 손으로 처음 빚어질 땐 황홀했"다고 표현한다. 시인은 창조되기 이전의 자신을 '바람'이나 '빛', '물', '불', '흙'과 같은 물질에 비유했는데 하나님이 간섭하지 않은 존재로 버려져 있던 죽음 상태에 불과했다고 말한다. 그러나 죽음을 통과하는 '중생'의 순간에 성령의 바람 소리, "처음 입김을 불어넣던 바람소리"를 통해 거듭나기 전의 "억만 년 전의 나"가 변화되어 "너"로 되살아옴을 경험한다.

① 갈빗뼈 갈빗뼈/ 스스로가 타고나면/ 쓸쓸했었네./ 갈빗뼈 그 안에 떨려/ 아픔 끊었었네./ 처음 고독 그 아픔을 알 땐/ 죽음이었었네.

- 「사도행전·3」의 1, 36

② 억만년 전 그 푸른 바람/ 억만년 전 그 빛/ 억만년 전 그 물과 불의/ 오늘 되살음./ 너여!/ 나의 너, 너의 나/ 하나로의 있음/ 사랑이 그 불로 살아/ 되돌아옴을 보네.

- 「사도행전·3」의 2, 38

①에서 시인은 자신의 거듭남을 갈비뼈를 의식하는 것으로 은유화하면서 처음으로 진정한 고독과 아픔을 맛보았다고 하고 그것은 죽음의 고통

이었다고 진술한다. '중생'을 경험한 시인은 태초부터 구원을 예정한 그 사랑의 뜨거움에 감격하고 오직 "하나만의 갈빗뼈"로 존재하는 자신의 정체성을 깨닫는다. ②에서는 억만년 전부터 있어 온 창조주의 기운을 푸른 바람 소리, 빛, 물, 불로 은유하면서 그 기운이 오늘 나에게 되살아옴을 느끼고 있다고 표현한다. 바람 속의 빛으로, 꽃 속의 씨앗으로, 넋 속의 불로, 즉 뼈 중의 뼈요 살 중의 살(창, 2:23)과 같은 근원적인 존재의 기운으로 창조주와 내가 하나로 연결되었음을 노래한다. 창조론에 해당하는 초월적인 우주 섭리에 대한 벅찬 감격과 희열은 억만년 전이라는 시 · 공간 감각조차 무화시키고 있다.

성령을 존재론적으로 인식한 시인은 「사도행전 · 7」에서 성령을 '불' 또는 '바람'으로 상징화한다.

> 내 영혼의 숲 속에/ 꺼지지 않는/ 불을 질러놓고/ 너는/ 조용히/ 저만치 혼자서/ 나를 바라보네./ 내 영혼의 안쪽을/ 들여다보네./[…]/ 네가 나의 누구인지를/ 이제는/ 나는 아네./ 불을 질러 나의 영혼/ 하늘 불사르는/ 너의 눈/ 그 영의 열도(熱度)/ 스스로는 모르는/ 다시는 못 갈라질/ 너와 나의/ 타오름/ 하나로의 그 영원을/ 이제는 아네.

- 「사도행전 · 7」, 46

성령의 존재는 시인에게 비로소 "네가 나의 누구인지를" 발견하게 하는 깨달음을 준다. 이때의 '나', '너'는 근원적 의미로서의 생명력으로 연결된 만남이다.

마틴 부버(M. Buber)식으로 말하자면 '영원자 너'를 아는 관계의 의미다.

I. 한국 현대시와 기독교 세계관

너를 "다시는 못 갈라질" 존재로 느끼고 경험하는 일체감, 하나 됨을 알게 하는 성령의 능력을 시로써 나타내었다. "열마리, 백마리, 수만마리 비둘기가,/ 좌, 와, 와, 와, 좌 와, 와, 와, 날아 내려 오겠지요"라거나 "눈 처럼 펄, 펄, 펄, 펄, 꽃잎알이 오는데서"(「부활절 별편(別便)」) 등의 소리나 날갯짓은 성령의 강림을 뜻하는 운동력 있는 공감각 이미지로 표현하였다. 한 음절씩 의성·의태어를 마디마디 끊음으로써 그것들이 사물시되는 형태미로 발전하고 있다.

2.2. '칭의'에 대한 시적 반응
- 예수의 대속죽음에 대한 절규

그리스도의 십자가 구속을 믿는 믿음으로 말미암아 의롭게 되는 '칭의(justification)'의 과정에는 그리스도가 누구인가 하는, 예수에 대한 이해가 전제되어야 한다. 성경에서 칭의는 인간 편에서 행하는 의를 뜻하는 개념이 아니다. 성경의 표현대로 하자면 율법 외의 한 '의'이며(롬 3:21, 5:15-21) 예수 그리스도 안에서 주어지는 '의'이다. 즉 그리스도의 희생 및 구속 사역(롬 3:24, 5:9, 8:33-34)을 통해서 얻어지는데, 달리 말하면 예수의 피로 말미암아 의롭다 함을 받는다는 말이다. 시인은 예수가 인류의 죄를 대신한 십자가 죽음의 사건을 「갈보리의 노래」I, II, III에서 서술 이미지를 극대화하여 표현하고 있다. 인자 예수의 처절한 죽음과 부활을 노래한 「갈보리의 노래」II와 III을 살펴보자.

[…] 엘리…… 엘리…… 엘리…… 엘리…… 스스로의 목숨을 스스로가 매어달아, 어떻게 당신은 죽을 수가 있었는가? 신이여! 어떻게 당신

은 인간일 수 있었는가? 인간이여! 어떻게 당신은 신일 수가 있었는가?
아…… 방울 방울 떨구어지는 핏방울은 잦는데, 바람도 죽고 없고 마리
아도 우는데, 마리아는 우는데, 인자여! 인자여! 마즈막 쏟아지는 폭포
같은 빛줄기를 당신은 어떻게 주체할 수 있었는가?

- 「갈보리의 노래 · II」, 89-90

[…] 엘리…… 엘리…… 엘리…… 엘리…… 아으, 사랑하게 하라. 사랑하
게 하라. 이제야 다시 한번 사랑하게 하라. 진달래꽃 짓익이듯 익여진 가
슴, 피와 살로 저희들을 싸 안게 하라. 죽음을, 원수를, 어둠을. 밤을 이제
야 다시 한번 껴 안게 하라. 쏟아지는 먹비 대신 찬란한 빛발, 하늘 함빡
빛발들이 쏟아져 오면, 가슴마다 새로 발(發)해 빛이 솟으면, 사랑이어!
꽃 빛발 꽃 빛발에 스러지게 하라. 파다아하게 서로 안고 쓰러지게 하라.
파다아하게 서로 안고 일어나게 하라.

- 「갈보리의 노래 · III」, 90-91

이 시편들은 십자가에 못 박혀 죽어가는 예수의 마지막 모습에 대한 시
적 화자의 절규를 담고 있다. 쉼표와 말줄임표, 느낌표와 물음표 등의 문장
부호들은 당시 상황의 절박함과 고통스러움을 표현한다. 참 신이며 참 인
간인 예수를 "어떻게 당신은 인간일 수 있었는가? 인간이여! 어떻게 당신
은 신일 수가 있었는가?"라고 교차 질문을 반복함으로써 하나님의 공의가
어떻게 실현되고 있는가를 되새기고 있다. 하나님이 예정하신 십자가 구
속은 인류를 향한 하나님의 공의인 동시에 사랑의 표현이었다. 예수는 인
간을 위한 희생제물로서 십자가에서 자기 자신을 이기고 하나님과 화해를
이루었다. 아들로서의 완성의 길에 이르는 합일과 자기초월을 이루었다는

I. 한국 현대시와 기독교 세계관

시인의 확고한 믿음이 시편에 그대로 드러난다. 「금요일 또는 실의(失意)의 그리스도」에서는 목숨의 무게에 짓눌린 인간 예수의 고통을 "하늘의 하느님도 잠잠하시고,/ 흐느끼던 마리아도 지쳐 쓰러지고,// 죽음이 그 죽음죽는 목숨의 이 아픔"으로 장면화하였다. 십자가에서 찢겨 죽는 죽음의 의미를 충분히 자신의 것으로 육화한 이 시편들은 한국 현대시사에서 발견하기 어려운 신앙시의 절편이다. 「가시면류관」에서는 '하늘로 타고 올라갈 수 있는 사다리'와 '죽음의 바닥으로 딛고 내려갈 수 있는 사다리'라고 구체적으로 형상화하여 예수의 신적 권능(벧전 3:18-19)을 표현한다. 당신의 십자가 지심으로 인한 상처는 강자가 약자를 짓밟는 반복되는 인류 역사에서 그때나 오늘이나 다르지 않다는 현실 인식, 참고 기다리시며 노하심은 더디시고 용서하심은 빠르신 속성을 찬양(「뜨거운 상처」)하기도 한다.

인간을 향한 하나님의 사랑이 예수의 십자가 죽음으로 확증되고 하나님께서 의롭다고 선언하신 칭의의 축복을 받은 시적 자아는 예수의 부활을 다음과 같이 노래한다.

> […] 일어났네./ 툭툭 털고 부숭부숭/ 죽음 일어나,/ 이겼네./ 솟아올라 금빛 빛살/ 무너지는 어둠/ 무너지는 죽음/ 무너지는 돌문/ 이겼네./ 나 다시 당신 말씀/ 뜨거운 빛 힘/ 올라가는 하얀 층계/ 당신 아침 무릎/ 할렐루야/ 영원 절대/ 나/ 이겼네
>
> ─「사도행전 · 11」, 56

이 시는 십자가 죽음 이후 그리스도의 부활 승리를 찬양하는 환희의 노래다. 어둠과 죽음, 돌문의 하강 이미지가 금빛, 화살, 하얀 층계, 솟아오름의 상승 이미지로 대립 구조를 이루면서 부활의 극적인 감격을 역동적으

로 표현한다. 시적 화자는 예수지만 시인은 예수의 육체 안에서 일체가 되는 부활체험을 시로써 경험하고 있다.

이 외에도 인간의 제일 되는 목적은 하나님을 영화롭게 하며 영원토록 그를 즐거워하는 것임을 노래하거나(「귀뚜라미의 노래」), "환란과 핍박 위험과 칼 앞에/ 앞장서 휘날리던 믿음의 깃발"이었던 바울을 흠모하거나(「사도 바울에게」), 예수를 세 번이나 부인한 베드로보다 더 옹졸한 자신의 모습을 부끄러워하는 「감람산 밤에」, 뼈아픈 회개의 눈물을 보이는 「배반도(背叛圖)」, 자신은 보잘것없지만 끝까지 그리스도 안에 있고자 하는 간절한 열망(「게바의 눈물」) 등은 그리스도 안에서(in Christ) 자신의 인성이 완전히 변화되기를 바라는 회개와 속죄의 시편들이다.

2.3. 「사도행전」 연작에 나타난 '성화'와 '견인'
— 사도의식과 한몸의식

'칭의'를 법적 관계상의 변화라고 한다면 '성화(sanctification)'는 내적 성품의 변화를 가리킨다. '성화'는 성령으로 말미암아 중생한 자의 거룩함을 향한 점진적인 성취를 뜻한다(살전 5:23). 이 용어는 하나님과의 긴밀한 관계를 유지하고 하나님을 기꺼이 섬기기 위한 특질을 나타내는 윤리적 의미로 사용된다. 하나님의 자녀로서 거룩함에 힘쓰며 온전한 그리스도의 형상을 닮아가는 과정인데 박두진의 시편에서는 개인과 공동체를 향해 영적 각성을 촉구하는 형태로 나타난다.

머레이에게 있어서 '견인(perseverance)'은 중생의 은혜로 새 피조물 된 자가 그 존재의 다름으로 말미암아 약속들을 기업으로 받는 것을 말한다. 이는 끌고 가는 것이나 끌려가는 것에 초점이 있지 않고 성도의 안전 보장에 초점이 있는 것도 아니다. 오히려 은혜로 인한 그 본질상 근본적인 새로운 존재로의 변화 때문에 주어지는 올바른 지식이 있음으로 해서(골 3:10: 요일 5:20) 어떤 환경이나 조건 속에서도 하나님의 인도하심을 믿으며 신앙인으로서의 자리를 끝까지 견디는 것이다. 즉, 하나님의 인도하심에 대하여 모든 신앙인에게 주어지는 동일한 고난(벧전 5:9)을 감내하는 은혜이자 부르

일지사(1973) 출간 시집 표지

심의 그 목적(롬 8:29)을 향하여 동일한 부지런함으로 끝까지 소망의 풍성함에 이르는 것을 말한다(히 6:11-12).

「사도행전」 연작에는 인간 존재의 본질에 대한 시인의 인식과 시대인식이 통합되어 예언자적인 사도의식으로 표출되고 있음을 알 수 있다. 사도(Apostolos)는 예수의 열두 제자와 같이 그리스도의 전권을 위탁받은 전도자(고전 15:7), 하나님의 대리인을 뜻하는 용어이다.

> 그 사도적인 수난과 시련, 기구(祈求)와 투쟁, 헌신과 희생정신 같은 것을, 그 겸허하면서도 치열(熾烈)하고, 연약한 듯하면서도 불굴했던 의지를 바라보며, 한 인간으로서의, 한 시대인으로서의, 한 민족인, 한 정신, 한 현대에 사는 고뇌와 시련과 그 수난의 주체로서의 나를 대상화하려는 의도였었다. 그리스도가, 사도(使徒)가 주제가 되면서, 동시에 우리가, 내가, 민족과 인류가 그 주제의 주체이며 시의 대상이 되는, 그러한 복합적이고 초월적인 각도에서 되도록 자유롭게 쓰고자 했던 것이다.

시인이 『사도행전』의 〈자서(自書)〉에서 밝히고 있듯이 「사도행전」 연작
은 불굴의 의지를 지니고 '고뇌'와 '시련'과 '수난'의 주체로 시인 자신을
대상화한 시편들이다. 제목에 붙은 번호는 연속되는 의미나 순서를 뜻하
는 것은 아니고 연작 전편이 성화와 견인에 대한 이해를 포괄적으로 드러
내고 있다. 우선 「사도행전 · 1」에서는 태초의 혼돈과 창조세계 속에 존재
하는 고독한 인간 모습이 나타난다.

> 바람이 다시 일고/ 별들이 흩날리며 숲으로 떨어지네./ 나무와 나무 사
> 이/ 저만치/ 바다들이 기슭에 와/ 어둠을 울고 가고/ 가지들은 아직도/
> 깊은 겨울잠/ 짐승들도// 새들도/ 어둠 속에 코를 묻고/ 침묵하고 있네/
> […] 당신이 부리고 간 뜨거운 그 불의 씨앗/ 하나씩의 언어는/ 번쩍이는
> 금의 화살/ 심장을 이 아픔 속을/ 꿰어뚫고 있네./ […] 당신이 던지고 간
> 따스한 그 눈길/ 흔들리는 파동은/ 현란한 빛의 무늬/ 오늘을 더 어제보
> 다/ 밤을 더 낮에보다/ 전신을 이 전율 속에/ 휘몰고 있네.

– 「사도행전 · 1」, 31

시인의 본래 자아가 창조주와의 만남을 노래한 이 시편은 하나님이 천
지를 창조했을 때, 땅이 혼돈과 흑암에 있을 때 하나님의 신이 수면에 운
행하는(창 1:2) 모습을 묘사했다. 그때 우주는 "깊은 겨울잠"을 자고 있
는 모습이다. 어두운 침묵 속에서 말씀으로 천지를 창조하는 당신의 모습,
"뜨거운 그 불의 씨앗/ 하나씩의 언어"는 잠들어 있는 심장을 깨우는 번
쩍이는 금 화살이다. 당신이 던지고 간 눈길은 빛의 파동을 일으켜 현란한
무늬를 만든다. 그 속에서 시인의 자아는 "부스스 눈 뜨"고 "당신"의 눈길

Ⅰ. 한국 현대시와 기독교 세계관

과 음성을 접한다.

「사도행전 · 1」에 나타나는 서술양식		
지금은→ 지금은→ 어디쯤에 있는가↖ 사랑하는 이여↖	도치와 반복↘ 돈호법	사랑하는 이여(도치)↘ 지금은→ 지금은→ 어디쯤에 있는가↘
당신이 뿌리고 간	형용사 절 반복	당신이 던지고 간
(뜨거운) 불의 씨앗	환유	(따스한) 그 눈길
(하나씩의) 언어는	주어(은유로서의 서술어를 포함)	(흔들리는) 파동은
번쩍이는 금의 화살		현란은 빛의 무늬
심장을 이 아픔 속을	목적어	오늘을(더 어제보다) 밤을(더 낮에 보다) 전신을(이 전율 속에)
꿰어뚫고 있네	서술어	휘몰고 있네.

시적 자아를 꿰뚫거나 휩싸고 있는 충만한 힘의 권능은 별들이 숲으로
떨어지고 바다가 어둠을 울고 가고 깊은 겨울잠에 빠진 짐승들이 침묵해
도, 요동치는 어둠과 충돌하면서 천지창조 이전의 혼돈된 세계를 질서화
하고 있다.

「사도행전 2」는 아벨을 죽인 인류 최초의 살인자 카인의 죄의식이 드러
난다. 카인은 죄인인 인간을 대표한다. 죄로 인한 단절감은 "혼자"라는 고
독과 두려움을 낳고, 있어야 할 "당신은 없었"다는 참담함을 드러낸다. 머
레이는 우리가 유효적으로 부름을 받을 때까지는 그리스도가 없는 자들이
었음(엡 2:12, 2:3: 고전 1:9)을 말했다. 그래서 카인을 닮은 화자는 버림받았
다는 아픔으로 운다. 그러나 함께하는 하나님의 모습은 "들리는 듯 멀리서
바다가 울고 오"는 것으로 나타난다.

① 카인이 돌아가면 혼자였었네./ 몇 개의 돌덩이와/ 흔들리는 쑥대/ 들리는 듯 멀-리서 바다가 울고 오고/ 바람은 은색/ 피로 땅에 스미면서 혼자였었네./당신은 없었네/ 늦게 해가 허릴 굽혀/ 이마를 와 짚허주고/ 주저앉아 멀리서 카인의 울음/ 그 울음 멀어가면/ 혼자였었네

② ……/ 어디론가 웅성대며 몰려가는 소리/ 벼랑을 돌아가면 혼자였었네/ 날아오던 돌의 소리, 아우성 소리, 미친 듯/ 그, 바다로 비탈길로 내리닫던 군중/ 당신들을 피해 가면 혼자였었네 // 더러는 창을 들고/ 더러는 침을 뱉고/ 더러는 싱긋 웃고 곁을 와서 끼던/ 아, 보고 싶은 이웃/ 벼랑을 돌아가면 혼자였었네./ 바다 멀리 푸른데서/ 혼자였었네

- 「사도행전 · 2」, 32-33

　　「사도행전 2」의 서술적 이미지는 "혼자였었네"이다. 이 단독자의식은 키르케고르식으로 말하자면 짐승과도 같은 인간의 원시성이 빼앗긴, 정신적인 의미에서 자기 자신이 거세당한 상태이며 신앙적으로는 죄인의식에 해당한다. 땅에 피로 스미는 카인의 역사가 반복되는 세상을 "카인의 울음이 멀어지면, 사람들이 웅성대며 몰려가는 소리가 벼랑을 돌아가면, 군중들을 피해 가면" 등과 같은 조건절을 덧대어 시적 자아가 느끼는 단절감을 강조한다. 이때의 고독이야말로 하나님 앞에 선 단독자로서의 울음과 회개를 포함하는 것이다. 그럴 때 ①에서처럼 하나님은 "이마를 짚허주"는 위로의 행위를 보인다. 시인은 카인을 죽이는 자는 벌을 칠 배나 받으리라(창 4:15)는 말씀을 직접 인용하면서 "아무 일도 너희에게는 일어나지 않으리./ 하느님은 너희들도 사랑하시는 것을"(「예레미야는」, 『예레미야의 노래』, 126)이라고 일러준다. 죄가 더한 곳에 은혜가 넘치고(롬 5:20) 죄인조차 끝

까지 사랑하시는 하나님의 속성을 예레미야의 입을 빌려 말하고 있다. ②
는 스데반의 기도를 연상시킨다. 오늘의 현실은 피리를 불어도 춤추지 않
고(마 11:17) 군중들은 어디론가 웅성대며 몰려가고 있는, 진리에 대한 방
향을 잃은 시대다. 그들은 돌을 들어 사도들을 내리치기도 하고 그들 자체
의 무분별한 힘에 떠밀려 바다로 또는 비탈길로 위험한 상황으로 내리닫
기도 한다. 군중들을 바라보는 화자의 태도는 '중생'한 자로서의 연민과 긍
휼의 마음이다. 이 시선은 선악을 분별하기보다 연약한 인간의 속성을 대
변하는 모습이고, 그 속에서 말씀의 전달자로서 보냄을 받은 사도의 자세
를 드러낸 것이다. 이때 등장하는 "흔들리는 쑥대"나 "바다"는 서술적 이
미지를 탄생시키는 배경 역할을 함으로써 비유 이상의 시적 진실을 보여
준다. 대상을 바라보는 이러한 관점은 인간을 향한 그리스도의 인류애와
평화주의를 후경화하고 있다.

죽음을 통과한 거듭난 자의 고독감은 '양자(adoption)'로 입양되었다는
기쁨의 뒤에도 늘 따라다니며 진리를 찾아 헤매는 목마름으로 표현된다.

> ……/ 피가 그 물이었던,/ 말씀이 그 강이었던,/ 어딜까, 아 당신강물 어
> 디 흐를까./ 가도 가도 당신의 곳 피로 안닿고,/ 가도 가도 당신 말씀 강
> 물 안닿고,/ 한 낮을 으릉대는 마른 우레소리./ 한 낮을 활활 타는 전신
> 목마름.
>
> ─「사도행전 · 5」, 40

「사도행전 5」가 보여주는 신앙의 갈증과 방황은 "어디에도 당신 음성./
아직 못 들었었네"(「사도행전 6」)라는 영혼의 흐느낌으로 이어지지만 「사도

행전 8」에 이르면 당신의 입김과 눈길과 말씀들을 통해 자신의 영혼이 다시 불 일 듯 일어나고 있음을 노래한다. 그래서 「사도행전 8」과 「사도행전 12」에서는 사도적 자아의 현실 대결의식으로 이어진다. 시인은 홀로 버려져 기진했던 지난날의 방황을 극복하고 이제 당신의 사랑을 힘입어 일어나야 한다고 스스로를 부추긴다. 깊은 겨울잠에 침묵하고 있는 이 시대를 당신의 발자취와 눈길과 뜨거운 감각으로 깨우쳐주기를 호소한다. '사랑하는 이'를 부르면 부를수록 더욱 간절해지는 영혼 구원에 대한 사명은 시인의 목적의식을 더욱 분명하게 한다.

「사도행전 · 7」에 나타나는 서술양식	
– 너는 나를 바라보네 – 내 영혼의 안칢을 바라보네	→ 내 영혼은 용솟음치며 달아오르네
– 너의 호흡 – 너의 발음 – 너의 언어는	→ 내 심장을 풀무질하네 → 전신을 황홀하게 하늘 오르게 하네

– 이제는 아네("하나로의 그 영원을")

[…] 사랑이어 이제 나는 깨여일어나야하네/ 지금은 와서 닿는 당신의 그 뜨거움 // 새벽 깨는 바다처럼 등을 일으켜야 하네/ 처음 나는 새끼독수리처럼 날개푸득여야하네 // 문득 놀랜 칡범처럼 전신 가둥크려야하네/ 문득 놀랜 비단뱀처럼 고개쳐들어야하네

– 「사도행전 · 8」, 47

이러한 의지는 그리스도의 군사(딤후. 2:3-4)로서 고난을 받는 것을 두려워하지 않는 각오로 이어진다. "가슴에 걸레걸레 깃발 하나 품고"(「사도

I. 한국 현대시와 기독교 세계관

행전 17」) "깃발을 내려서는 안 되"고 "깃폭을 치올"려야 하며, 어두운 이 시대에 "불을 질"르면서 가야 한다(「사도행전 12」). 이 싸움은 승자와 패자로 갈리는 싸움이 아니라 영적인 싸움이기에 세상에서는 패한 것처럼 보일 수도 있다. 그러나 신앙 측면으로 보자면 궁극의 승리에 해당하는 일이다. 십자가의 사랑과 희생정신이 사람들에게는 어리석어 보이지만(고전 1:18) 예언자의 시각으로는 지혜로운 것이다. 그래서 시인의 고독한 싸움은 "언제나의 전투의 새로운 의지/ 그 승리와 패배의/ 외로운/ 행군"(「사도행전 19」)이다. 이러한 시편들은 공동체를 이끌어갈 사도로서의 강렬한 영적 투쟁의지를 드러낸 것이다. 「사도들의 행진」에는 칠흑의 한밤중을 걸어가면서도 "말씀에 갈해 우는" "양들의 아픈 울음"(「가을 기도」)을 끌어안고 옛 선지사도들의 발자취를 따라 "피의 밤을 간다"라는 진술로 이어진다. 그래서 성도의 '견인'은 하나님의 인도하심을 믿으며 능동적으로 영적인 싸움을 끝까지 감내하려는 결단으로 표출된다. 깃발을 내리지 않으려는 적극 결단의 자세는 그리스도의 지체로서 그리스도와의 연합(고전 1:30) 의식, 즉 한몸의식(고전 6:12-20)으로 표현된다.

　사도들이 헤치고 간 고난의 길을 화자도 따라가야 한다는 각오는 혼자서 결단한다고 되는 일은 아니다. "가까이 한 걸음 씩/ 당신에게 갈수록/ 더 멀리 나로부터 떠나가"는 느낌도 받는다. 하지만 "광야 멀리 홀로 서서/ 외로움에 전율할 때/ 더욱 더 활활 타며/ 육박하는 당신"(「하나만의 이름」)을 만나고 새 힘을 공급받는다. 그래서 무슨 일을 하든 하나님이 공급하시는 힘으로 하는 것같이(벧전 4:11) "당신의 둘레 ∥ 어디까지라도/ 노래로 노래로 가겠"다고 다짐한다.

　「사도행전 · 9」에서는 내가 당신을 만나기 전에는 독수리에 쫓기는 산

새였거나, 이리나 개호주(범의 새끼)에 쫓기는 노루였지만 당신은 "어디선 가 나를 지켜/ 보고 있"었다는 고백으로 나의 과거와 영원한 당신을 연결 시킨다. 그래서 지금 "오늘 다시 나무 끝에 혼자 앉"았거나 "산골짝을 혼 자 가는 노루"라 할지라도 도처에서 당신의 음성을 듣는다고 고백한다. 그 가 나를 항상 바라보고 있음을 느끼는 임재의식, 그리스도와의 연합의식 은 「사도행전 14」에서 사소하게 즐기는 취미나 일상생활에서도 주님의 감 찰하심에 대한 미안한 감사로 나타난다. 「성내재」에 드러나는 주님과의 한 몸의식을 살펴보자.

> 내가 어디에 무엇을 어떻게 하고 있는지,/ 무엇을 보는지,/ 무엇을 듣는
> 지,/ 무엇을 생각하는지,/ 무엇을 말하는지,/ […]무엇에 가장 분노하고/
> 무엇을 가장/ 슬퍼하는지,// 얼마나 몰래 눈물짓고/ 얼마나/ 무엇을 근
> 심하는지,/ 누구를 원망하고/ 누구를 불쌍히 여기는지,/ […] 머나먼/ 높
> 고 높음/ 있을 수가 없는/ 바로/ 내 안에 당신이/ 당신 안에,/ 내가 있어./
> 내가 바로 당신/ 당신이 바로 나인, 한몸,
>
> - 「성내재(聖內在)」, 189-90

그분은 화자가 무엇을 하든지 어디에 있든지 "홀로서 걷는 걸음"이나 사색뿐만 아니라 "마음으로 하는 간음/ 마음으로 하는/ 살인,/ 홀로서 하 는 혁명/ 홀로서 하는/ 반란"까지도 알고 있다. 시적 자아가 '나인 너'와 '너인 나'로, 이제는 피아(彼我)로 구분할 수 없는 한몸의식을 토로하는 것 은 외면의 일상생활에서부터 내면의 은밀한 일에까지 동행하는 임마누엘 (Immanuel) 하나님을 이미지화하려는 명명(naming)작업에 해당한다. 또한

I. 한국 현대시와 기독교 세계관

시인의 시 속에 상충 대립하는 의미로 스며든 은유와 환유들은 답을 기다리는 질문이 아니라 찬탄을 뜻하는 의문형 서술어 앞에서 그 깊이를 드러낸다.

> ① 언제 그 바람에 날아간 **미립자**/ 다시 엉겨/ 시퍼런 강여울/ 꿩꿩한 하늘 폭포/ 일어서서 광란하는/ **바다파도**로 되살을까
> ② 살아서 부를 노래 없으면/ 죽어서도 부를 노래 없으리/ 살아서 해야 할 말/ 없으면/ 죽어서도 해야 할 말 없으리 … 언제나 당신에게 그 사랑 말할까/ 언제나 당신에게/ 그 이름/ 말할까
>
> - 「탕자한(蕩子恨)」, 185-88

①과 ②에서 보듯 '미립자'와 '바다파도' 사이에는 엄청난 간극이 존재한다. '살아서 부를 노래'와 '죽어서도 부를 노래'는 의미상으로 하나일 수 있지만 이분법의 의미를 넘어서 삶과 죽음을 동시에 관계라는 자장 속에 끌어넣는다. 반의어나 유의어들끼리 모여 포괄적인 관계망을 형성하는 이런 역동적 효과를 시인은 모든 시편에서 구사하고 있다. 예컨대 "어떻게 당신을 찬양할까"(「할렐루야」)를 9번이나 독립된 행으로 반복한다. 그 사이에 당신을 찬양하지 않을 수 없는 그리스도의 구속성취 사역을 되새김질해 보고 백골이 되건 티끌이 되건 간에 찬양만이 유일한 답이라고 마무리짓는 방식이다.

「사도행전 15」에도 '당신'이 없다면 나는 아무것도 아니라는 그리스도와의 연합의식과 한몸의식이 나타난다. 그 '당신'은 언제나 가장 밖에 계시면서도 가장 안에 계신다. 「사도행전 16」에서의 그리스도와의 비밀한 연

합은 지난날은 벗어버리고 빛의 층계를 향하여 "이제는 되돌아 볼 아무도 다시 없는/ 빛으로 쌓여오는 그/ 길의 층계/ 별과 별의 이름 외며/ 당신에게 간다"(「사도행전 16」)로, "맨발로 나혼잣길/ 모래벌 간다"(「사도행전 17」)로 나타난다. 그 길은 "빛이 쌓이고"(「사도행전 18」) 당신의 눈길 속에서 환희에 찬 울음을 울 수가 있는 성화의 도정이다. 몸의 속량을 입은 자로서 자신이 한 걸음씩 성화되어 가는 모습을 미래적으로 표현했다고 볼 수 있다. 그래서 '당신'이 침묵해도 당신 영혼의 골수에서 빛으로 불꽃으로 전해지는 기운은 시적 자아의 생명력이 되고 언제나 새로운 영적 전투력을 준다고 말한다.

2.4. '영화'에 대한 시적 반응
– 영원을 향한 소망과 기도

그리스도인의 구원 서정은 이미(already) 주어졌지만 실현된 부활과 앞으로 실현될 부활(not yet) 사이의 종말론적 긴장 속에서 미래의 완성을 향해 이루어가는 것이라 할 수 있다. '영화(Glorification)'는 구원 서정의 최후 단계로 영원한 영광, 무궁한 세계에 들어가는 것이다. 영화는 성화처럼 점진적인 과정을 그치지 않고 성령의 순간적인 역사로 이루어진다. 성도는 몸의 부활에서 완전한 구속을 이루고 완전한 행복을 경험하게 된다(골 3:4). 개인에게는 육신의 장막을 벗을 때 임하며 부활 때에는 모든 성도가 동시에 경험할 수 있다. 천국생활을 뜻하는 이 단계는 옛사람의 본성이나 기질이 완전히 바뀌고 죽음과 삶이 하나가 되며 죽음이 곧 삶이요 부활로 연결된다. 여기서 하나님의 나라가 임하는 것은 잠시 자다가 깨면 천사장의 나팔소리와 함께(살전 4:16-17) 천국에서 영생을 얻는다는 미래적인 의

I. 한국 현대시와 기독교 세계관

미이다. 이러한 영원의식 혹은 낙원의식은 지상에서는 소망과 기도의 형태로 구체화할 수 있다. 소망은 인간의 본능, 육감 등 이상세계나 정서세계를 유발하는 신앙적 전의식의 환상에 해당한다. 그래서 시인이 묘사할 수 있는 '영화'의 세계는 빛 또는 별빛, 불꽃, 영광, 무한 등과 같은 상징이거나 환상의 호소력을 지니는 어휘들로 나타난다. 대립되는 세계는 어둠, 늪, 죽음, 무간지옥 등으로 표현된다.

「사도행전 · 13」은 칭의의 계속되는 적용으로 구원을 이루어가는 '성화'이자 '영화'의 시편으로 읽힌다. 영적 갈증 속에서도 변함없이 퍼덕이는 날갯짓으로 "빛에서 빛으로/ 별에서 별에로" 우리의 영혼 안에서 황홀함을 경험하게 될 때까지 그리스도의 지체로서 부끄럽지 않게 달려갈 길을 달린 자의 결과를 노래한다. 이러한 미래완료의 혹은 예언완료적인 믿음의 고백은 곧 주님과 더불어 주님의 신부로서 주님의 몸에 참예(계 21:9-11)하는 일이다. 개별로는 어린양의 아내 모습이자 공동체로는 '새 예루살렘 성'(계 11:21)의 모습이기도 하다.

> [⋯] 속히 오십시오. 정녕 다시 오시마 하시었기에 나는 피와 눈물의 여러 설운 사연을 지니고 기다립니다.// 흰 장미와 백합꽃을 흔들며 맞으오리니 반가워 눈물 머금고 맞으오리니 당신은 눈같이 흰 옷을 입고 오십시오. 눈 위에 활짝 햇살이 부시듯 그렇게 희고 빛나는 옷을 입고 오십시오.
>
> ─「흰 장미와 백합꽃을 흔들며」, 『가시면류관』, 11

재림의 주를 기다리는 시적 이상을 경어체로 서술한 이 시편은 인류 역사 속의 어두움, 눈물, 고통, 절망, 죽음 등이 사라질 수 있도록 생명의 빛으로 오실 그리스도의 재림을 기다리는 시적 자아의 소망을 보여준다.

> ① […] 타오르는 묵을 추켜 물을 주시고,/ 피 흘린 상처마다 만져 주시고,/ 기진한 숨을 다시/ 불어 넣어 주시는, // 당신은 나의 힘,/ 당신은 나의 주,/ 당신은 나의 생명,/ 당신은 나의 모두.……/ 스스로 버리랴는/ 버레같은 이,/ 나 하나 꿇은 것을 아셨습니까./ 또약볕에 기진한/ 나홀로의 피덩이를 보셨습니까.
>
> － 「오도(午禱)」, 105

> ② 바다를 밟고 오신 싱싱한 바닷내와, 헤쳐 오신 山길의 싸리꽃낼 풍기시며, 멀리서 다시 이내 기적같이 오시는, 오오, 언제까지나 당신을 기다리어 서있기에 알맞은, 그러한, 푸르고 찬란한, 눈물겨운 봉우리를 주옵소서, 主여.
>
> － 「오월의 기도」, 103

①의 「오도(午禱)」는 글자 그대로 대낮의 기도로서 개인의 안녕을 기원하는 기도와 달리 시대와 민족의 고뇌 앞에서 온몸으로 진액을 짜내듯 드리는 기도다. 뙤약볕에 기진한 피투성이의 신음을 듣고 생명수를 주시는 당신, 절대자 앞에 벌레처럼 자신을 낮추며 무릎 꿇는 자세는 재림의 그날까지 소망으로 살아가고자 하는 믿음의 성숙한 단계를 보여준다. 쉼표로써는 끊임없이 부어지는 당신의 반복되는 사랑의 손길을 나타내고, 마침표로써는 확고하게 당신이 나에게 어떤 분인가를 고백하면서 벌레 같은 자신을 돌보고 계신 그분의 은혜를 찬양한다. ②에서는 바다를 만드시고

하나님의 신이 수면 위를 운행하시던 창조주 하나님과 물 위를 걸어서 오시던 예수의 초월적 권능을 환기하면서 이제 기적같이 오실 그분에 대한 마라나타(marana tha)의 소망을 노래한다.

아울러 시인은 우주만물을 다스리는 하나님의 섭리가 시공의 연속성을 초월하여 개인의 삶과 공동체 삶에 역사하고 있음을 보여준다. 왕조의 역사성을 시적으로 소화해 낸 「列王記」에서는 태초부터 지금까지 여호와의 권능이 불, 바람, 꽃, 사랑 등의 자연물과 상징으로 드러나고 있지만 열왕들이 부패해서 역사가 무너지고 퇴적화되는 현실을 대비시켰다. 과거에 대한 통찰과 미래를 향한 염원을 담고 있는 시인의 역사의식은 영원불변한 하나님의 음성과 살결, 속삭임과 흐느낌이 '푸른 넋'으로 다시 살아오는 기쁨을 감지하면서 이는 그분의 신실한 맹세이자 승리라고 말한다. 「예레미야의 노래」에서는 "무간 지옥 죽음과/ 무한 영원 살음/ 일체 무의 유의 그 핵에서/ 새빛불 펄펄/ 일어나리"라고 하면서 말씀의 영원성을 노래한다. 서술어는 단 하나 '일어나리'뿐인데, 열여덟 번 반복되는 가운데 피조물로 구성된 우주 전체가 영화로운 그날에 새 하늘과 새 땅으로 바뀔 것을 예견하고 있다.

「사도행전 19」는 전체가 한 문장으로 된 시다. 사도의식을 품고 외로운 행군을 계속하는 화자는 하나님의 현존을 느끼며 그리스도 안에서 살아가는 삶에 긴장을 늦추지 않는다. 승리나 패배, 만남과 작별이 반복되더라도 당신에 대한 소망을 포기할 수 없다. 시인의 이러한 새로운 출발 동력은 신선한 바람과 뜨거운 빛과 뻗치는 불꽃으로 "선회하는 당신의 영혼의/ 핵심에서 확산"된다. 그리하여 시인은 그리스도와 함께 가는 사도로서의 대장정인 자신의 모든 시적 언술을 「사도행전 20」에서 주기도문으로 마감한다. 예수가 가르쳐 준(마 6:9-13) 기도의 모범인 주기도문은 모든 기도 중에서 가장 완전한 형태의 기도로서 이 땅에 하나님 나라가 도래할 것임을 일러준다. 다섯 행 시의 첫음절에 먼저 긴 줄표(dash)를 사용하여 수많은 기도의 말들을 거두절미한다. 오직 당신의 '나라가 이땅에 임하게 하소서./ 하늘의 당신뜻을 땅에서도 이루소서'라는 간구만으로 일체의 표현을 절제한다. 이는 시인의 종말사관을 반영하는 동시에 시적 화자의 태도가 시인이 추구하는 삶의 표상과 동일함을 보여주는 힘으로 읽힌다.

이와 같이 박두진 시인의 신앙시편들은 성서 소재주의 단계를 넘어서 창세 이전의 혼돈부터 하나님 나라가 임하는 그날까지 자연과 우주의 시공간을 배경으로 자신에게 찾아온 구원의 기쁨과 소명의식을 노래했다. 기독교 세계관에 입각한 신앙 체험은 시대의 굴곡 속에서도 시인을 견인하여 그리스도와의 한몸의식으로 실천의 삶을 살아가려는 의지로 나타났다. 성도에게 닥치는 내적 갈등과 고난은 성화를 이루어가는 과정에 다름 아니었다. 영원 지향의 소망과 재림에의 기대, 부활의식 등은 영화라는 미래완료 개념으로 하나님 나라의 편재(遍在)를 기원했다.

3. 나오며

『나 여기에 있나이다 주여』는 박두진 시인의 기독교 세계관과 신앙 고백이 탄생시킨 여러 시들의 선집(選集)인 동시에 개혁주의 신학 관점에 입각한 구원의 서정이 잘 표출된 시편들이다. 개혁주의 관점에서 구원 서정이 중요한 이유는 하나님의 구속사역이 인간의 태도와 행위에 부수적으로 작용하는 것이 아니라는 것을 밝히기 때문이다. 즉, 성경에 입각해 볼 때 알미니안(Arminian)들이 주장하는 인간 중심주의적 구원은 아니라는 것이다.

경기도 안성시 〈박두진 문학관〉 외벽

박두진 시인은 구원의 주체가 누구인가에 대한 명확한 인식을 갖고 그 태초의 부르심에 대한 경탄을 시로 승화시켰다. '소명'에 대해 시적 자아는 찬양으로써 화답하며 자신의 구원에 시공간을 초월한 우주적인 하나님의 경륜이 작용하고 있었음을 노래했다. 반복어구와 등가의 명사들을 나열함으로써 말로는 다 표현할 수 없는 감사와 황홀감을 드러냈다. 하나님의 구원 예정은 절대적이고 무조건적이어서 저항할 수 없는 은총에 속하는 것임을 보여주었다.

또한 삼위일체 하나님인 성령의 사역이 태초부터 지금까지 시적 화자의 영혼을 사로잡고 있음을 그리스도의 지체된 한몸의식으로 노래했다. '칭의'는 예수의 성육신과 대속죽음과 부활이라는 구속사역의 맥락을 받아들이고 하나님으로부터 의롭다고 선언하심을 얻는 것이다. 「갈보리의 노래」에서는 하나님의 영광의 광채시요 그 본체의 형상(히 1:3)이신 예수 그리스도가 어떻게 인간을 대신하여 십자가 고난을 당해야 했는가와 그분의 궁극 승리를 시로 승화시켰다. 그의 시편에 지나치게 많이 등장하는 쉼표와 마침표, 반복어구들은 형태상으로 보자면 혼돈의 상태가 차차 질서를 회복해 가는 양상으로 배열되거나 하나의 핵심문장에 집결되는 역동성의 구조를 보여준다. 시어들 역시 반의어와 유의어를 폭넓게 구사하여 의미의 깊이에 한몫을 하고 있다.

그의 시편에는 창조주 하나님에 대한 감사와 찬양이 담겨 있지만 동시에 하나님 앞에 선 단독자의 고독과 방황도 나타난다. 고독감은 인간의 죄인 됨을 자각하는 회개의 계기가 되고, 화자는 자신도 모르게 찾아오는 새 힘을 위로부터 공급받음으로써 고독을 극복하고 있음도 알 수 있다. 고독감과 단독자의식은 시인을 개인 차원에서 집단 차원의 예언자적 사도의식으로 이끌고 있다. 특히 「사도행전」 연작에는 개인과 공동체, 세상을 향한 십자가 구원의 진정성을 노래하고 있다. 구원 서정의 최종 단계인 '영화'를 바라보는 시적 반응은 시인 자신의 모든 간구와 소망을 주기도문으로 덮으면서 신앙적 삶의 궁극 표상이 그러해야 함을 보여준다. 이와 같이 박두진 시인은 시로써 자신의 신앙 여정을 형상화했으며 구원의 서정을 개혁주의 구원론의 관점으로 노래한 시인임을 알 수 있다.

☞☞ 박두진 시인의 신앙시집 『나 여기에 있나이다 주여』는 시인의 기독교 세계관과 신앙 고백이 탄생시킨 여러 시편들의 선집인 동시에 개혁주의 신학 관점에 입각한 구원의 서정을 잘 드러내고 있다. 구원 서정이 중요한 이유는 하나님의 구속사역이 인간의 태도와 행위에 부수적으로 작용하는 것이 아니라 하나님에게서 예정된 것이기 때문이다. '구원의 서정'은 박두진 시에서는 크게 '소명'과 '칭의'에 대한 확신을 보이는 시편들과 '견인'으로서의 사도의식이 드러난 시편들, '그리스도와의 연합'을 뜻하는 한몸의식이 강조된 '성화'의 시편들, '영화'에 대한 소망을 노래한 시편들로 분류할 수 있다. 시인은 구원의 주체가 누구인가에 대한 명확한 인식을 갖고 그 태초의 부르심에 대한 경탄과 감사를 시로 승화시켰다. 시인의 신앙 갈증과 단독자의식은 그를 개인 차원에서 공동체 차원의 사도의식으로 이끌었다. 「갈보리의 노래」에서는 십자가 고난의 구속적 의미를 시로 승화시켰다. 그리스도 안에서 점진적으로 '성화'를 이루어 가는 과정은 회개시와 기도시에 잘 드러난다. '영화'는 미래완료형 개념이므로 시적 화자의 영원을 향한 소망과 하나님 나라의 도래를 간구하는 인류 공동의 주기도문 형태로 나타났다.

제4장

시적 진실로서의 고통과 성서 인유
- 김춘수의 예수 소재 시편들

고통 콤플렉스(Anxiety complex)
시적 진실(Poetic truth)
성서 인유(Bible allusion)
예수의 십자가 죽음(Jesus death on the Cross)
상처 입은 어릿광대(a Wounded clown)
막달라 마리아(Maria Macdalain)
수난사화(the tale of Crucification)

1. 들어가며

대여(大餘) 김춘수(1922-2004) 시인
의 무의미시는 언어를 통해 그 사물
이 지니고 있는 관념에서 언어를 해
방시키려는 시도였다. 시로써 언어
실험을 극한까지 시도했던 시인이 추
구한 일련의 무의미시는 시와 대상과

경남 통영 〈김춘수 유품 전시관〉에서

의 거리가 없어진 데서 생긴 현상이며 대상을 놓친 대신에 낱낱의 언어와
이미지를 실체로서 인식한 것이었다.

그러나 30여 년에 걸쳐 무의미시를 실험해 온 시인의 시작에서도 절대
적인 의미에서의 무의미시는 드물다고 본다. 즉 언어의 서술적 이미지조

차 처단하고 말의 리듬만 남은 시의 형태도 있지만(「하늘수박」, 「나이지리아」 등), 언어와 리듬의 행간에서 독특한 의미가 생성되고 있어서 존재의 표상을 탐구하는 시인의 내면세계를 읽을 수 있다. 시인은 말의 리듬과 긴장된 장난을 일종의 유희로, 그 자체를 하나의 해방으로서 쓰고 있지만 그가 의도한 무의미의 자유로움 속에서도 독자는 시인의 독특한 정조와 세계관을 읽게 된다는 말이다.

☞ 시인은 이중섭의 순수와 슬픔이 견고하고 본질적이라고 했다. 마치 지층에 선명하게 드러난 어떤 화석을 보는 듯한 그런 덧없음과 덧없음의 슬픔이 순수하게 다가온다고 하였다.(김춘수, 「이중섭의 연작시에 대하여」, 문학과 비평 편집부, 『시집 이중섭』, 탑출판사, 1987, 137~138.)
또한 단편적이긴 하지만 자신의 억울한 삶을 베라 피그넬(여의사이자 무정부주의자, 시릿셀베르그의 요새감옥에서 21년을 살았다)에 대입시키기도 했다. 그녀는 상처투성이기 때문에 오히려 품위가 있다고 하였으며 양심은 상처의 아픔 때문에 더욱 다져진다고 했다. 도스토옙스키는 시인의 말년에 지속적인 관심의 대상이었다. 시집 『들림, 도스토예프스키』는 도스토옙스키 소설의 비극적 인물들에 대하여, 한 인물이 다른 인물에게 띄우는 편지 형태의 연작시집이다. 또 시인의 관심을 끈 백결 선생은 장편 서사시 「낭산(狼山)의 악성」으로 한 번에 그친다.

이 글은 김춘수 시인의 시들 가운데 예수를 소재로 한 시편들을 통해서 그가 예수라는 인물을 어떤 시각에서 바라보고 시적 소재로 차용했나에 대해 알아보고자 한다. 시인은 젊은 시절에 자신을 괴롭힌 두 인물을 프로이트와 막스(크로폿킨)로 꼽고 있지만 이를 달리 말하면 인간 대(對) 사회의 문제, 인간(개인)과 인간이 만든 사회 문제가 그를 괴롭힌 것이라 할 수 있다. 김춘수 시인이 차용한 시적 인물들 중에서 처용과 이중섭, 예수, 도스토옙스키는 비교적 큰 비중을 지니고 있다.

우선 처용은 가무이퇴(歌舞而退) 행위의 주인공으로서 '인고행(忍苦行)의 보살'이자 '영원한 수난의 상'으로 회자된다. 시인에게 처용은 인간세계의

I. 한국 현대시와 기독교 세계관

현실에 부딪혀서 역사의 악을 체험한 인물이었다. 또 이중섭은 예술가로 보기보다는 시대 문명의 생리를 따라잡지 못하고 오히려 문명의 반대편으로 퇴화되어 간 인물로 보았다. 예수에 대하여는 소크라테스나 정몽주와 마찬가지로 이념 때문에 이승의 삶을 버린 사람으로 보면서 그를 두려워한다고 했다. 예수에 대한 시인의 관심은 시력 중기의 『남천(南天)』(1977)에 「예수를 위한 여섯 편의 소묘」에 집약되어 있다. 그 이전과 이후 시편들에서도 꾸준히 성서의 배경인 팔레스타인 지방의 역사 문화적 정황들을 시적 진실로 차용하여 예수 관련 시편들을 추가했다.

시인의 초기시력 20여 년에 나타난 중요한 시 의식은, 세계내적 존재인 인간이 본질적으로 품게 되는 존재에 대한 물음이었고, 그 실존적 대답은 비애와 허무로 나타났다. 널리 알려진 『꽃의 소묘(素描)』(1959)도 인간 존재가 세계와 의미 있는 관계를 맺고 살아가고픈 시도였고, 「호(壺)」나 「서풍부(西風賦)」 등도 그런 맥락에서 존재의 근원적인 비애를 드러낸 시편이었다. 인간 존재론적 차원에서 허무는 그의 체험과 관련하여 시인을 역사 허무주의 또는 역사 무정부주의 색채를 띠게 했다. 이런 태도는 시인의 시 세계 전반을 슬픔이나 비애의 정서로 물들인 중요한 밑그림이었다. 시인의 후기 고백에 의하면 그가 추구한 일련의 무의미시들은 "철저하게 가면

☞ 김춘수 시인의 시력 초기는 1945년 무렵부터 제6시집 『타령조 · 기타』(1969)가 출간되기 전까지의 약 20여 년으로 본다. 이후 약 30년간을 중기로 보고, 후기는 산문시로 일관한 『서서 잠자는 숲』(1993) 이후, 작고 때까지의 기간으로 보고자 한다. 총 17권의 시집 사이에 6권의 시선집이 있다. 이 글은 『김춘수 시전집』(현대문학사, 2004)을 텍스트로 하고 인용 쪽수는 생략한다. 시전집에 없는 유고작은 『달개비꽃』(현대문학사, 2004)에서 인용했다. 평자에 따라 다르겠으나 필자가 파악한 예수 관련 시편은 총 38편이었다(극시 형식의 「대심문관」 포함, 「시안」, 「명정리」는 제외). 후기에 이르면 중기의 그 시적 소재를 현재 시점으로 재발굴하여 과거의 시와 겹치게 하는 일종의 패러디 형태를 취했다. 과거의 시 위에 현재의 의미를 덧입히거나 이미지를 병치시키는 기법 등으로 의미의 변형을 꾀한 것이 많다.

을 쓰고 창작된 것이며 인위적으로 만들어진 것"(정효구, 81)이었다.

2. 고통 콤플렉스와 성서관

그렇다면 왜 시인은 무의미시라는 가면을 썼을까? 그것은 널리 알려진 시인의 고통 콤플렉스와 관련이 있다.

> 17, 8세 때 담임과의 알력으로 중학을 5학년 2학기 말에 자퇴(졸업을 네 댓 달 앞둔)하고, 일제 말 대학 3년 때의 겨울(졸업을 몇 달 앞두고)에 어떤 사건에 연루되어 관헌에 붙들려가 헌병대와 경찰서에서 반년 동안 영어 생활을 했다. 이후 손목에 수갑이 채인 채 불령선인의 딱지가 붙여져서 서울로 송환되었다. 해방 때까지 징용을 피해서 여러 곳을 옮겨가며 두더지 생활을 하고, 해방 이후에도 이데올로기의 등쌀에 시달렸고, 6·25 때는 식솔을 거느리고 생사를 건 피난생활을 했다. 대학 중퇴라고 교수 자격을 얻지 못해 10년 시간강사 노릇을 하며 그가 맛본 고통의 체험은 아무도 나를 위해 변호해 주지 않았다. 독립된 조국에서 일제 때의 내 수난을 본체만체했다. 이런 일련의 일들이 1960년대 후반으로 접어들자 점차 의식상에 떠오르게 되고 나대로의 어떤 윤곽을 만들어가게 되었다. (『문학앨범』, 209-10)

시인이 체험한 이러한 몇 겹의 고통 콤플렉스는 불가항력적인 역사와 이념과 세계에 대한 분노였다. 시인은 어떤 방식으로든 이를 극복하고자 애쓰는 가운데, 이데올로기의 폭력에 희생된 개인의 모습을 시의 소재로 차용하기에 이르렀다. 역사적 허구가 만들어낸 고통과 허무의 심연에서 일종의 구원을 얻고자 몸부림치며 발견해 낸 시적 인물들(처용. 예수. 이중섭. 도스토옙스키 등)은 자신의 고통을 독자적인 방법으로 초월하고자 노력한 시인 자신의 내면 얼굴이자 탈(persona)이었다.

> 인카네이션, 그들은/ 육화(肉化)라고 하지만/ 하느님이 없는 나에게는/ 몸뚱어리도 없다는 것일까./ 나이 겨우 스물둘인데/ 내 앞에는/ 늙은 산이 하나/ 대낮에 낮달을 안고/ 누워 있다./ 어릴 때는 귀로 듣고/ 커서는 책으로도 읽은/ 천사./ 그네는 끝내 제 살을 나에게/ 보여주지 않았다./ 맨발로 바다를 밟고 간 사람은/ 새가 되었다지만/ 그의 젖은 발바닥을 나는 아직 한 번도/ 본 일이 없다.
>
> ─「처용단장 제3부 메아리」 중 '12'

시에 드러난 바에 의하면 시인은 역사의 폭력 앞에서 하느님이나 어릴 적 '천사'를 떠올리기도 하고 예수가 물 위를 걸었다는 기사(奇事)를 의지하고픈 심정이기도 했음을 보여준다. 그러나 예수의 기사나 표적 이야기는 도무지 육체의 영어(囹圄)를 해결해 줄 수 없는 불가사의로 보였고, 구체적으로 실감할 수 없는 초월의 세계였다. 시인의 관념 속에서 "맨발로 바다를 밟"아도 발바닥만 젖어 있을 정도의 능력을 가진, 새가 된 신화적 인물을 떠올리는 것은 그만큼 상황이 절망적이었음의 반증인 동시에 육신의 고통을 이해하는 초월자, 자신의 고통을 함께 아파하고 위로해 줄 어떤 대상을 갈구했던 시인의 절규라고 본다. 시인은 자신에게 가해진 고문에 쉽게 굴복하여, 정신이 의식을 잃지 않고도 육체의 아픔을 이겨낼 수 있다는 사실을 믿지 못했다. 이렇게 겪은 고통 체험이 성서의 어느 장면과 이

중사(二重寫)가 되어 인간의 육체에는 한계가 있다는 것, 불가능이 언제나 역사적 인간 앞에 가로놓여 있다는 것을 받아들일 수밖에 없었다. 시인에게는 세계 초월적 존재가 아닌, 세계내적 존재로서의 인간이 느끼는 어쩔 수 없는 한계의 슬픔을 몸소 겪어 보여줄 누군가가 필요했고, 그가 곧 '예수'로 투영되어 나타났다. 그는 신앙 대상으로서의 예수가 아니라 인간의 약점을 고스란히 지닌 채 이타적 사랑을 구현하다 죽어간 한 인간으로서의 예수에 관심을 집중했다.

무신론자도 유신론자도 아닌 김춘수 시인은 엔도 슈사쿠의 저서 『예수의 생애』와 그 후속작 『그리스도의 탄생』에 크게 영향을 받은 것으로 보인다. 성서를 보는 그의 관점은 엔도 슈사쿠의 인본주의 성서관과 유사하며, 『예수의 생애』에 기록된 팔레스타인의 정치 · 지리적 특색과 유대인 생활상 등은 자신의 수필집 『하느님의 아들 사람의 아들』에 유사하게 반영되어 있다.

엔도와 마찬가지로 김춘수 시인에게 예수는 기독론과는 무관한 역사의 실존인물이었다. 시인은 성서의 사건을 전기(역사)와 소설(허구)의 경계를 오락가락하고 있는 구성의 관점으로 파악한다. 특히 예수 공생애 기간에 제자들은 예수가 저들의 현실문제(유대민족의 독립이나 로마 폭정과 생활고, 질병 치유 등)를 해결해 줄 지도자이기를 바랐으나, 현실적으로 예수는 아무것도 그들에게 제공할 수 없는 무력한 인물이었다고 보는 관점은 엔도와 동일하다. 엔도의 이러한 해석에는 신약성서가 예수 사후 그의 제자들에 의해 편집 부가되었다는 여러 설을 근거로 하는 것이지만, 특별히 예수 수난사화에서 제자의 대표 격인 베드로가 예수와 함께 의회 재판을 받았고 베드로는 의회의원인 사제들 앞에서 예수를 부인할 것을 맹세했던 것

I. 한국 현대시와 기독교 세계관

☞☞ 『예수의 생애』는 엔도 슈사쿠(1923-1996)가 1960년대에, 결핵이 재발되어 3년간 목숨을 건 투병생활로 죽음 직전까지 내몰린 체험 이후에 집필되었다. 그는 예수를 깊이 알기 위해 수차례 팔레스타인을 여행하면서 자료 수집과 현장 답사를 거쳐 역사적 예수의 생애를 바라보는 자신의 독특한 관점을 정리했고 이를 일종의 수필 형식으로 묶었다.(엔도 슈사쿠, 『예수의 생애』, 이평아 역, 가톨릭출판사, 2003.)
김춘수 시인은 엔도보다 한 살 위이고 일어에 능통하여 엔도의 책을 일어로 읽었을 개연성은 충분하다. 시인의 산문집 《오지 않는 저녁》(1979)에 수록된 〈남천재수상초(南天齋隨想抄)〉 첫머리에는 "E씨 '예수전(傳)'을 읽기 시작했다. 예수의 용모에 대한 궁금증에서부터 허두를 떼고 있다"라고 했다. 엔도와 김춘수 시인의 영향관계를 짐작할 수 있다.
한편 에른스트 르낭(Joseph E. Renan)의 『예수의 생애』(1863)도 있다. 이 책 역시 예수가 살던 시대를 중심으로 한 예수 평전으로 자유주의 신학, 인본주의 신학이 반영되어 있다. 그러나 르낭의 서술방식은 엔도와는 큰 차이가 있다.

으로 추측한다. 요컨대 예수는 그를 따르던 무리 모두의 죄를 대신할 희생제물이 되었다는 설이다. 제자들에 의한 성서 편집을 믿는 엔도는 가롯 유다만 예수를 판 자가 아니라 베드로가 대표 위치에 있는 제자공동체 역시 예수를 팖으로써 예수 추종자들은 별다른 재판 없이 그들 혐의에서 놓여날 수 있었다고 추정한다. 따라서 예수는 그를 시기하던 제사장들과 바리새인들, 서기관, 장로들뿐만 아니라 예수를 믿고 따르던 제자들로부터도 배반당해 철저히 버려진 고독한 인물이 되었다. 그럼에도 예수는 끝까지 그들을 사랑으로 용서하고 오히려 저들의 죄를 용서해 달라고 하나님에게 부탁하는 모습을 보인(눅 23:34) 것을 엔도는 수긍한다. 엠마오로 내려가는 두 제자에게 나타난 예수는 그들에게 하나의 부인할 수 없는 심리적 진실이 되고-마치 어머니를 잃은 어린아이가 심리적으로 어머니의 죽음을 인정하지 않고 계속 그 관계를 유지하는 것처럼- 예수 사후에 제자공동체가 새롭게 형성되었으며, 그들은 예수를 그리스도로 받들기 시작했다고 보았다. 이렇게 역사적 인간 예수는 제자들과 원시 그리스도교단의 의지에 따라 사후 초월적 존재로 신격화되고 그리스도로까지 높여지게 되었다는 관점이 엔도의 후속작 『그리스도의 탄생』이고 곧 김춘수 시인의 관점이다. 예수가 사후에 제자들에 의해 그리스도가 되어 간 것은, 육체를 가진 채로 사흘 만에 부활했다는 그러한 허구를 믿음으로써 그리스도를 기다리는 유대민족의 메시아 대망사상을 계속 이어나가고픈 희망 때문이라는 것이다. 즉 예수는 죽은 것이 아니라는 기다림이 있는 한 예수는 불사신일 수밖에 없게 되는, 그런 기다림의 논리가 예수를 부활했다고 믿게 했다는 말이다.

시인은 유대 역사 속에서 30여 년을 살아온 예수의 실존을 인류 역사상 가장 무력하고 힘없는 자의 원형으로, 역사의 큰 멍에를 지고 말할 수 없는 수난을 겪은 인물로 파악한다. 시인에게 생전의 예수는 항상 깊게 파인 슬픈 눈을 한, 약자와 병자의 친구였으며 이유 없는 육체적 고통을 절대경지의 정신력으로 이겨낸 인물이었다. 피할 수 없는 운명으로 십자가에 달리는 그 무력함과 영혼의 고통을 고스란히 받아들이는 죽음, 그것도 예수 자신에 의해 미리 계획된 죽음을 맞이함으로써 인류에게 위대한 사랑의

☞ 김춘수 시인은 고린도서를 읽으면서 "바울은 죽은 예수가 육신으로 나타났기 때문에 예수를 그리스도로 믿게 되었다는 말을 아무 데서도 하고 있지 않다. 바울이 죽고 그와 함께 예수가 그의 속에서 살아났다고 하고 있다"라고 했다.(김춘수, 『하느님의 아들 사람의 아들』, 현대문학사, 1985, 113.) "예수가 육체를 가진 채로 부활했다는 것은 논리의 외연이 되겠고, 바울과 같이 영의 부활로 보는 입장은 내포가 된다. […] 바울 모양으로 내포를 취할 수도 있으나 누가 모양으로 외연을 취할 수도 있다. 실은 누가와 바울이 만나는 곳이 진정한 역사의 장이고 시간"(위의 책, 114)이라고 하면서 예수의 생애를 재구성하는 성서 기자의 긴장된 시각에 성서를 읽는 참맛이 있다고 했다. 즉 예수의 공생애와 십자가 죽음과 부활 사건은 기다림의 논리가 주는 외연과 내포의 팽팽한 긴장관계를 잘 살린 드라마라는 관점이다.
바울의 예수 체험 고백을 육적으로 부활한 예수를 만나지 않았다는 말로 해석한 김춘수와 엔도의 시각은 예수 부활은 있을 수 없는 일이라고 보는 인본주의 시각이다. 김춘수는 "제자들처럼 예수의 부활을 본 사람이 있다고 하면 이성을 가진 사람은 그것을 환상으로, 따라서 하나의 병적 징후로 치부해야" 하는가를 망설였다. 그러나 행 9:3-7, 22장; 고전 15:8에는 바울이 예수를 육으로 만나고 영으로도 만났다고 기록하고 있다. 따라서 김춘수 시인의 성경 이해는 예수의 부활을 최대의 수수께끼로 보면서("부활에 좌절"하면서) 성경을 글자 그대로 읽고 이해하기보다는 기적들을 사실 그대로 받아들일 수 없다는 이성주의적 입장인 셈이다.

I. 한국 현대시와 기독교 세계관

상징, 사랑 그 자체가 되었다고 보았다.

　이와 같이 김춘수 시인의 성서에 대한 관심은 원죄의식이나 구원과 부활, 종말론 등의 교리 차원이나 하나님 나라에 대한 것이 아니었다. 단지 예수는 육체를 입고 실존의 고뇌를 짊어진 수난사화의 주인공, 교훈적인 '말씀'으로 남아 인간의 마음을 '우비'는 절대고통의 화신으로 시인의 고통 콤플렉스를 대신하는 표상이었다.

3. 수난사화 고통과 성서 인유

　성서에 펼쳐진 예수 드라마에서 시인은 예수의 고독한 실존에 주목했다.

> 꿀과 메뚜기만 먹던 스승./ 허리에만 짐승 가죽을 두르고/ 요단강을 건너간 스승/ 랍비여./ 이제는 나의 때가 옵니다./ 내일이면 사람들은 나를 침뱉고/ 발로 차고 돌을 던집니다./ 사람들은 내 손바닥에 못을 박고/ 내 옆구리를 창으로 찌릅니다./ 랍비여,/ 내일이면 나의 때가 옵니다./ 베드로가 닭 울기 전 세 번이나/ 나를 모른다고 합니다./ 볕에 굽히고 비에 젖어/ 쇳빛이 된 어깨를 하고/ 요단강을 건너간 스승/ 랍비여,
>
> 　　　　　　　　　　　　　　　　　　－「겟세마네에서」 전문

　예수의 공생애 초기, 광야에서 외치는 자의 소리로 등장한 세례자 요한은 예수의 길을 예비하는 선지자였다. 위의 시는 요한에게 세례를 받은 예수가 앞으로 자신의 죽음을 짊어지고 가야 할 역사적 고뇌 앞에 직면해 있는 모습을 보여준다. 그는 사람들이 자신을 향해 침 뱉고 돌을 던지는 수

모를 당할 것과 심지어 베드로가 자신을 부인할 것까지 예견한다. 그러나 바야흐로 '나의 때'라는 역사의 운명은 거역할 수 없는 힘으로 다가온다. 예수는 홀로 고독하게 남아 자신에게 주어진 쓰디쓴 잔을 감당해야 하는 시점이다. 이 절체절명의 시간에 봉착한 예수의 실존적 고독은 자신보다 앞서 자신의 길을 미리 보여준 예언자 요한의 모습(식사나 옷차림, 광야생활의 고단함)을 기억하는 것으로 병치되어 나타난다. 예수는 스승이나 제자들을 원망하는 입장이 아니다. 다만 앞서간 스승처럼 자신의 몫으로 주어진 죽음과 수모를 내일이면 감당해야 함을 그려보고 있을 뿐이다.

육신을 입은 예수가 인류의 고통을 대신 짊어지고 생축(生畜)처럼 찢기는 대속의 현장을 묘사한 시편을 살펴보자. 생사의 경계에서 예수는 그 절대고통을 눈 감지 않고 견뎌내는 인물로 묘사된다.

> 술에 마약을 풀어/ 어둠으로 흘리지 마라./ 아픔을 눈 감기지 말고/ 피를 잠재우지 마라./ 살을 찢고 뼈를 부수어/ 너희가 낸 길을 너희가 가라./ 맨발로 가라./ 숨 끊이는 내 숨소리/ 너희가 들었으니/ 엘리엘리나마사박다니/ 시편의 남은 구절은 너희가 잇고,/ 술에 마약을 풀어/ 아픔을 어둠으로 흘리지 마라./ 살을 찢고 뼈를 부수어/ 너희가 낸 길을 너희가 가라./ 맨발로 가라. 찔리며 가라.

> – 「못」 전문

이 시는 예수가 살과 뼈에 못이 박힌 채 죽어가며 살아 있는 자들에게 이르는 마지막 당부로 읽힌다. 예수는 지금 인류의 제물로 십자가에 못 박히고 있다. 시인의 시적 진실로 보자면 예수가 마약을 거절하면서까지 지

　　　　　　　　　　　I. 한국 현대시와 기독교 세계관

상의 남은 자들에게 이르는 당부, 곧 예수 죽음의 의미는 역사의 모순 속에서 '너희(*우리-필자 주)가 낸 길'이니 '살을 찢고 뼈를 부수'는 고통을 감내하며 폭력의 인류 역사를 덮어버리지 말고 자신들의 몫으로 떠메고 가라는 전언이다. 시인은 "예수가 십자가에 못 박혀 숨이 끊어지려는 순간에도 그의 관심은 그가 남기고 가는 땅위의 인간들에게 있었"(김춘수, 『하느님의 아들 사람의 아들』, 126)다고 보았다. 이는 예수가 인류의 고통을 대신 짊어지고 속죄 제물로 희생당한 역사의 사건을 극대화시킨 말씀(사 53:4-6)과 병치되어 시적 효과를 배가시키고 있다. 마치 영화 〈패션 오브 크라이스트(Passion of Christ)〉처럼 육으로 고통당하는 예수 형상에 대한 관심은 「루오 할아버지가 그린 유화 두 점」에서 어릿광대의 고통과 예수의 문드러진 얼굴 이미지를 병치시켜 나타내기도 한다.

① 의롱과 갓으로 이름난/ 그때의 통영읍 명정리 갓골/ 토담을 등에 지고 쓰러져 있던/ 엿장수 아저씨,/ 기분 좋아 실눈을 뜨고/ 입에는 게거품을 문/ 거나하게 취한 얼굴 만월 같은 얼굴,/ 엿판을 허리에 깔고/ 기분 좋아 흥얼대던 육자배기/ 장타령,/ 그러나 그는 울고 있었다./ 해저무는 더딘 봄날 멀리멀리 지워져 가던/ 한려수도 그 아득함,

　　　　　　　　　　　　　　　　　　-「그 하나, 몸져누운 어릿광대」 전문

② 예루살렘은 가을이다. 이천 년이 지났는데도/ 집들은 여전히 눈 감은 잿빛이다./ 예수는 얼굴이 그때보다도/ 더욱 문드러지고 윤곽만 더욱 커져 있다./ 좌우에 선 야곱과 요한,/ 그들은 어느 쪽도 자꾸 작아져 가고 있다./ 크고 밋밋한 예수의 얼굴 뒤로/ 영영 사라져 버리겠다. 사라져 버릴까?/ 해가 올리브 빛깔로 타고 있다./ 지는 것이 아니라 솔

가리처럼 갈잎처럼/ 타고 있다. 냄새가 난다./ 교외의 예수, 예루살렘
은 지금/ 유카리나무가 하늘빛 꽃을 다는/ 그런 가을이다.

－「그 둘, 교외의 예수」 전문

　①의 시는 어릿광대를 소재로 한 루오(G. H. Rouault)의 그림과 통영 엿
장수가 매를 맞은 사건을 후경으로, 쓰러져 흥얼거리는 엿장수의 모습을
어릿광대의 그것으로 치환시켰다. ②는 루오 그림에 나타난 예수 형상을
시인이 생각하는 예수 형상과 병치시켰다. 세상이 주는 멸시와 고통을 고
스란히 받지만 좌절하거나 원망하지 않고 다만 상처로 몸져눕거나 얼굴
이 더욱 문드러지는, 고통의 영원한 수혜자 형상이 곧 시인이 파악한 예수
의 얼굴이었다. ①에서 쓰러져 울고 있는 엿장수 아저씨가 흥얼거리는 장
타령 가락은 삶의 환유적 아이러니에 해당한다. 시인은 이를 '아득함'으로
기억하면서 ②에서 이천 년이 지나도록 여전히 '눈 감은 잿빛'의 예루살
렘 거리를 제자 둘을 데리고 어디론가 가고 있는 예수의 형상을 그려낸다.
"이천 년의 풍상(風霜)에 바래고 바래져서 이목구비가 자꾸 사그라져간 대
신에 얼굴 윤곽은 몇 배로 커지고 또렷해"(『왜 나는 시인인가』, 143)진 "크고

☞☞ 어릿광대는 루오에게 있어 고독과 비애의 인생 상징이었다. 고통에
내리눌리고 재난에 둘러싸인 평범한 인간들의 선천적인 선함을 변호하는
〈다친 어릿광대〉를 비롯한 일련의 '어릿광대' 작품들은, 루오에게는 연민의
인간상이자 온갖 고통을 감내하는 장엄한 인간의 모습이었다. 이 장엄함을
근간으로 한 어릿광대의 모습은 곧 그의 또 다른 중심 테마였던 예수 그리스도
의 모습과 오버랩 된다.(정끝별, 『패러디시학』, 문학세계사, 1997, 185.) 루오의
그림 「교외의 예수」, 「수난받은 예수」, 「풍경: 세 사람이 있는」 등에 나타난 예수
의 형상은 이목구비가 잘 살아나지 않은 뭉뚱그려진 얼굴이거나 코와 눈이 문
드러진, 비애로 고개 숙인 모습으로 나타나 있다.

루오 〈교외의 그리스도〉(1940)

　　　　　　　　　　　　　　Ⅰ. 한국 현대시와 기독교 세계관

밋밋한" 그의 형상은 이데올로기의 폭력과 역사의 횡포에 희생된 자의 그
것이었다. 예수는 오늘날 윤곽만 남아 루오의 어릿광대 그림처럼 인간의
질고를 대신 지고 "자꾸 작아져 가고 있"는 제자들과 함께 살아 있다. 상처
입은 어릿광대와 예수 얼굴을 병치시키는 시인에게 예수 이미지는 불가사
의한 심리적 진실로서 세계를 늘 비애로 물들이는 모습이었다.

> 예수는 눈으로 조용히 물리쳤다./ - 하나님 나의 하나님,/ 유월절 속죄양
> 의 죽음을 나에게 주소서./ 낙타 발에 밟힌/ 땅벌레의 죽음을 나에게 주
> 소서./ 살을 찢고/ 뼈를 부수게 하소서./ 애꾸눈이와 절름발이의 눈물을/
> 눈과 코가 문드러진 여자의 눈물을/ 나에게 주소서./ 하나님 나의 하나
> 님,/ 내 피를 눈감기지 마시고, 잠재우지 마소서./ 내 피를 그들 곁에 있
> 게 하소서./ 언제까지나 그렇게 하소서.
>
> - 「마약」 전문

시인에게 예수의 죽음은 너무나 보잘것없어서 눈에 띄지도 않는 땅벌
레나 소외당하고 멸시받는 애꾸눈이와 절름발이, 눈과 코가 문드러진 여
자처럼 가장 비천하게 외면당한 이들의 아픔을 몸소 겪는 죽음이었다. 위
시의 부제는 "예수가 십자가에 못 박힐 때, 그의 아픔을 덜어주기 위하여
백부장인 로마 군인은 마약을 풀어 그의 입에다 대어 주었다"이다.(쓸개 탄
포도주(마 27:34) 신 포도주(눅 23:36)는 마약의 개념이라기보다, 예수의 고통을 배가
시키려는 저들의 희롱이었다. 마치 쓸개를 먹으라고 주거나 갈한 사람에게 초를 마시
게 하는 가학적 행위로 이해할 수 있다(시 69:21). 그러나 마 27:48에는 누군가가 "해
융에 신포도주를 머금게 하여 갈대에 꿰어 마"시게 했다고 한다.) 시인의 시적 진

실 속에서 예수는 스스로 이를 거절한다. 고통을 잊기보다 고통을 더욱 육화시키는 것은 언제까지나 가난하고 고통받는 이들의 이웃으로 인식되었던 예수의 대속죽음을 더욱 부각시키는 효과를 낳고 있다. 낙타 발에 밟히는 땅벌레만큼이나 힘없는 예수의 가장 비참한 죽음, 사람들은 그의 얼굴에 침 뱉고 옆구리를 발로 차는 무지를 저지르지만 끝까지 용서하는 예수의 그 희생은 시인에게 "살을 우비"는 아픔이기도 했다.

> 구름 위 땅위에/ 하나님의 말씀/ 이제는 피도 낯설고 모래가 되어/ 한줌 한줌 무너지고 있다./ 밖에는 봄비가 내리고/ 남천(南天)이 젖고 있다./ 남천은 멀지 않아 하얀 꽃을 달고/ 하나님의 말씀 머나먼 말씀/ 살을 우비리라./ 다시 또 우비리라.

-「땅 위에」 전문

이 시의 시작 배경은 다음과 같이 나타나 있다.

> […] 〈피〉라고 한 것은 예수의 처형 때의 그것을 가리킨다. 십자가에 못박힐 때 흘린 예수의 피는 그대로 양심과 진실과 사랑의 이승에서의 가장 왜곡되고 학대받는 모습을 상징한다. 예수의 부활은 그 〈왜곡〉과 그 〈학대〉를 바로 돌리기 위한 하나의 알레고리라고도 할 수 있다. […] 이제는 〈피〉도 〈낯설고〉 〈모래가 되어〉 붕괴의 과정을 달리고 있다. […] 이른바 〈텅 빈 인간(hollow man)〉들의 허무한(정처 없는) 항로가 있을 뿐이다. 이러한 인식이 깔려 있다고 할 수 있으리라. 그러니까 그다음을 이어 〈한줌 한줌 무너지고 있다〉라고 하는 구절이 자연스럽게 나오게 되었다고 할 수 있다. […] 〈살을 우비리라/ 다시 또 우비리라〉 -이 구절은 두말할 나

　　　　　　　　　　　　　I. 한국 현대시와 기독교 세계관

위도 없이 어떤 아픔(영혼의)을 알려준다. 예수가 십자가에 못 박힐 때의 그 아픔-살을 우비는- 그 아픔의 기억을 되살리려고 하는 데에 이 구절의 의도가 있었다고 할 수 있다.(『하느님의 아들 사람의 아들』. 225-27)

다소 긴 인용이지만 예수 십자가 처형 때의 그 살을 우비는 아픔의 기억은 시인에게 오래도록 남아 예수 소재 시편을 쓰는 동기가 되었다. 시인에게 예수는 "늘 내 밖에서 나를 보고 있"는 하나의 시선(『하느님의 아들 사람의 아들』. 88)으로서 감당할 수 없는 운명을 받아들일 수밖에 없는 눈빛의 소유자였고 예수의 피는 양심과 진실과 사랑의 상징이었다. 또한 이승에서 가장 왜곡되고 학대받는 모습의 상징이었다. 동시에 그 왜곡과 학대를 바로 돌리기 위한 하나의 알레고리로 예수의 부활이 인류 역사에 자리한다고 보았다. 그러나 인류는 역사적 예수의 그 고통을 망각하고 '텅 빈 인간'이 되어가며 예수의 죽음을 낯설게 받아들이거나 부서지는 모래처럼 힘없는 '말씀'으로 기억한다는 것이다. 오늘날 세태는 예수의 무력한 사랑이 "부러진 못이 되어" 길거리에 뒹구는 현실이 되어 버렸다고 보았다.

> 사과나무의 천(*두렁 阡. 두렁길-필자 주)의 사과알이/ 하늘로 깊숙이 떨어지고 있고/ 뚝 뚝 뚝 떨어지고 있고/ 금붕어의 지느러미를 움직이게 하는/ 어항에는 크나큰 바다가 있고/ 바다가 너울거리는 녹음이 있다./ 그런가 하면/ 비에 젖은 섣달의 산다화가 있고/ 부러진 못이 되어/ 길바닥을 뒹구는 사랑도 있다.

-「시 · III」 전문

「시 · III」은 "예수의 처형 직전의 몰골을 생각하면서 썼다"(『하느님의 아들 사람의 아들』, 186)고 한다. 시의 전반부에는 마치 샤갈(M. Chagall)의 그림을 보는 듯한(시인은 샤갈의 그림 「나와 마을」에 나타나는 이미지와 질감을 변용하여 「샤갈의 마을에 내리는 눈」이라는 시를 낳았다.) 환상적이고 평화로운 풍경이 펼쳐져 있다. 몽환적인 하늘 풍경에는 사과알이 떨어지고 있고(늦가을), 어항에는 크나큰 바다와 짙은 녹음의 여름이 너울거린다. 원초적인 무시간성의 공간이 시의 배경이지만 지상의 현실은 겨울 '산다화(동백꽃)'가 비에 젖어 있고 부러진 못으로 상징화된 쓸모없는 예수의 사랑이 등장한다. 인류가 외면하고 있는 예수의 사랑이라는 의미는 발에 차일 정도로 천대받고 있다. 시인에게 있어서 예수의 죽음은 인간 육체의 고통을 절대정신의 경지로 승화시킨 기념비적인 죽음이었지만 말이다. 한 화폭의 시 안에 적막과 율동, 슬픔과 허무의 이미지가 역동적으로 출렁거리고 있다.

한편, 예수는 생전에 갈릴리 호숫가를 사랑하고 거닐기 좋아했던 사색의 인물로 그 길에서 자주 아만드꽃 향기도 맡았을 자연인의 모습으로 그려진다.

> 예수가 숨이 끊어질 때/ 골고다 언덕에는 한동안/ 천둥이 치고, 느티나무 큰 가지가/ 부러지고 있었다./ 예루살렘이 잠이 들었을 때/ 그날 밤/ 올리브 숲을 건너 겟세마네 저쪽/ 언덕 위/ 새벽까지 밤무지개가 솟아 있었다./ 다음날 해질 무렵/ 생전에 예수가 사랑하고 그렇게도 걷기를 좋아하던/ 갈릴리호숫가/ 아만드꽃들이 서쪽을 보며/ 시들고 있었다.
>
> – 「아만드꽃」 전문

이 시에 의하면 예수가 숨이 끊어질 때, 예수의 죽음과 때를 맞추어 골고다 언덕에는 천둥이 치고 느티나무 가지가 부러지는 이변이 속출했다고 한다. 인류 역사의 죗값으로 속죄양이 된 예수의 죽음은 이름 없는 범부의 죽음과는 다른, 경천동지(驚天動地)의 변화를 가져오는 그 무엇이어야 했다. 따라서 시인의 시적 진실은 때아닌 밤무지개를 솟게 하고 아만드꽃들이 모두 서쪽을 보며 시들게 하고 있다. 제목은 아만드꽃이라는 사소한 풀꽃 이름이지만 시 속에 엄청난 역사적 사건을 투영하고 있는 시인의 심리적 진실이 돋보인다.

☞☞ 아만드꽃은 양의 젖 냄새와 비슷한 냄새가 나는, 솜처럼 부피가 있는 복사꽃 모양의 풀꽃이다. 갈릴리 호수 주변에 많이 피어 있다고 한다. 엔도 슈사쿠는 『예수의 생애』에서 갈릴리 호수 주변에 "새빨간 코크리크 꽃"이 피어 있다고 자주 언급했는데, 이는 개양귀비꽃 (coquelicot)을 음역하여 그대로 쓴 것이다.

성자 예수의 인간적인 풍모는 갈릴리 주변의 빈자와 약자를 사랑하는 시선으로 나타나기도 한다.

> 너무 달아서 흰빛이 된/ 해가 지고, 이따금 생각난 듯/ 골고다 언덕에는 굵은 빗방울이/ 잿빛이 된 사토(砂土)를 적시고 있었다./ 예수는 죽어서 밤에/ 한 사내를 찾아가고 있었다./ 예루살렘에서 제일 가난한 사내/ 유월절에 쑥을 파는 사내/ 요보라를 그가 잠든/ 겟세마네 뒤쪽/ 올리브 숲 속으로, 못 박혔던 발을 절며/ 찾아가고 있었다./ -안심하라고,/ 쑥은 없어지지 않는다고/ 안심하라고,

> – 「요보라의 쑥」 전문

이 시는 예수가 생전에도 가난한 이웃들의 벗이었음을 감안하여, 그 관심과 사랑의 정도를 구체적으로 보여준다. 예수가 십자가에서 비참하게

운명하자, 메시아 대망사상에 젖어 있던 유대인들에게는 큰 동요와 혼란이 일어났다. 로마의 압정과 가혹한 세금 징수, 정치·경제적인 불안정에 시달리던 그들은 예수의 죽음이 몰고 올 파장을 염려했을 것이다. 유대인들은 구약의 출애굽사건을 기념하는 유월절(Passover) 전후에 성전이 있는 예루살렘으로 모여들어 인진쑥 같은 쓴 나물을 먹는 풍습이 있다(민영진, 90). 유월절은 양력 3-4월에 있는 절기인데 시인은 그들이 먹는 쓴 나물을 쑥이라고 가정한다. 예루살렘의 쑥 장수 '요보라'는 혹시 모를 정치적 폭동이나 사회적 혼란이 온다면 쑥을 캐거나 팔 수 없을 것이다. 그는 예수가 그들을 고통과 압제에서 건져줄 메시아일 것이라는 기대감을 갖고 있지 않아도 괜찮고 예수가 누구인지 몰라도 상관없다. 하지만 예수는 십자가에서 내려와 먼저, 생계를 걱정하는 제일 가난한 사내를 찾아간다. 이처럼 예수의 생애를 재구(再構)하는 시인의 시적 진실은 요보라에게 생계 걱정은 안 해도 된다고 안심시키는 세밀한 사랑을 보여주고 있다.

4. 인간의 모범자 예수와 성서 인유

시인에게 예수의 생애와 죽음은, 이승에서의 삶의 비극성을 가장 전형적으로 보여준 예에 해당했다. 예수는 부활의 몸을 입고 승천한 인물이 아니고, 아직도 시인의 시적 진실 속에서는 세상의 질고를 담당하기 위해 부지런히 가고 있는 모습으로 서술시적 형태를 띤다.

Ⅰ. 한국 현대시와 기독교 세계관

새처럼 가는 다리를 절며 예수가/ 서쪽 포도밭 길을 가고 있다./ 그 뒤를 베드로가 가고 있다./ 해가 지기 전에,

-「서쪽 포도밭 길을」 부분

하나님이 한 분/ 하나님이 또 한 분/ 이번에는 동쪽 언덕을 가고 있다.

-「리듬 · I」 부분

바다를 다 적신 피 한 방울,/ 그것은 언제나 가고 있다./ 넓어진 하늘로/ 드러난 뼛속의 드러난 뼛속으로/ 그것은 언제나 가고 있다.

-「겨울 꽃」 부분

당신 아들은 지금도/ 갈릴리호수를 맨발로 가고 있다.

-「분꽃을 보며」 부분

하느님은 어린 나귀와 함께/ 이번에도 동쪽 포도밭길을 가고 있다.

-「노래」 부분

착한 사마리아인은 아직도/ 오지 않고 있다.

-「에리꼬로 가는 길」 부분

이처럼 시인에게 있어 예수 생애는 시적 상상력을 자극하는 하나의 심리적인 진실로 살아 있음을 알 수 있다. 예수는 갈릴리 빈촌의 불구자나 병자와 함께하며 창녀나 세리처럼 멸시받는 이들을 위로하고 그들의 애환

에 함께하는 인물이었다. 시인은 성서에서 예수가 병자를 고쳐주는 기적 이야기보다 그들의 고통에 함께하는 위로 이야기를 통해 예수를 더 생생하게 묘사한다. 예수는 언제나 착한 사마리아인으로 사랑의 화신, 인간의 모범을 보여주는 인물이었다(「둘째 번 마리아」, 「셋째 번 마리아」, 「가나에서의 혼인」 등).

> 너의 눈이 기적을 보았다.// […] // 눈이 뜨이니 귀도 뜨이다./ […]/ 진정코 너의 귀가 임을 들었도다.// 임이 부활하시는 날, 못 박힌 팔목에서 눈물은 구슬지어 빛났으되,// 너도 가슴에 못을 박고,/ 이어 목숨이 다하는 오롯한 순간마냥/ 울며 울며 예수를 지니도다.
>
> – 「막달라 · 마리아」 부분

위의 시는 마리아가 부활한 예수를 체험한 후 변화된 모습을 그리고 있다. 시인의 시적 진실 속에서 마리아는 예수 죽음 이후, 잠결에 예수의 꿈을 꾸고 일어나 무덤으로 달려간다. 거기서 부활한 예수의 못 박힌 팔목에 눈물을 흘리며 자신도 가슴에 그 고통을 못 박는 심리적 체험(二重寫)으로 예수의 부활을 감격하게 된다. 목숨이 다하는 순간까지 예수를 가슴에 지니게 되는 마리아의 거듭남을 보여주는 시이다.

☞☞ 성서에 등장하는 6명의 마리아는 예수의 어머니 마리아, 막달라 출신 마리아, 베다니의 나사로의 누이 마리아, 야고보와 요셉의 어머니 마리아, 마가복음을 쓴 마가 요한의 어머니 마리아, 로마서에서 바울의 문안 인사에 등장하는 마리아(롬 16:6)다. 시인은 가나 혼인잔치의 신부 이름도 열다섯 살 마리아로 보았다. 막달라 지방 출신의 마리아는 일곱 귀신에게 시달리다가 예수에게 고침을 받고 그때부터 예수를 따르며 자기 재산을 바쳐 섬기던 여인(눅 8:2-3)이다. 그녀는 예수의 죽음을 지켜보았고(막 15:47) 안식일 다음 날 향료를 가지고 무덤으로 갔다가 부활한 예수를 목격한(막 16:1-9) 인물인데 시인은 그녀를 창녀 마리아로 보았다.

Ⅰ. 한국 현대시와 기독교 세계관

죄 없는 자/ 돌을 던진다./ 네 살 속 어디까지 갈꼬 하고./ 마리아./ 막달
라의 마리아./ 슬픔이 오늘은 하늘에서/ 눈이 되어 내린다./ 한 사나이에
게만 보이고 싶어/ 주고 싶어/ 뭇 사나이에게 몸을 내준/ 마리아./ 막달
라의 마리아.// 죄 없는 자 먼저/ 돌을 던져라,

- 「눈」(시전집에 미수록), 『달개비꽃』, 전문

이 시 속의 마리아는 간음 현장에서 잡혀 온 죄 많은 여인의 인유이다.
시인은 이 여인을 막달라 마리아로 부르고 있다. 그런 여인을 향해 사람들
은 상대적으로 자신은 그 여인과 같은 죄는 없다고 생각해 돌을 던진다.
적어도 그들은 지금 당장은 간음을 저지르고 있지 않으므로 드러난 죄는
없는 자가 된다. 그 광경을 지켜보는 예수의 시선은 모든 인간을 공평하게
바라보는 측은지심의 시선이다. 죄 있다는 자나 죄 없다는 자 모두를 하늘
에서 공평하게 눈이 내리듯 예수는 그 무리를 공평하게 바라본다. 마리아
의 진실은 "한 사나이에게만" 그녀의 진심을 보여주고 싶어 "뭇 사나이에
게 몸을 내준" 결과가 되고 말았다. 그런 마리아의 심정을 이해하기에 예
수는 두 번 마리아의 이름을 불러준다. 눈은 눈(雪)이면서 마리아와 모인
무리를 바라보는 예수의 눈(眼)이 된다. 자신의 죄를 알지 못하는 인간의
한계를 예수는 누가 죄 없는 자인가로 마리아를 통해 되묻고 있다. 곧 죄
없는 자는 한 사람도 없다는 성서의 교훈을 보여준다 하겠다.

사랑하는 나의 하나님, 당신은/ 늙은 비애다./ 푸줏간에 걸린 커다란 살
점이다./ 시인 릴케가 만난/ 슬라브 여자의 마음 속에 갈앉은/ 놋쇠 항아
리다./ 손바닥에 못을 박아 죽일 수도 없고 죽지도 않는/ 사랑하는 나의
하나님, 당신은 또/ 대낮에도 옷을 벗는 어리디어린/ 순결이다./ 삼월에/

젊은 느릅나무 잎새에서 이는/ 연둣빛 바람이다.

- 「나의 하나님」 전문

은유를 설명하는 대표적 예시로 유명한 이 시는 하나님의 속성을 구체적 사물어, 즉 '살점'과 '놋쇠 항아리'와 '연둣빛 바람'으로 표현했다. '비애'와 '순결'은 관념어에 해당한다. 전체가 한 연으로 구성되어 있지만 자세히 보면 '사랑하는 나의 하나님'을 세 가지 의미로 나누어 호명하며 연결시킨 것을 알 수 있다. 시인이 호명한 첫 번째 '사랑하는 나의 하나님'의 존재는 신을 형상이 있는 어떤 대상으로 이미지화하는 신인동형론적 (anthropomorphic) 언술로 말하자면(신을 말할 때, 우리의 인식의 한계로 말미암아 신을 사람으로 의인화시켜서 표현하는 방법), '늙은 비애'이면서 '살점', 즉 육신이다. 시인의 시적 세계관이 슬픔의 정서임을 감안한다면 인간을 창조한 하나님의 오랜 비애는 인간 근원에 대한 것이다. 그 쌓인 비애의 극한에 인간에게 내어주기 위해 준비된 육신이 있다. 육의 옷을 입고 이 땅에 내려온 그는 슬라브족 여인(고대 유럽에서 노예로 자주 팔리던)이 마음 깊은 곳에 간직한 메시아의식, 곧 메시아를 향한 염원이 담긴 항아리다. 두 번째 '사랑하는 나의 하나님'은 사람의 아들로 이 땅에 와서 십자가에서 죽은 예수이기도 하지만, 시인의 진실 속에서 죽지도 않고 살아 있는 자이다.

☞ 김춘수 시인은 초기에 릴케의 관념시와 실존주의의 영향을 받았다. '시인 릴케가 만난 슬라브 여자의 마음속에 갈앉은 놋쇠 항아리'에 대해 민영진은 릴케의 인생에 지대한 영향을 끼친 연인, 루 살로메가 투영되었다고 보았다.(민영진, 『교회 밖에 핀 예수꽃』, 창조문예사, 2011, 18.) 러시아 태생의 그녀는 『기독교의 도그마』 등의 책을 읽었고 평생 동안 신앙을 고민했다고 한다. 필자는 슬라브(Slav)족이라는 용어의 어원이 노예(slave)에 있다고 보고 그들이 기다리는 메시아 의식으로 보았다. 놋쇠 항아리는 정결예식에서 손을 씻는 놋대야(물두멍)의 이미지를 떠올리게 한다.

Ⅰ. 한국 현대시와 기독교 세계관

세 번째 '사랑하는 나의 하나님'은 '순결'과 '연둣빛 바람'으로 다소 추상화되어 있지만 예수의 십자가상에서의 알몸 죽음과 관련하여 모든 것을 내어주는, 즉 아낌없는 희생이자 인류에게 생명을 주는 소생의 바람으로 자리한다. 그렇다면 이 시는 비록 시인이 의도하지 않았다 할지라도 사물어를 통해 "삼위일체 하나님의 속성인 성부, 성자, 성령의 의미가 은유적으로 형상화되어 있"(민영진, 146)다고 하겠다.

그러나 시인에게 있어 하나님의 존재는 신앙적으로 받아들일 수 없는 긴장된 대상이자 존재의 심연을 들여다보게 하는 고통의 대상이었다. 특별히 시에서 관념을 배제하고 의미를 무화하려는 무의미시를 쓰는 와중에 등장한 성서 인유 시편들은 소재 차원의 반복이거나 언어의 긴장된 유희 측면을 패러디하는 모습을 보이기도 한다.

> ① 이름도 없이 나를 여기다 보내놓고/ 나에게 언어를 주신/ 모국어로 불러도 싸늘한 어감의/ 하나님,/ 제일 위험한 곳/ 이 설레이는 가지 위에 나는 있습니다.

> — 「나목과 시」 중 '2' 부분

> ② 하느님,/ 나보다 먼저 가신 하느님,/ 오늘 해질녘/ 다시 한번 눈 떴다 눈 감는/ 하느님,/ 저만치 신발 두짝 가지런히 벗어놓고/ 어쩌노 먹감은 까치처럼/ 맨발로 울고 가신/ 하느님, 그/ 하느님,

> — 「쥐오줌풀」 전문

①은 시인의 초기시 중에서 뽑은 것이고, ②는 시인의 후기 중에서도 말

기에 해당하는 시편이다. 이 시편들에 등장하는 하나님은 여전히 시인에게는 외면할 수 없는 시적 진실로 자리하는 궁극의 대상이자 무목적의 합목적성을 일깨우는 표상이었다.

5. 나오며

지금까지 김춘수 시인의 예수 소재 시편들을 통해서 그가 시적 진실의 차원에서 역사의 인물 예수를 사람의 아들로 차용했음을 살펴보았다. 시인이 체험한 몇 겹의 고통 콤플렉스는 불가항력적인 역사와 이념과 세계에 대한 분노였다. 시인은 이데올로기의 폭력에 희생된 개인의 가장 무력한 모습을 예수로 등장시켰다.

그는 예수가 당한 십자가상의 육체적 고통을, 누구도 대신할 수 없는 절대고독의 실존으로 파악했으며(「겟세마네에서」), 끝까지 인류를 향한 사랑을 저버리지 않은 사랑의 화신으로 드러내고자(「못」, 「마약」 등) 했다. 이러한 예수의 희생은 살을 우비는 아픔(「땅위에」)이지만 인류가 외면한 그 사랑은 오늘날 '부러진 못이 되어 길바닥에 뒹굴'(「시·III」)고 있다는 성찰을 하기도 했다. 예수는 초월의 전능자가 아니라 어릿광대처럼 삶의 비극적 아이러니를 감당하면서도(「루오 할아버지가 그린 유화 두 점」), 가난하고 비천한 자들을 위로하는(「요보라의 쑥」) 인간의 모범자 역할을 보여주는 모습으로 형상화되어 있었다.

예수를 지니는 고통의 성서 인유로는 특별히 막달라의 마리아를 대상으로 한 시편들을 통해 살펴보았다. 시인에게 막달라 마리아는 예수의 진

I. 한국 현대시와 기독교 세계관

실을 구체적으로 드러내는 대상이었는데 그녀는 창녀이면서(「둘째 번 마리 아」,「눈」), 예수의 부활을 목격한 여인(「막달라 마리아」)이었으며 끝까지 예수를 지니고 사는 인물로 나타났다.

　예수의 부활을 심리적 진실로 받아들이는 김춘수 시인의 성서관은 일본 작가 엔도 슈사쿠의 성서관과 유사한 인본주의 관점이었다. 엔도가 『예수의 생애』에서 피력한 인간 예수에 대한 관점이 시인의 수필집 『하느님의 아들 사람의 아들』에 유사하게 드러나 있음도 알 수 있었다. 그럼에도 불구하고 시인은 「나의 하느님」을 통해 성부와 성자와 성령의 하나님 개념을 은유로 표현했으며,「쥐오줌풀」이나「나목과 시」중 '2'에서 존재의 심연을 종교적으로 들여다보려는 노력을 게을리하지 않았음을 알 수 있었다.

제5장

예수를 이해하는 시적 세계관의 두 양상
- 박두진 시편과 김춘수 시편

예언자 의식(Prophet consciousness)
사도행전(Acts of the Apostles)
심리적 진실(Psychological truth)
인간 예수(Man-God)
대심문관(The Grand Inquisitor)
이율배반(Antinomy)

1. 들어가며

혜산(兮山) 박두진 시인과 대여(大餘) 김춘수 시인은 한국 현대시단을 대표하는 거봉이다. 두 시인은 일제 강점기와 해방, 한국전쟁과 4 · 19혁명, 5 · 16 등 우리나라 근 · 현대사의 격동을 체험하면서 인간 삶을 지배하는 역사가 주는 질곡과 인간 존재의 본질적인 고독감을 시로써 승화시킨 공통점이 있다.

박두진(1916-1998) 시인은 시대적 · 민족적 변혁의 격동기에 그 진통을 시화함에 있어서 기독교 세계관에 입각하여 자연과 인간과 신을 동일성의 시학으로 풀어나갔다. 그가 신앙에 눈뜬 것과 문학에 눈뜬 것은 스무 살 전후로 거의 같은 시기였다. 성장기의 자연환경 또한 그의 시적 상상력의 보고(寶庫)로서 감각적인 동시에 도덕적이고 종교적인 것으로 그를 이끌었

I. 한국 현대시와 기독교 세계관

☞☞ 이 글은 『박두진 전집』(범조사, 1983) I부터 X까지를 대상으로 하고 제목과 맞춤법은 원문에 따른다. 식민지 청년의 고뇌나 시대와 대결하는 역사의식과 현실의식은 1500행이 넘는 장시 「아, 民族」(IX 25–118) 등에 잘 나타나 있다.

다. 성서를 텍스트로 한 예수의 구속사역에 대한 철저한 이해는 인간과 자연이 조화를 이루는 에덴동산을 염원하는 신앙시편들을 낳았다. 또 창세기를 바탕으로 창조주 하나님의 사역을 역동적으로 그려내거나 민족과 미래에 대한 복락원적 기대를 예언자 의식으로 노래하기도 했다. 그에게 성서는 종교 텍스트인 동시에 역사 텍스트이면서 문학 텍스트였다. 그래서 예수는 그의 기독교 세계관에 따라 성육신과 대속죽음과 부활로 나타나는 하나님의 아들이었다. 말씀이 육신이 되어 이 땅에 인간의 몸으로 태어난 예수는 사람의 아들이면서 죽음에서 몸이 다시 살아나고 오늘 우리에게는 성령으로 연합되어 있는 그리스도였다. 성서의 서사가 시로써 재구술되고 있는 경우도 있지만 『수석영가』 등에서는 수석의 미감을 통해 자연과 우주의 신비를 접하는 영적 각성의 세계를 시화하기도 했다.

김춘수(1922-2004) 시인은 무의미시의 한 영역을 개척하기도 했지만, 역사라는 이데올로기가 주는 폭력과 역사의 희생양으로 살다 간 인물들 중 특별히 예수에 대하여 관심을 갖고 이를 시화한 시편들이 많다. 그는 역사 속의 한 인물인 예수가 왜 그리스도가 되어야 했던가에 집요한 관심을 두면서 성서에 나타난 예수 서사는 인류가 겪은 심리적 굴절 과정이 엮어낸 신화로 파악했다. 시인 자신에게 예수는 인간이 얼마나 비극적인 존재양식을 불가피하게 지닌 존재인가 하는 것을 일깨워 준 인물이었고 인간 밖에서 하나의 인격으로 혹은 사랑과 양심으로 살다 간 초월적 존재였다. 그에게 예수 일화는 비유와 상징, 혹은 하나의 알레고리였고 또 그것

자체로 예수라는 인물은 절대 극기를 실천한 인간이자 사랑의 화신이기도 했다. 시인은 예수의 물리적인 죽음을 가장 무력한 자의 그것으로 파악했으나 심리적 진실이라는 측면에서 보자면 부활이라는 가장 강력한 능력으로 인류에게 자리하고 있다고 보았다. 김춘수는 초기시에서부터 존재에 대한 비극적 인식을 확장해 나가는 중에 죽음 너머에 있는 인간의 문제에 대해서 고민하였다. 관념을 지우고자 하는 노력으로 탄생한 무의미시에서 서술적 이미지를 실험하는 와중에도 예수는 인간과 역사가 지닌 모순을 희생으로 감내하면서 역사 저편에서 여전히 활동하고 있는 인물로 나타나 있다.

이 글은 두 시인의 시편들을 통해, 삶의 궁극적 의미를 탐구함에 있어서 예수라는 인물을 어떻게 받아들이고 시화하고 있는지 살펴보고, 그들이 추구하는바 인간 존재의 실재와 구원의 양상은 어떤 성격인가를 살펴보고자 한다. 이와 같은 작업은 문학적 형상화 과정을 거친 작품의 주제가 곧 그 작가 자신이라는 관점에서 볼 때 시인 개인의 세계관을 이해하는 일인 동시에 시인의 문학정신과 역사의식이 인간 삶의 성격을 드러내는 중요한 지표가 되기 때문이다.

2. 박두진 시편에 나타난 인자 예수와 사도 의지

2.1. 인자 예수와 대속죽음

박두진 시인의 인간에 대한 이해는 성서적 인간론에 근거한다. 즉 인간의 타고난 죄성과 부패성(『인간밀림』)이 거듭나기 위해서는 예수가 이 땅에

　　　　　　　　　　　　　Ⅰ. 한국 현대시와 기독교 세계관

와야 하고, 인간의 죄를 대신 짊어진 예수의 십자가 죽음을 통해서 인간은 구원을 얻게 된다는 기독론적 시각이다. 예수를 힘입어 죽음이라는 절망을 이길 수 있게 된 인간에게 예수는 찬양과 영광과 존귀를 받기에 합당한 그리스도였다. 이러한 예수는 시인의 시편에서 성삼위 일체의 하나님이며, 인류 구원을 위해 성육신하시고(「오늘도 아기는 오시네」), 십자가에서 죽으시고 부활하셨으며(「가시면류관」), 성령으로 우리에게 임재하고 계신(「부활절 시편」) 분이다. 그는 자신에게 전인격적으로 찾아온 예수의 초월적 온전성을 노래하며 정의와 사랑의 원천으로서의 그리스도를 닮고자 하는 의지를 시로써 드러내고자 하였다.

특별히 시인은 「갈보리의 노래」 I, II, III에서 예수의 죽음을 구속사적 맥락에서 이해하고 하나님 아들로서의 순종과 사람의 아들로서의 고통을 엮어 거룩한 사랑의 실천행위를 시화하였다. 인자의 처절한 육체적 찢김과 죽음을 이긴 사랑의 능력을 노래한 「갈보리의 노래」 II와 III을 살펴보자.

> ① 마지막 내려 덮는 바위같은 어둠을 당신은 버틸 수가 있었는가? 뜨물 같은 恥辱을, 불 붙는 분노를, 에여내는 悲哀를, 물새같은 孤獨을, 어떻게 당신은 견딜 수가 있었는가? 꽝꽝쳐 못을 박고, 槍끝으로 겨누고, 채찍질해 때리고, 입맞추어 背叛하고, 매어 달아 죽이려는, 어떻게 그 怨讎들을 사랑할 수 있었는가? […] 스스로의 목숨을 스스로가 매어달아, 어떻게 당신은 죽을 수가 있었는가? 神이여! 어떻게 당신은 人間일 수 있었는가? 人間이여! 어떻게 당신은 神일 수가 있었는가? (II 110)

② 비틀거리며 비틀거리며 지고 오른 나무틀엔 피와 땀의 기름 번들거려 […] 진달래를 익이듯, 네 군데의 못자국은 네 군데의 꽃잎임. 솟쳐 나는 고은 피여! 먼, 먼, 은하에도 한 줄기의 피의 江은 서는데, 떨궈지는 방울마다 타는 목마름, 타는 목마름. 아으, 海絨에 적신 초는 너무 달고나. […] 죽음을, 원수를, 어둠을. 밤을 이제야 다시 한번 껴 안게 하라. 쏟아지는 먹비 대신 찬란한 빛발 […] 꽃 빛발 꽃 빛발에 쓰러지게 하라. 파다아하게 서로 안고 쓰러지게 하라. 파다아 하게 서로 안고 일어나게 하라. (II 114)

채찍질 당하는 예수
https://blog.naver.com/cdw159/140205781854

시편 ①은 십자가에 못 박혀 죽어가는 예수의 고통을 체화하는 시인의 절규를 담고 있다. 쉼표와 말줄임표, 느낌표와 물음표 등은 당시 상황의 절박함과 처절한 고통을 드러내는 기표이다. 말씀이 육신이 된 예수에 대한 시인의 부르짖음은 하나님의 아들인 예수가 어떻게 이 땅에 내려와 인간을 대신해서 죽어야만 했는가 하는 근본물음이었다. 아버지 되시는 하나님에게서 버림받은 정신적 고통, 군중들의 조롱과 침 뱉음, 사랑하는 제자들의 배신, 벌거벗긴 채로 매달린 육체의 찢김 등 인간 차원에서 보자면 예수가 느끼는 분노와 치욕은 한꺼번에 세상을 짓이겨버리고 싶을 만큼 엄청난 것이었을 것이다. 그러나 이러한 수욕은 세상 죄를 단번에 담당하고 죽음으로써 인간의 구속을 완성하려는 신적 의지의 발현이기도 했다. 아들을 제물로 택한 아버지 하나님의 인류 구원계획은 그분의 공의인 동시에 사랑의 완성이었다. 예수는 희생제물로서 십자가에서 자기

　　　　　　　　　　　　　I. 한국 현대시와 기독교 세계관

자신을 이기고 하나님과의 화해를 이루었다. 아들로서의 완성의 길, 이른바 그리스도로서의 합일과 자기초월을 이룬 예수에 대한 시인의 기독론적 인식은 초기『청록집』에 수록된 시들에서부터 거의 모든 시편에 빠짐없이 나타난다.

> [⋯] 천명 삼천명의 모여드는 시장끼/ 영혼의 그 기갈 소리 전신에 와 흐르는/ 어떡헐까 어떡헐까/ 빈 하늘 우러르는/ 홀로 그때 **쓸쓸함을 누가 알까** ∥ 하고 싶은 말/ 너무 높은 하늘의 말 땅에서는 모르고/ 너무 낮춘 땅의 말도/ 땅의 사람 모르고/ 이만치에 홀로 앉아 땅에 쓰는 글씨/ 그 땅의 글씨 하늘의 말을 누가 알까 ∥ 모닥불 저만치 제자는 배반하고/ 조롱의 독설./ 닭울음 멀어가고/ 군중은 더 소리치고/ 다만 침묵/ 흔들리는 **안의 깊이를 누가 알까** ∥ 못으로 고정시켜/ 몸 하나 매달기에는 너무 튼튼하지만/ 비틀거리며/ 어깨에 메고 가기엔 너무 무거운 ∥ 몸은 형틀에 끌려 가고/ 형틀은 몸에 끌려 가고/ 땅 모두 하늘 모두 친친 매달린 ∥ 죄악 모두 죽음 모두/ 거기 매달린/ 나무 **형틀 그 무게를 누가 알까** [⋯] 모두는 돌아가고/ 적막/ 그때/ 당신의 그 **울음소리를 누가 알까.** (VI 201-24)

「성 고독」은 사복음서에 기록된 예수의 행적에 대한 시인의 감명을 드러낸 시다. 예수는 공생애 사역으로 말씀을 가르치고, 이적을 행하고, 제자들을 양육하며 하나님 나라를 전파했다. 제자들에게 자신이 누구인지를 드러내도 그들은 알지 못하며 군중은 오직 오병이어의 기적이나 병 고침 등의 표적을 통해 예수를 그들의 현세적 욕구를 충족시켜 주는 지도자로 알고 있다는 사실에 예수는 고독과 비애를 느낀다. 하늘의 말을 땅에 풀어야 하는 천상적인 존재인 예수의 고뇌, 죄악과 죽음 권세를 깨뜨리는 능력이 있음에도 불구하고 형틀에 끌려가 친친 매달려야 하는, "모두는 돌아가고" 절대고독 속에 홀로 남은 예수 울음의 의미를 시인은 설의법과 도치, 반복 등으로 안타깝게 따라가고 있다.

박두진에게 있어 죽음이란 단지 육체의 소멸을 의미하는 것은 아니었다. 그 이후에 영적 부활의 세계가 펼쳐진다는 소망이 구현되어 있다. 「갈보리의 노래」에서 하강과 상승의 동적 이미지를 통해 예수 죽음의 의미를 지상과 천상의 역동적인 하나 됨으로 표현했는데 이는 죽음과 관련한 시인의 부활의식에 기인한 것이다. 예수의 십자가 죽음은 죽음이라는 자연법칙에 대해 초자연적인 승리를 거두었고 모든 인간에게 절망과 단절로 인식되는 죽음관을 불식시키고 그 초극을 이룬 것이었다. 이와 같은 그리스도인들의 죽음관은 죽음이 곧 부활로 이어진다는 소망과 기대로서 「묘지송」과 같은 초기시에도 잘 나타나 있다.

> 북망(北邙) 이래도 금잔디 기름진데 동그란 무덤들 외롭지 않어이.
> 무덤 속 어둠에 하이얀 촉루(髑髏)가 빛나리. 향기로운 주검읫 내도 풍기리.
> 살아서 설던 주검 죽었으매 이내 안 서럽고, 언제 무덤 속 화안히 비춰줄
> 그런 태양(太陽)만이 그리우리.
> 금잔디 사이 할미꽃도 피었고, 삐이 삐이 배, 뱃종! 뱃종! 멧새들도 우는
> 데, 봄볕 포군한 무덤에 주검들이 누웠네. (Ⅰ 28)

죽어서 눕는 곳이라는 환유의 공간인 북망산이 '금잔디가 기름지고 동그란 무덤조차 외롭지 않'은 것은 죽음이란 삶과 단절된 시공간이 아니라 삶의 연속선상에 위치한다는 시인의 죽음관을 대변한다. 촉루, 즉 해골이 어둠 가운데서 빛을 낸다는 것은 무덤 속 어두운 공간에 누워 있는 뼈들은 언제든지 다시 살아날 수 있는 성서의 마른 뼈들(겔 37:1-10)과 같다는 인

식이다. 사는 동안 고달프고 힘들었던 육신은 흙으로 돌아가지만 영혼은 사망에서 생명으로 옮겨진다는 관점은 그리스도인의 부활관에 해당한다. 그래서 서러울 것 없는 주검은 어둠과 고립의 공간인 무덤 속을 환하게 비춰줄 태양을 기다리는 소망을 품는다. 태양은 곧 빛이고 창조주이기 때문에 다시 살아나게 될 주검은 부패의 냄새를 풍기는 것이 아니라 되살아날 희망의 향기를 품는다. 할미꽃과 멧새들이 봄볕에 누워 있는 주검과 어우러져 조화로운 자연의 모습을 펼치고 있는 것도 이 때문이다. '그날'의 메시아 언약을 기다리며 죽어도 살아 있는 주검은 인간세계와 단절된 시공간에 놓여 있는 것이 아니라 잠자듯이 누워서 쉬고 있을 뿐이다.

이와 같은 성서적 상상력은 인내와 기다림이라는 지상의 노력을 통해 미래지향적인 낙원 회복의 꿈으로 연결된다. 죽음은 종말이 아니라 또 다른 삶의 시작이라는 세계관은 고난의 역사를 극복하고 밝은 내일을 염원하는 소망을 낳는다. 죽음이라는 현실의 한계는 이를 초극하는 부활이라는 기쁨으로 나타난다. 그래서 빛과 어둠, 현실과 이상, 죽음과 부활, 억압과 해방 등의 대립되는 이미지들은 후기시에 이르면 삶의 고통보다는 신의 영광과 은총을 노래하고 빛과 사랑을 일깨우는 시어들로 나타난다. 수석 시편들에서는 아브라함이나 성자 예수의 모습을 수석에서 발견하고 이를 영탄과 찬미, 기원을 담아 시화했다.

2.2. 복락원적 세계관과 사도 의지

박두진 시인은 문학은 그 본질과 기능상 자신이 살고 있는 시대에 대한 사명과 책무를 띠고 있다고 보았다. 그에게 시대라는 말은 당대를 뜻하는 시간 개념뿐만 아니라 영원을 향해 전진하는 시간의식을 포함하는 용어였

탈고 후의 박두진
blog.naver.com/dongsan2013/221855992882

다. 좋은 시란 시대나 당대나 현실을 초월하는 영원성, 즉 '영시대적인 요소'를 지녀야 하고 또한 그 시대 현실과 생활과 더불어 있는 '당시대성'도 지녀야 한다고 말했다. 시는 '영시대적인 시간적 가치관과 당시대적인 공간적 시 의식, 이 두 근원과 현상을 하나의 축으로 해서 변증법적으로 포괄, 전개, 합일시켜 나가며 있는 것'이라고 보았다(『시적 번뇌와 시적 목마름』, 196-197). 그래서 문학자는 당대뿐만 아니라 오고 오는 영원한 시대를 두고 내려질 문학과 그 문학자에 대한 영원한 심판에 견디기 위해 준엄하고 가혹한 문학의 자세를 회복해야 한다는 문학정신을 피력했다. 그렇게 쓰인 시라야 오늘이라는 현실에서뿐만 아니라 당대적 제약을 뛰어넘는 내일의 시, 내일의 현재적 시로서의 생명 가치와 창조적 생명 가치를 획득할 수 있다는 것이다.

그는 인간이 지상에서 겪는 각종 비극은 부활이라는 인간 이상(理想)의 한 절정과 완성을 추구함으로써 극복할 수 있다는 신념을 보였다(『문학적 자화상』, 176). 그의 문학정신과 신앙 의지가 만나는 부분이라 하겠다. 종교적인 갈망이란 것은 특별한 것이 아니고 인류 전체의 갈망과 다를 바가 없다는 생각은 그의 신앙과 시 작업과 삶을 일치시키는 결과를 낳았다. 시는 궁극적으로 신의 영광을 위해 써져야 하고, 인류는 신의 사랑의 섭리 아래 하나로 완성될 것임을 궁극의 이념으로 표현하는 것이 자신의 시작 생활의 한 방향이며 희구였다. 언젠가는 모든 인류가 신의 품으로 돌아올 것이라는 소망에 근거한 그의 복락원적 세계관은 그리스도의 정신과 사랑으로 이 세계가 하나로서 귀일되고 영원한 완성을 보고야 말 것이라는 기대에 차 있었다. 이러한 신앙적 유토피아 의식은 기독교 원복음의 관점으로 인간을 이해하고 인간의 구원을 갈망하게 했으며, 그의 현실인식과 역사의식 또한 그리스도인으로서의 실천적 삶을 다지려는 노력과 의지로 연계되어 나타났다.

> 하나님이여, 내게 만일 조금이라도 시를 쓸 소질을 주셨거든 이 길을 걸어 감히 내 명예와 만족만을 위하는 것이 되지 말게 하시고, 오직 당신에게 영광을 돌리는 일로써 유일한 목적을 삼고 그렇게 영광을 돌릴 수 있도록 도와 주소서……(『고향에 다시 갔더니』, 116)

시인의 시력 초기에 ≪문장≫지의 추천을 받고 너무도 감격해서 이와 같은 기도를 올렸다는 고백에서도 알 수 있듯이 시를 쓰는 행위 그 자체가 시인에게는 하나님의 영광을 드러내기 위함이었다. 시인의 현실인식은 이 시대를 악의와 부정과 비리로 뭉쳐진 빙벽의 시대로 보고 '빙벽을 깨뜨리'는 심정으로 시작 행위를 지속하게 했다.

> 악령이 세계 안에 세계 밖에/ 팽배한,/ 그 악을 위해 단호한/ 비수 하나 품는다./ 어둠을 불지르는/ 언제나 불의 불씨 안에 태우고,/ 눈물이 행여 속되지 않게, […] (VII 130-31)

시 「시인」은 시로써 표현한 그의 삶의 자세이자 행동강령이었다. "하늘의 말 잊을까봐/ 중얼중얼 외우고/ 하나 씩의 별을 켜서/ 땅의 어둠 밝"(VII 129)히는 그는 '비수'와 '불의 불씨'를 품고 눈물이 속되지 않도록 문학의 길을 걸어가는 구도자였다.

특별히 「사도행전」 연작에서는 기독교의 구원 서정(Ordo Salutis)에 대한 이해뿐만 아니라 신을 외면한 인간의 고독과 실존, 탕자의식, 거듭난 생명으로서의 소명감, 그리스도와의 연합 등에 관해 자연의 모든 언어들을 시어로 취해서 감사와 찬양, 소망의 세계를 노래하였다. 시의 기법 역시 초시간적인 현재성을 불어넣고자 공간의 은유, 다양한 사물의 열거와 병치, 대비, 잦은 쉼표의 구사, 시어의 도치 반복 등을 구사했다. 시인은 이 땅에서 그리스도인으로 산다는 것이 내밀한 기쁨과 감격의 노정일 뿐만 아니라 고독한 시련의 길이며 인내를 수반하는 고통의 길임을 보여주었다.

☞☞ 성서의 인물을 시화한 시편들(「사도 바울에게」, 「예레미야는」)도 많지만, 특히 「금도끼」 시편도 흥미롭다. 이 시는 선지자 엘리사의 일화(왕하 6:5-7)를 소재로 삼았는데 요단강에 도끼가 빠졌다는 내적 서사가 의미하는바 하나님의 심판의 경험을 후경으로 깔고 있는 시이다. 당시 이스라엘 백성들은 요단강을 마른 땅으로 건너게 되었는데 그 역사를 기억하지 못하고 영적 침체에 빠져 있었다. 빌려온 도끼를 빠뜨렸다는 것은 어찌할 수 없는 인간의 낭패스러움을 보여주는데, 엘리사가 이를 건져냄으로써 제자들은 새 집을 세울 수 있었다. 신약적 의미로는 구원은 구속주를 전제로 하는 일이며 인간의 힘으로는 불가능하다는 의미를 내포하고 있다. 시인은 쇠도끼 대신에 금도끼라는 용어로 한국인 정서에 친숙하게, 심판 가운데 임할 구원의 의미를 나타내고자 했다. "그 잃어버린 금도끼를 찾아야겠다./긴 수염 허여신/ 늙으신 할아버지가 꿈에서 주고 간/ 꼭 한번 옳게 쓰고/ 욕심이 앞서서는 안된다는, […] 하나님네 과원의 아침햇살 이쪽/ 이제는 더 높이 달린 생명나무 밑둥./ 꼭 한번 휘둘러서/ 내리찍어 볼/ 이제는 다시 찾을 도끼의 그 자유./잃어버린 금도끼를 찾아야겠다." (VII 144-45)

① 언덕이어. 당신의 곳 너무 높고 머네./ 지쳐 잠든 벌판 여기 너무 넓고 뜨겁네./ 아무들도 이젠 없네./ 터럭 붉은 짐승 소리 나를 웃고 밟고 가고,/ 발톱들이 밟고 가고,/ 이따금씩 마른 번개 마른 우레 목마름/ 타는 목의 목마름. (VII 224)

② 깃발을 내려서는 안되리./ 불을 질르면서 가야 하리./ 노래를 부르면서 불을 질르고/ 눈물을 견디면서 불을 질르고/ 벌판에 혼자일땐 스

142   I. 한국 현대시와 기독교 세계관

스로에/ 군중 속 혼자일 땐 그 속에/ 불을 질러,/ 어디나 덧쌓이는 우리들의 어둠/ 갇혀서 뒤척이는 열한 침묵에/ 불을 질르면서 가야 하리. (VII 251-52)

시인이 가야 하는 길은 ①의 「사도행전 · 5」에서처럼 말씀을 좇아 그리스도를 본받는 여정이어야 한다. 그러나 그 길은 너무 높고 멀어서 사람들은 쉽게 그 길을 가려고 하지 않는다. 시인 또한 지쳐서 벌판에서 잠들기도 하고 동지들을 찾지만 아무도 없다. 심지어 사람들은 그를 비웃기도 하고 할퀴거나 밟고 가기도 하는, 고독과 방황의 연속이다. 하지만 ②의 「사도행전 · 12」에서 세상에 불을 지르러 온 예수(눅 12:49)처럼, 칼을 주러 온 예수(마 1:34)처럼 화자는 정의와 공평과 자유를 위해 십자가의 도를 전하는 사도로서의 역할을 수행하고자 스스로를 일으켜 세운다. 시인의 임무는 하나님의 공의와 사랑이라는 무기를 들고 힘차게 나아가는 것이다. 그에게 "조국은 내가 자란 육신의 고향/ 조국은 나를 기른 슬픈 어머니"(I 197)였고, 세상은 "음모와 배신과 시기가 뒤엉킨/ 인간 밀림은/ 탐욕과 저주와 살육이 무성한"(I 152) 정글에 해당했다. 시인은 영혼이 없는 이 시대, 약육강식의 행태에 대해 그리스도의 군사로서 말씀의 깃발을 들고 사도의 식으로 무장하고 광야를 걸어 모두가 꿈꾸는 평화로운 세상에 이르고자 한다. 그날이 오기까지 "당신이 뿌리고 간 그 뜨거운 불의 씨앗"(VII 209)을 널리 뿌려야 한다. 그러나 세상은 달콤한 잠에 취해 들어도 듣지 못하고 보아도 보지 못한다(마 13:13). 신에게서 분리되어 소외되는 고독과 아픔이 곧 죽음이라는 사실을 군중들은 깨닫지 못하고 있는 것이다.

① 갈빗뼈 갈빗뼈/ 스스로가 타고 나면/ 쓸쓸했었네./ 갈빗뼈 그 안에 떨려/ 아픔 끓었었네./ 처음 고독 그 아픔을 알 땐/ 죽음이었었네 (VII 218)

② 내 허파에 이는 바람/ 푸르디푸른 내 허파의 호흡/ 당신이 불어넣던/ 처음 바람소리 지금 듣네 (VII 219)

시인에게 있어 예수를 만나기 이전의 삶은 영적 죽음의 상태였고 예수를 모르는 삶 역시 죽음과도 같은 것이었다(요 14:6). 기독교 원복음에서 하나님으로부터 분리된다는 것은 인간에게는 죄의 길이고 죽음의 길이며 가시덤불과 엉겅퀴(창 3:18)로 뒤덮인 땅에서 땀을 흘려야 하는 수고를 해야 한다는 의미이다. 낙원을 잃어버리면 빛의 세계와 단절된 어둠 속에서 갈 길 모르는 짐승과도 같이 방황하지만, 복음에 귀가 열리고 눈이 뜨이면 비로소 알게 되는 내밀한 영적 기쁨과 감격이 있게 된다. 하지만 이러한 기쁨과 감사는 세상이 추구하는 가치를 뒤로한 채 고독한 내적 연단을 통과해야 하는 인내 속에서 얻어진다. 그래서 그의 시는 고뇌하는 양심의 흐느낌을 안고 있다. 「사도행전 · 5」에는 "가도 가도 당신 말씀 강물 안 닿고,/ 한 낮을 으릉대는 마른 우레소리"(VII 225)로 채워지지 않는 영적인 목마름과 내적 갈등을 표출한다. 하지만 곧 지칠 줄 모르는 사명감은 「사도들의 행진」에서 민족과 시대의 절망과 공포를 딛고 사막과 같은 현실을 이겨내기 위해 사도직의 삶을 살아가려는 의지로 재충전된다.

하늘에서 받아내린 불의 씨/ 꺼지지 않는 별들의 넋을/ 받쳐들고/ 오늘의 대낮/ 끝없는 한밤중의 칠흑을 걸어간다.[…] 모두들의 무너지는 절망과 공포/ 모두들의 치미는 분노와 절규/ 틀어막힌 입 틀어막힌 귀/ 내

출혈의 영혼들의/ 아픔을 끌어안고,/[…] 옛날 선지 사도들의/ 발의 자취 따라/ 먼 먼 별에 닿는 맨발의 이 사막/ 끈적이는 피의 밤을 사도들 간다. (V 174-75)

이와 같이 박두진은 신앙의 실천적 자세로써 "일체 악을 말살하는 노도"(VIII 279)로 살아가기를 원했다. "윤리와 실존으로서의 종교의식"(유성호, 97)은 그로 하여금 신성 지향의 시를 양산하게 하였다. 시인은 신과 시대 앞에 선 단독자의 고뇌에도 불구하고 부활의 소망에 기대를 걸고 "태초의 혼돈을 창조적 현실로, 현실의 혼돈을 태초의 정적으로 순환, 회귀시키는"(『시적 번뇌와 시적 목마름』, 131) 작업을 이어갔다. 그의 시작 행위는 "어떤 존재론적인 절대 실존, 긍정적인 절대 '있음'과 부정적인 '없음'의 궁극을, 자아 자체의 형이상적 인식으로 파악하"려는 노력(『시적 번뇌와 시적 목마름』, 133)이었다. 없음의 가시적 상징을 죽음으로 보고 있음의 궁극적이며 유일적인 실재를 창조주 하나님으로 깨달을 때, 시의 궁극적인 의미뿐만 아니라 존재론적 실재가 파악된다는 것이 그의 시적 세계관이었다. 이와 같이 박두진 시인은 초월적 절대자를 중심으로 자아와 만물이 하나로 통일된 총체성을 의식하는, 동일성의 시학을 보여주었다.

하지만 그의 시는 관념의 요소들을 존재론적으로 드러내고 있다는 비판을 받기도 했다. 이에 대해 그는 『거미와 성좌』 서문(II 24)에서 자신의 삶을 시대적 · 민족적 · 역사적 격동과 진통을 시로써 대결하고 시로써 초극해 온 역정이라고 자평했다. 그는 자신의 시의 영토는 곧 현실이며 오늘의 세계 오늘의 상황이라고 말했지만, 행동주의자이기보다 정신주의자로서 시를 통해 현실의 불의와 부조리에 맞서는 개혁정신을 표출해 왔다. 전집 이후의 시집 『빙벽을 깬다』는 인류의 역사적인 삶을 기독교 정신에 의해 근본적으로 개혁하려는 "무한혁명 의식"(신대철, 「박두진 연구 26」, 18)이 점차 경직되어 신념으로만 남아 있다는 비판을 받기도 했다. 또한 그는 「사막기(砂漠記)」의 표현대로 "거기 홀로 앉아 계신/ 쭈그리신 하느님"(VIII 277)과 같은 모습으로 종교적 의지와 시대 고뇌가 응집된 수석(水石)의 포즈를 견지했다는 평가도 있다.

3. 김춘수 시편에 나타난 인간 예수와 역사의 이율배반성

3.1. 인간 예수와 신화적 알레고리

김춘수 시인은 일제 치하 스물 갓 넘은 청년기에, 유학 간 동경에서 알수 없는 이유로 구금되었다. 감옥에서 역사의 횡포를 체험하고 인간의 비굴함을 맛보았다. 감방은 왜소한 인간에게 재기불능의 상처를 남긴 것은 물론이고 왜(倭)떡 한 조각에 자신의 육체가 쉽게 타협하는 수치를 맛보게 했다. 이러한 체험은 인간 개인의 의지와 관계없이 진행되는 역사의 폭력이었다. 그에게 역사는 인간사 가운데에 결코 들어오지 않는 어떤 것이었다.(『김춘수 시전집』(현대문학사, 2004)을 텍스트로 삼고 시 원문 인용은 제목과 쪽수만 표기한다.)

☞☞ 1942년 12월, "관헌에 붙들려가 헌병대와 경찰서에서 반 년 동안 영어(囹圄) 생활을 했다. 이후 손목에 수갑이 채인 채 불령선인의 딱지가 붙여져서 서울로 송환되었다. 해방 때까지 징용을 피해서 여러 곳을 옮겨가며 두더지 생활을 하고, 해방 이후에도 이데올로기의 등쌀에 시달렸고, 6.25 때는 식솔을 거느리고 생사를 건 피난생활을 했다. 대학 중퇴라고 교수 자격을 얻지 못해 10년 시간강사 노릇을 하며 내가 맛본 고통의 체험은 아무도 나를 위해 변호해주지 않았다. 독립된 조국에서 일제 때의 내 수난을 본체만체했다. 이런 일련의 일들이 1960년대 후반으로 접어들자 점차 의식상에 떠오르게 되고 나대로의 어떤 윤곽을 만들어가게 되었다."(이남호 편, 「김춘수: 문학앨범」, 웅진출판, 1995, 209-10.)

I. 한국 현대시와 기독교 세계관

현실에서는 논리적으로 안 되는 것을 되는 것처럼 처신해야 할 때가 있다. 그래야 사회가 유지된다. 이를테면 역사가 그런 것이다. 역사란 극단적으로 말하자면 아무 데도 없다. 그러나 있는 것처럼 대접해야 현실이 유지된다. 랑케는 역사를 사실이라고 했지만 사실의 온전한 모습은 인간의 능력으로는 파악이 안 된다. [⋯] 나의 논리와 나의 내면은 오랫동안 갈등 상태에 있었다. 이 상태를 나는 인간 존재의 비극성이라고 인식하게 됐다. 그러나 거듭 말하지만 현실을 이런 모양으로 살 수는 없다. 역사도 진보도 때로 있는 것처럼 살아야 한다. 이 또한 모순이요 비극이다. (1102)

이처럼 아무 데도 없지만 있는 것처럼 대접해야 하는 것이 역사였고 그래야 하는 것이 현실이었다. 일종의 이율배반으로 느껴지는 이러한 해석은 곧 인간 존재에 대한 근본 물음으로 연결되었다. 그의 시에 자주 등장하는 '눈물'이나 '슬픔', '울고 있다' 등의 시어는 그가 인간 존재의 기원을 구원이 없는 비극이라고 보는 인식에서 나온 것이다. 태초에 말씀이 있었다기보다 "태초에 이미 비극이 있었다"(1100)라는 진술은 이러한 존재론적인 슬픔을 시로써 표출하게 된 연유에 해당한다.

그에게 역사는 위악이며 위선이었다. 인간의 입장에서 역사는 부정할 수도 없지만 또한 인간의 능력으로는 이를 증명할 수 없기에 그를 역사허무주의자로 머물게 했다. 그는 역사의 실체에 대해 고민하며 역사에서 버림받은 사람들을 생각하고 이를 시의 소재로 차용했다. 그가 파악한 역사에 희생당한 인물로는 처용과 이중섭, 예수, 도스토옙스키 등이 있는데 예수나 소크라테스나 정몽주를 "이념 때문에 이승의 생을 버린 사람들"(『왜 나는 시인인가』, 334)로 파악하고 그들을 두려워한다고 했다. 죽음에 대하여 공포를 느낄 수밖에 없는 인간에게 예수는 죽음의 공포를 이긴 자였다. 그는 예수를 시화함으로써 자신의 고통 콤플렉스에 대한 갈등과 긴장을 해소할 수 있었다. 예수가 인간의 한계를 극복하고 초월할 수 있었던 인물로 역사에 존재한다는 것이 그에게는 위안이 되었던 것이다.

> [...] 랍비여,/ 이제는 나의 때가 옵니다./ 내일이면 사람들은 나를 침뱉고/ 발로 차고 돌을 던집니다./ 사람들은 내 손바닥에 못을 박고/ 내 옆구리를 창으로 찌릅니다./ 랍비여,/ 내일이면 나의 때가 옵니다./ 베드로가 닭 울기 전 세 번이나/ 나를 모른다고 합니다./ 볕에 굽히고 비에 젖어/ 쇳빛이 된 어깨를 하고/ 요단강을 건너간 스승/ 랍비여, (410)

시 「겟세마네에서」는 예수가 세례 요한을 스승이라 부르며 죽음을 준비하는 자의 고뇌를 드러낸다. 예수는 자신이 감당해야 할 죽음이 성경에 쓰인 대로, 사람들에게서 침 뱉음을 당하고 돌에 맞는 수모를 겪을 뿐만 아니라 수제자 격인 베드로에 의해 세 번이나 부인당할 것을 알고 있다. 스승 요한의 죽음은 예수가 보기에는 강인한 죽음처럼 보였다. 어떤 악조건에도 아랑곳하지 않고 단련된 쇳빛 어깨를 하고 죽임에 임했으니까 말이다. 하지만 막상 예수 자신에게 찾아온 죽임을 어떻게 감당할 수 있을까 하는 인간적인 고뇌가 이 시에 묻어난다. 여기서 문제는 바야흐로 이러한 수난이 '나의 때', 즉 나의 차례로 온다는 것이다. 운명은 거역할 수 없는 것이 될 때 존재론적 슬픔은 더욱 고조된다. 자신의 몫으로 감당해야 할 십자가행은 역사와 이데올로기가 주는 폭력이지만 불가항력의 것이기에 순종해야 하는 슬픔이다. 예수는 죽어야 한다는 것을 다짐하고 또 다짐할 수밖에 없는 무저항의 희생자였다.

I. 한국 현대시와 기독교 세계관

하지만 또한 예수는 인간이 느끼는 죽음의 공포를 이겨낸 역사의 인물이었다. 고통에 맞서는 인종과 극기의 전형이었다. 육체가 생축(生畜)처럼 찢기는 생사의 경계에서 예수는 그 절대고통을 눈 감지 않고 인내하며 오히려 인간에게 역사에 대한 책임을 당부하고 있는 인물로 그려진다.

> 술에 마약을 풀어/ 어둠으로 흘리지 마라./ 아픔을 눈 감기지 말고/ 피를 잠재우지 마라./ 살을 찢고 뼈를 부수어/ **너희가 낸 길을 너희가 가라.**/ 맨발로 가라./ 숨 끊이는 내 숨소리/ 너희가 들었으니/ 엘리엘리나마사박다니/ 시편의 남은 구절은 너희가 잇고,/ 술에 마약을 풀어/ 아픔을 어둠으로 흘리지 마라./ 살을 찢고 뼈를 부수어/ **너희가 낸 길을 너희가 가라.**/ 맨발로 가라. 찔리며 가라. (349)

「못」 전문에서 예수가 살아 있는 자들에게 '너희가 낸 길을 너희가 가라'고 당부하는 것은 예수를 죽음에 이르게 한 역사의 폭력성을, 남아 있는 너희가 '살을 찢고 뼈를 부수'는 고통으로 감내하며 해결하라는 의미이다. 너희가 저지른 죄악을 너희가 해결하라는 메시지는 시대와 역사에 보내는 시인 자신의 전언이자 그에 대한 항변일 것이다. 물릴 수도 변경할 수도 없는 이미 저질러진 역사는 이성의 관점으로 보자면 해결이 되어야 하지만, 역사라는 거대한 물줄기는 개인의 고통쯤은 아랑곳하지 않는다. 그런데 예수라는 인간은 "십자가에 못 박혀 숨이 끊어지려는 순간에도 그의 관심은 그가 남기고 가는 땅위의 인간들에게 있었"(『하느님의 아들 사람의 아들』, 126)다는 것이다. 자신의 고통을 항변하기보다 오히려 인간들에게 상처 없는 양심이 되지 말고 역사의 아픔을 망각하지 말고 그것을 인간사의 몫으로 껴안고 용서하라고 말한다. 시인에 의해 시적 변용을 거친 예수는 용서와 포용의 정신을 몸소 보여준 인물이었다.

또한 예수는 해(害)를 당하고 운신조차 하지 못하는 무력자이기도 했다. 「루오 할아버지가 그린 유화 두 점」에는 웃으면서 울고 있는 어릿광대의 얼굴과 예수의 문드러진 얼굴 형상이 병치되어 나타난다.

☞ 조르주 루오(G. Rouault)의 판화집 『미제레레(miserere)』에 수록된 「교외의 예수」, 「수난 받은 예수」, 「풍경: 세 사람이 있는」 등의 그림에 나타난 예수의 형상은 이목구비가 잘 살아나지 않은 뭉뚱그려진 얼굴이거나 코와 눈이 문드러진, 슬프게 고개 숙인 모습이다. 루오의 일련의 '어릿광대' 작품들은 연민의 인간상이자 온갖 고통을 감내하는 장엄한 인간의 모습을 지니고 있다. 김춘수 시인은 이러한 그림을 통해 예수 형상을 더욱 구체화할 수 있었다고 본다. 그에게 영향을 끼친 엔도 슈사쿠 역시 「루오 속의 예수」에서 인간의 더러움이나 추악함, 그 괴로움과 슬픔을 함께 나누는 자로서의 예수의 형상에 주목했다.

판화 〈지금도 채찍을 맞으며〉

① 토담을 등에 지고 쓰러져 있던/ 엿장수 아저씨,/ 기분 좋아 실눈을 뜨고/ 입에는 게거품을 문/ 거나하게 취한 얼굴 만월 같은 얼굴,/ 엿판을 허리에 깔고/ 기분 좋아 흥얼대던 육자배기/ 장타령,/ 그러나 **그는 울고 있었다.** (504)

② [⋯] 예수는 얼굴이 그때보다도/ **더욱 문드러지고 윤곽만 더욱 커져 있다.**/ 좌우에 선 야곱과 요한,/ 그들은 어느 쪽도 자꾸 작아져 가고 있다./ **크고 밋밋한 예수의 얼굴** 뒤로/ 영영 사라져 버리겠다. 사라져 버릴까? (504-505)

③ 땅이 꺼지고 (그쯤에서)/ 발가락이 꼬이고/ 더는 가지 못하는/ **어느새 이목(耳目)도 한쪽으로 짜부라진**/누군가/ 태초에 그런 이별이 있었다. (946)

Ⅰ. 한국 현대시와 기독교 세계관

시 ① 「그 하나, 몸져누운 어릿광대」는 루오의 그림이 표상하는 예수 이미지에 시인의 어릴 적 기억 속에 있는 통영의 엿장수를 오버랩시킨 것이다. 두들겨 맞고 쓰러져 흥얼거리는 엿장수 아저씨의 모습은 ② 「그 둘, 교외의 예수」와 ③ 「제목이 없는 다섯 편의 짧은 시」 중 '그 넷'에서 제자 둘을 데리고 길을 가는 예수의 모습으로 연결된다. 이목구비가 없으면서 얼굴의 윤곽만 선명하게 남아 있는 "세계를 늘 비애로 물들이는"(『하느님의 아들 사람의 아들』, 78) 예수의 얼굴은 오늘날 윤색된 예수 초상과는 다른 실제 예수의 그것일 것이라고 시인은 생각한다. "크고 밋밋한" 예수의 형상은 이데올로기의 폭력과 역사 소용돌이 속에서 초라해진 인간 실존의 모습 그것이다. 예수는 얼굴이 한쪽으로 짜부라지고 몸이 닳아진, 상처 입은 수난자의 상징이었다.

> [⋯] 유월절 속죄양의 죽음을 나에게 주소서./ 낙타 발에 밟힌/ 땅벌레의 죽음을 나에게 주소서./ 살을 찢고/ 뼈를 부수게 하소서./ 애꾸눈이와 절름발이의 눈물을/ 눈과 코가 문드러진 여자의 눈물을/ 나에게 주소서./ 하나님 나의 하나님./ 내 피를 눈감기지 마시고, 잠재우지 마소서./ 내 피를 그들 곁에 있게 하소서./ 언제까지나 그렇게 하소서. (405)

시 「마약」에서 시인은 예수의 죽음이 눈에 띄지도 않는 땅벌레나 애꾸눈이, 절름발이 또는 눈과 코가 문드러진 여자처럼 가장 소외되고 천대받는 이들의 슬픔을 끌어안는 대속죽음임을 보여준다. 시인이 단 부제는 '예수가 십자가에 못 박힐 때, 그의 아픔을 덜어주기 위하여 백부장인 로마 군인은 마약을 풀어 그의 입에다 대어 주었다'이다. 그러나 예수는 이를 거절한다. 이는 자기 초극의 행위이자 예수의 십자가 정신을 더욱 부각시키는 효과를 낳고 있다. 자신의 몸을 비천한 이웃을 위로하는 데 다 바치고 남은 것이 하나도 없게 된 예수는 마치 투명인간과도 같은 "텅 빈 인간(hollow man)"(『하느님의 아들 사람의 아들』, 226)이었다. 이와 같이 예수는 위로자이자 진실과 사랑의 상징이었다. 하지만 인류는 그 사랑을 망각하고 그의 죽음을 외면하거나, 부서지는 모래처럼 무력한 '말씀'으로 기억할 뿐이다.

그런데 시인은 예수를 생각할 때마다 그의 부활 대목에서 늘 좌절하고 만다고 했다(『왜 나는 시인인가』, 236). 예수의 부활은 이승에서 가장 왜곡되고 학대받는 모습의 상징이며 그 왜곡과 학대를 바로 돌리기 위한 알레고리에 해당한다고 보았다. 부활 사건은 성서 기록자들에 의해 당시 근동지역에 널리 퍼져 있던 부활사상에 기인하여 세례 요한의 의지가 예수에게로 계승된, 즉 의지의 계승이라는 차원으로, 일본 작가 엔도 슈사쿠의 해석과 같은 견해였다. 시인에게 예수는 부활의 몸으로 승천한 하나님 아들이 아니라 인간의 심리적 진실 속에서 되살아난 인물이었다. 성서는 예수가 역사를 심판하면서 그에 참여하도록 함으로써 그의 부활을 하나의 상징이자 희망으로 자리하게 했다는 것이다. 그래서 예수는 오늘도 인간의 고통과 역사의 질고를 담당하고 자신의 역할극을 수행하는 서술적 이미지로 그려지고 있다.

새처럼 가는 다리를 절며 예수가/ 서쪽 포도밭 길을 가고 있다.

　　　　　　　　　　　　　　　　　　　　－「서쪽 포도밭 길을」 443

하나님이 한 분/ 하나님이 또 한 분/ 이번에는 동쪽 언덕을 가고 있다.

-「리듬 · I」357

바다를 다 적신 피 한 방울,/ 그것은 언제나 가고 있다./ 넓어진 하늘로/
드러난 뱃속의 드러난 뱃속으로/ 그것은 언제나 가고 있다.

-「겨울 꽃」447

당신 아들은 지금도/ 갈릴리호수를 맨발로 가고 있다.

-「분꽃을 보며」445

이처럼 김춘수는 역사 저편에 있는 예수를 시인보다 앞서 "저만치 신
발 두짝 가지런히 벗어놓고/ 어쩌노 먹감은 까치처럼/ 맨발로 울고"(「쥐오
줌풀」, 1134) 간 사람으로 안타까워하면서 예수의 삶에 대한 비극적 인식을
드러내고 있다. 예수는 역사의 횡포 속에서 쥐오줌풀과 같은 보잘것없는
존재로 여겨져 죽임을 당했지만 하나의 인격으로 인간 밖에 존재하는 사
랑과 양심으로, 즉 초월적인 존재로 있다고 보았다.

3.2. 「대심문관」의 우상과 역사의 이율배반성

김춘수는 시력 후반기에 『들림, 도스토예프스키』(1997)를 출간하면서
자신이 도스토옙스키(P. Dostoevsky) 소설을 읽으면서 매료된 사실을 고백
하고 있다. 도스토옙스키는 인간의 존재 양식이 비극적 상태라는 것을 여
실히 그려낸 작가였다. 시인에게 도스토옙스키는 그의 종교관이나 시작활

시인의 노년

동에 하나의 변곡점으로 작용했기에 '들렸다'는 표현을 썼다. 그러나 시집이 표상하는 심층적 의미로 보자면 '들리다'는 아래에 있는 것을 위로 올린다는 뜻의 피동으로 예수가 십자가에서 들려야 했다는 희생의 의미를 감추고 있기도 하다. 시집 1부는 소설의 작중인물들이 직접 편지 형식으로 주고받는, 인간 내면의 풀리지 않는 모순과 갈등을 시화했다. '극시를 위한 데생'이라는 부제를 단 4부 「대심문관」은 소설 『카라마조프가의 형제들』 제5부의 한 토막과 제목이 동일하다.

소설에서는 이반이 동생 알료샤에게 자신이 구상 중인 서사시를 소개해 준다. 그 내용은 16세기 스페인에서 벌어진 종교재판과 마녀사냥을 풍자하여 '신은 존재하는가, 불멸은 있는가 혹은 영원이란 무엇인가'라는 의문을 제기하려는 것이었다. 이반에게서 김춘수 시인은 역사란 무엇이며 인간은 역사 속에 어떤 존재인가 하는 그의 오랜 고민에 출구를 열 수 있었다고 본다. 이반의 우화 속에 등장하는 대심문관인 추기경의 이론에 따르면 예수는 지상에서 추앙받는 최고의 능력인 '기적과 신비와 권위'를 따르지 않은 패배자에 해당했다. 왜냐면 예수가 광야에서 사십 일을 금식한 후 마귀에게 받은 시험을 거절했기 때문이었다. 즉 돌을 빵으로 바꾸지 않은 것, 권력자가 누릴 수 있는 명예욕을 거절한 것, 백성들에게 기적을 베풀면서 그들을 노예로 삼을 수 있는 기회를 놓친 것이었다. 예수가 실패한 이러한 위업을 종교지도자와 추기경은 그럴듯하게 수정하여 백성들의 요구를 만족시켜 주고 그들 위에 군림할 수 있게 되었다. 이반은 교황이나 추기경을 대제사장으로 바꾸어 역사의 지배 권력이 인간을 어떻게 통치하고 있는가를 풍자했다.

마귀는 광야에서 예수에게 "세계와 인류 미래사 전체"(『도스토예프스키』, 510)를 집약하는 질문을 던졌다. 요약하면 생존의 욕구와 종교적 우상의 욕구, 통치에 복종하고픈 욕구로서 이 세 가지는 인간 본성의 해결될 수 없는 역사적 모순을 집약한 형태였다. 극시 속 후경으로 등장하는 민중들은 1500여 년 전 예수가 베푼 기적과 치유사역을 갈망하는 이들로서 예수의 재출현 소식에 열광하며 모여든다. 민심이 동요하자 무엇이든 '매고 풀 권리'(마 16:19)를 지닌 대제사장은 예수를 체포하고 옥에 가둔다. 예수는 인간에게 인간 스스로 역사를 채울 수 있는 고귀한 자유의지를 열어 두었지만 백성들은 자유보다는 그들 양심을 무감각하게 만드는 복종을 원한다. 대제사장은 백성들의 양심을 정복할 수 있는 세 가지 힘, 즉 "기적과 신비와 권위"(『카라마조프가의 형제들 1』, 516)를 내세워 이것이 없다면 그들은 불안과 혼란을 느낀다는 논리를 편다. 또 인간은 태생부터 신의 뜻을 거스르는 반역자의 본성을 지니고 있는데 예수가 인간을 과대평가했다고도 말한다. 민중은 예수가 설파한 천상적 양식의 자유를 누릴 만한 존재가 못 되었다. 예수의 고뇌는 인간 구원과 관련한 하늘의 말씀을 종교지도자들이 변질시키고 있다(눅 11:52)는 것이었지만 제사장들과 바리새인들은 이를 부인한다. 여기서 시인이 예수를 '재림한 예수'라고 설정한 것은 신학적인 개념은 아니다. 이적을 행함으로써 군중들의 지지를 받았던 예수가 죽은 줄 알았는데 지금 다시 나타났다는 의미이다. 또한 예수가 소변을 보는 등의 생리적 행위를 하는 것으로 묘사한 것은 재출현한 그가 사람의 아들임을 보여주기 위한 암유에 해당한다.

☞☞ 이반의 우화 끝부분에는 대심문관의 일장 연설에 침묵하던 예수가 조용히 그에게 다가가 키스를 해주는 것으로 되어 있다. 마치 가룟 유다가 예수를 팔기 위한 인증 샷으로 키스를 날린 것처럼. 하지만 김춘수의 극시에서 예수는 끝내 아무런 반응을 보이지 않는다. 김춘수가 청년 시절 감방에서 경험한 존재 자체의 무력감을 반영이라도 하듯 예수는 시종일관 침묵한다. 대심문관의 조급한 성질과 일방적인 장광설이 오히려 역사의 폭력이라는 메시지를 던진다.

대심문관의 일방적인 논리와 장광설은 김춘수 시인이 파악한 역사의 횡포에 해당한다. 역사란 얼마든지 변질되고 왜곡될 수 있는 것으로서 예수와 같은 인간이 나서서 역사를 심판하는 일이 필요했다. 그런데 예수는 마치 "역사에 말뚝을 박"(876)은 것처럼 산상수훈이나 설교하면서 인간이 행하기 어려운 무거운 율법만 잔뜩 늘어놓았다. 대심문관이 예수를 옥에 가둔 죄목은 빵 문제를 해결하지 못하는 지도자가 떠벌리는 민중 선동죄와 성직자들의 전통과 권위를 무시하는 신성모독죄 같은 것이었다. 군중은 예수의 이적을 다시 체험하고 싶어 했고, 대심문관은 예수가 역사에 한 획을 긋고 사라지는 자이기를 바랐다. 사라진 그 예수를 대신해서 백성들에게 종교의 권위와 환상을 심어줄 수 있는 자는 바로 대제사장들 자신들이어야 하기 때문이었다. 대심문관은 예수가 "갈릴리 호수를 맨발로 걸어간"(877) 일이나 "죽은 나자로를 깨나게"(878) 한 기적은 예수의 인류애에서 나온 행동이자 인간이 인간일 수 있는 자존심을 살려주는 행위였다고 인정한다. 인간에게 그러한 자존심이나 희망이 없다면 그것은 절망이고 그 절망은 곧 인간을 타락하게 한다고 말한다. 대심문관을 포함한 권력의 주체들 역시 군중들에게 사랑과 연민의 행위를 실천하고 있지만 예수의 방식과 저들 방식에는 방법상의 차이가 있을 뿐이라고 주장한다. 예수는

I. 한국 현대시와 기독교 세계관

인간 구원을 위한 사랑이라는 차원에서 '세상을 이긴 자'(요 16:33)이지만 오늘날 역사의 주체는 인간을 기만하는 저울로 '왕 노릇'(롬 6:12)을 하는 성직자들이다. 예수의 천상적인 가르침과 "손바닥의 구멍,/ 너무 깊은 그 끝을"(883) 좇기에는 지상의 역사는 천편일률적이었다. 재출현한 예수는 백성에게 거짓 평화를 제공하려는 종교지도자들의 역사적 위업에 방해가 될 뿐이었다. 그래서 대심문관은 "카이자의 것은 카이자에게 맡기"(884)라고 주문한다. 백성의 자유를 구속하고 그들에게 우상을 제공하는 실체 없는 역사를 계속 이끌어 나가겠다는 뜻이다.

이와 같은 대심문관의 논리는 이념이나 역사, 권력 체제 안에 잠재되어 있는 폭력을 정당화하는 자기기만이다. 그들은 인간은 복종할 때 오히려 행복을 느끼므로 자유를 반납하고 노예로 살기를 원한다고 주장한다. 군중은 인간의 존엄성을 지키고자 하는 자유의지 대신에 복종을 통해 약간의 자유를 누리는 것을 선호하며 이러한 패턴이 익숙해지면 복종이 오히려 그들을 자유롭게 한다고 믿는다는 것이다. 인류 역사는 이러한 종교효과를 제공하려는 권력자들에 의해 유지되어 왔다. 우상의 성전에서 백성들이 욕망의 바벨탑을 쌓도록 도와주고 현 질서를 위협하는 이단을 처형함으로써 그들만의 권위와 질서를 세우는 것이 곧 역사였다.

김춘수가 파악한 예수는 아낌없이 주는 자였고 대심문관은 "용서할 수 없는 것을 용서하는 당신은 누구냐"(882)고 신경질적으로 예수를 추궁한다. 대심문관의 종교관을 건드리는 예수는 더 이상 나타나지 말아야 할 존재였다. 그래서 이제는 아무런 힘도 발휘할 수 없는 것처럼 보이는 침묵하는 예수에게 "가고 싶을 때 가고 싶은 곳으로 가"(885)라는 명령을 내린다. "바람 든 무 같은 푸석한 하느님"(880)인 예수는 추방되어야 했다. 마침내 예수는 극시 끝부분에서 "산홋빛 나는 애벌레 한 마리가 날개도 없이 하늘로 날아오르는"(885) 영상으로 처리된다. 추방이 아니라 예수 스스로 지상을 떠나 천상으로 해방되는 모습이다. 예수는 이제 인간들의 진실 속에서만 살아 있는 불사신으로 존재해야 했다.

김춘수가 도스토옙스키에게서 발견한 것은 인류를 사랑하는 예수의 구원정신이 작중인물들의 처지와 삶에서 잘 발현되고 육화되어 있다는 사실이었다. 인간은 돼지도 될 수 있고 몸을 던져 죽음을 이길 수도 있는 자이다. 그는 도스토옙스키의 소설을 통해 소냐와 같은 창녀가 천사와 같은 영혼의 소유자일 수 있다는 것과 죽음을 이길 수 있는 자들이라는 사실을 재인식함으로써 역사와 인간 존재의 이율배반성에 대한 자신의 시각을 확고히 할 수 있었다. 시 「강설(降雪)」에서는 "역사는 비껴 서지 않는다/ 절대로"라는 인식과 함께 "그는 오지 않는다/ 오지 않는 것이 오는 거다 […] 그는 온다고 지금도 오고 있다고,/ 오지 않는 것이 오고 있는 거라고"(1109) 하면서 이러한 기다림과 희망의 모순 속에 인간 존재의 비극성이 자리한다고 보았다.

이와 같이 김춘수는 벗어날 수 없는 인간 존재의 슬픔을 창작 행위로 승화시켰다. 인간은 절대자유를 누리고 싶어 하지만 그런 자유가 현실에는 없다는 것이 그를 시인이게 하는 이유였다. 하지만 심리적으로는 늘 그것을 추구하기에 예수는 그에게 잊히지 않는 하나의 의미로 존재했다. 역사는 인간이 만드는 것이고 유토피아는 이 세상 어디에도 없다는 자신의 생각은, 유토피아란 말 자체가 원래는 아무 데도 없는 고장이라는 뜻을 갖고 있기에 그러하다고 했다(『왜 나는 시인인가』, 421). 그럼에도 불구하고 유토피아란 말 자체는 영원히 살아 있어야 하고, 이러한 역설을 하나의 큰 희망으로 간직하는 것이 사람됨의 자질이라고 보았다. 인간이 만일 그러한 희망을 버린다면 그것은 곧 죄가 된다는 것이다.

결론적으로 김춘수에게 예수는 패배자가 아니라 죽음을 이긴 자, 인간이면서 역사를 초월하여 인류 구원의 길을 열어준 인물이었다. 아울러 예수는 그에게 홀로 눈 뜨고 있는, '가만히 바라보는 하나의 눈'(「눈이 하나」, 902)으로 자리하고 있기도 했다. 그 이유는 예수의 몸의 부활에 대한 그의 인식의 한계 때문이었다. 그에게는 몸의 부활이란 것은 논리의 비약이고 불합리에 해당했다.

> 의식도 영혼도 다 비우고/ 나는 돼지가 될 수 있다./[…] 성서에 적힌 그대로/ 무리를 이끌고 나는 바다로/ 몸 던질 수 있다./ 말하자면 나는/ 죽음을 이길 수 있다./ 그러나/ 그 다음이 문제다. 내 눈에는/ 그 다음이 보이지 않는데, 썰렁하구나/ 나에게는 스승이 없다.// 1872년 3월 1일 (874)

위의 시 「사족-직설적으로 간략하게」는 『악령』의 주인공 스타브로긴의 일기 혹은 편지로 볼 수 있는데, 이 시를 시인의 그것으로 간주할 수는 없다. 『악령』이 발표된 1872년이라는 연도를 독립된 한 연으로 의미화하고 있는 것에서 더욱 그러하다. 시적 화자는 자신이 밥만 추구하는 돼지도 될 수 있고, 거라사 광인(눅 8:27)처럼 바다에 몸을 던질 수도 있다고 한다. 즉 사는 일이나 죽는 일에 크게 매이지 않는다는 말로서 심지어 죽음조차도 이길 수 있다고 말한다. 비록 관념 속에서라고 할지라도 화자의 인식으로는 죽음이 두렵지 않다. 그렇지만 죽음 그다음이 보이지 않는다고 하는 것은 사후세계에 대한 화자의 두려움을 피력하는 언술이다. 그래서 화자는 죽음을 이길 수 있는 비법이나 사후세계를 논할 스승이 있었으면 하고 바란다. 하지만 스승을 찾지 못한 안타까움과 끝내 죽음을 극복할 수 없으리라는 두려움이 그를 허무와 고독 속에 있게 한다는 것이다.

신을 찾는 본성이 인간 누구에게나 있다고 한다면 시대와 역사 속에서 신을 탐구하는 인간의 노력 또한 끊어지지 않았다. 문제는 그 신을 자기의 신으로 받아들일 수 있을 때 인간은 그 고뇌에 대한 답을 얻을 수 있을 것이다. 이런 의미로 보자면 시적 화자의 독백은 곧 김춘수 자신의 신을 탐구하는 마음으로 이어진다고 볼 수 있다. 하지만 시인의 인식론적 자아는 자기 자신에게로 회귀하는 양태를 보이면서 강한 양심의 눈을 지켜나가는 방식으로 지속되었다. 수난을 통해 세상을 구원하는 그리스도를 향한 그의 관심은 결국 신화적 진실로서의 예수를 시화하는 방식으로 나타났다. 그에게는 시 쓰기가 역사에 대응하는 자기초극의 한 방식이었고 자신의 존재를 성화시키는 일이었으며, 시는 그가 파악한 존재의 비극성을 풀어내는 구원의 역할을 한 셈이다.

4. 나오며

지금까지 박두진 시인과 김춘수 시인의 시편들을 통해서 이들이 지향하고자 했던 인간 존재의 구원 문제에 예수가 어떻게 자리하고 있는가를 살펴보았다. 그들의 예수관은 그들 세계관에 큰 영향을 주었다.

박두진은 기독교 신앙인으로서 인간의 원죄의식과 타락한 본성, 이를 대속하는 예수의 죽음과 부활을 시로써 노래하였다. 그에게 예수는 하나님의 공의와 사랑을 실현한 인물이자 죽음을 이기고 인류를 구원한 하나님의 아들이었다. 특별히 「사도행전」 연작에서는 그리스도의 군사 된 시인의 시대와 민족을 향한 사도 의지가 강하게 표출되었고, 이를 실현하기 위해 주어지는 고독과 고통을 기꺼이 감내하려는 견인의식도 나타났다. 시인은 초월적 절대자를 중심으로 자아와 우주 만물을 하나의 총체적 통일체로 보는 동일성의 시학을 보여주었다. 그래서 그의 시와 신앙과 삶은 은유적 동일성을 이루고 있었다.

김춘수는 역사가 주는 폭력을 체험한 후 역사의 실체에 대한 탐구의 결과로서 예수를 소재화하였다. 예수는 천상의 가르침을 지상에서 실현하고자 수난당한 인물이었다. 인간이 자행한 역사의 폭력은 인간이 짊어지고 가야 하지만 실체를 드러내지 않는 역사라는 괴물 앞에 예수는 희생의 화신으로 삶을 마감한 인물이었다. 예수는 울면서 웃는 어릿광대 또는 진실과 사랑의 상징이었으나 종교사적 의미로는 역사의 패배자에 해당했다. 김춘수는 예수 부활 서사를 하나의 심리적 진실로 자리하는 알레고리라고 보았다. 이러한 신화적 해석 속에서 예수는 인류의 희망이 되었고 죽음을 이긴 예수의 정신은 역사를 초월해서 잊히지 않는 하나의 의미가 되었다고 해석했다. 김춘수는 인간 존재의 비극성을 대표적으로 드러내는 인물인 예수를 통해 역사에 대한 그의 고통 콤플렉스를 극복할 수 있었다.

박두진에게 있어 역사의 주체는 그리스도였고 역사는 머지않아 인류가 회복해야 할 복락원의 세계, 즉 시인의 종말의식을 반영하는 것이었다. 반면 김춘수에게 있어 역사는 이율배반의 형태로 존재하는 모순으로서 인간의 현실세계에서는 이를 극복할 수 없고 이 때문에 피할 수 없는 존재의 슬픔이 자리한다고 보았다.

두 시인은 죽음에 대한 인식에서도 차이를 보였다. 박두진은 죽음을 단지 육체의 종말로 받아들이지 않고 성서의 부활관에 기대고 있었다. 비록 관념적인 것이긴 하지만 육신은 땅에 묻혀도 언젠가 새날에 마른 뼈들이 살아나듯이 새로운 부활의 몸을 입게 된다는 기독교 내세관을 반영했다. 그의 신앙의식은 곧 그가 추구하는 문학정신으로 자리하였다. 반면 김춘수는 예수의 죽음을 육체를 지닌 자의 필연적인 죽음으로밖에 받아들일 수 없었기에 예수는 도스토옙스키와 같이 역사에 의해 고통당한 희생자로 간주되었다. 실재하는 것도 아니면서 없는 것도 아닌 역사에 고통당하면서 미물과 같은 슬픈 존재로 삶을 마감한 예수는 그에게 죽음 너머의 인식에 관한 답을 주지 못했다.

박두진의 시편들이 종교의식에 치우친 관념적이고 형이상학적인 내용이 많고 시대·사회적이면서 윤리적인 특성을 지니고 있다면 김춘수의 시편들은 존재론적이고 심미적인 특성을 띠고 있다고 할 수 있다. 시의 형태에 있어서도 박두진은 자연의 모든 이름들을 시어로 등장시켜 열거, 반복, 도치, 설의, 영탄 등으로 누적되는 시행을 즐겨 쓴 반면 김춘수의 시편은 하나의 주어가 형용사나 부사 등의 수식어를 배제한 채 서술적 이미지로 짧게 종결되는 특징을 보인다.

인간에게 주어진 개개의 삶이 시대와 역사가 주는 질곡을 극복해 나가는 '역동적 자기 긍정(dynamic self-affirmation)의 과정'(유성호, 99)이라고 본다면 박두진은 그의 실존의 의미를 기독교 정신으로 시화하면서 초월적 존재를 향한 소망을 부각시켰다. 반면 김춘수 시인은 역사의 이율배반성에 대한 인간의 존재론적 슬픔을 일종의 알레고리와 심리적 진실로서 존재하는 예수를 시화하는 작업으로 존재의 성화를 추구해 나갔다고 볼 수 있다.

☞☞ 박두진은 기독교 세계관의 관점에서 인간의 원죄의식과 타락한 본성, 이를 대속하는 예수의 죽음과 부활을 시로써 노래하였다. 그에게 예수는 하나님의 공의와 사랑을 실현한 인물이자 죽음을 이기고 인류를 구원한 하나님의 아들이었다. 특별히 「사도행전」 연작에서 시인은 그리스도의 군사 된 소명의식으로 시대와 민족을 향한 사도 의지를 강하게 표출하였고, 이를 실현하기 위해 주어지는 고독과 고통을 기꺼이 감내하려는 견인의식을 보여주었다.

김춘수는 이데올로기가 주는 폭력을 체험한 후 그 실체에 대한 탐구의 결과로서 예수를 소재화했다. 그에게 예수는 가장 무력한 자의 본보기이자 역사의 희생양이었다. 실체를 드러내지 않는 이데올로기라는 괴물 앞에 사랑의 화신으로 삶을 마감한 예수는 부활이라는 알레고리를 통해 인류에게 하나의 심리적 진실로 자리한 신화적 인물이기도 했다.

박두진이 자신의 실존의 의미를 그리스도를 향한 열망으로 시화하였다면 김춘수 시인은 이데올로기의 이율배반성에 기인한 인간 존재의 슬픔과 자신의 고통 콤플렉스를 시 쓰기 작업으로 극복하려고 했다.

II

현대소설과
기독교 세계관

제1장

김동리 소설에 나타난 성서 모티프의
샤머니즘적 변용과 신인간주의

생의 구경적 탐구(Absolute research of life)
성서 모티프(Biblical motifs)
여신적 인간(Human Being of Deity)
샤머니즘(Shamanism)
신인간주의(New humanism)
운명 순응주의(Fate conformism)

1. 들어가며

한국 현대소설사에서 김동리(1913-1995)
는 그의 문학활동 전반을 통해 한국인의
전통의식과 원형을 탐구한 작가로 알려
져 있다. 김동리에게 있어 문학하는 행위
란 생의 궁극적이고도 구경적인 형식을 탐
구하는 일이었고 문학을 통해 삶과 죽음과
자연을 하나로 수용하는 일이었다. 그러한
노력의 일환으로 그는 한국의 민간신앙인

경주 〈동리목월 문학관〉에서

샤머니즘(巫教)을 근원에 깔고 불교, 유교, 선교(화랑교), 기독교 등을 끌어
와 신과 인간과 죽음의 문제를 다루었다. 김동리는 신과 인간의 관계에서,

의지하고 사랑하고 복종함으로써만 구원이 주어지는 것이 아니라 인간을 믿고 인간을 사랑하고 인간에 충실함으로써도 새로운 구원이 가능해야 한다고 보았다. 그는 인간이건 자아이건 그것이 형이상학적 차원에서 논의될 때는 신에 필적하는 존재가 되기 때문에 자아에 집착하는 일은 신앙을 가질 수 없게 한다고 술회한 바 있다(「나는 왜 크리스천이 아닌가」,『전집29』, 계간문예, 2013. 24. 이후 괄호 안에 전집 번호와 쪽수만 표기). 그러나 김동리는 무신론자도 아니고 종교 무용론자도 아니며, 오직 인간이 인간으로서 사는 길을 통하여 그 삶의 내용 속에 신이든, 불이든, 천(天)이든, 이 우주의 무한과 사랑과 구원을 담아야 한다는 생각을 갖고 있었다. 또한 근대적 합리정신은 우주나 인간 생명의 비밀에는 도전할 수 없다고 보았기에 그는 사후세계를 믿었다.

김동리는 과학이나 물질문명의 우상에서 벗어나는 근대 초극의 방법으로 선(仙)의 이념을 살린 신인간주의를 제창했다. 이는 그가 추구한 순수문학의 본질이자 본격문학에 해당하는 개념인데 자본주의와 유물사관이 지닌 결함을 지양하고자 했던 작가의 반근대적 민족주의적 발상이었다. 그는 신과 대립하거나 결별하는 것을 현세주의라고 보고, "인간의 존엄을 기반으로 하는 〈자유〉를 최후의 아성으로 하고 인생과 사회의 모든 불합리와 모순과 폭력을 비판하되 어디까지나 문학적인 충실을 기하려는"(『전집31』, 207) 문학을 신인간주의 문학이라고 규정했다. 근대가 주는 불안과 혼돈을 헤치고 새로운 세계관을 정립하기 위해서 작가는 한국인의 정신적 지주를 샤머니즘이라 보았고 이를 통해 새로운 신과 인간상을 발견하게 된다. 그가 말하는 샤머니즘은 천지 만물의 자연과 인간 속에 신이 깃들어 있다고 믿는 사상이었고 하늘과 땅과 인간이 하나로 융합되는 천지인(天

地人) 조화의 정신이었다. 또한 그가 내세운 새로운 형의 인간은 샤머니즘적 인간, 즉 샤먼으로서 신을 내포한 인간 또는 신들린 사람, 곧 "여신적(與神的) 인간형"(『전집2』, 254)이어야 했다. 신과 더불어 유기적인 합일을 이룰 수 있는 인간이란 김동리의 근대 초극정신이 반영된 인간성 탐구의 궁극이자 인간의 개성과 생명의 구경(究竟)을 추구할 수 있는 개념이었다. 그는 어떻게 하면 인간이 보다 더 참되게, 높게, 아름답게, 깊게 살 수 있느냐 하는 데 모든 문학적 창조를 집중시키고 싶어 했다. 그래서 신인간주의는 동양정신의 창조적 지양을 통해 새로운 정신의 원천을 양성하려는 작가가 천지신명의 뜻을 읽어낼 수 있는 반신적(半神的) · 여신적 인간형을 창조하려는 노력과 결부되었다.

김동리는 샤머니즘의 신은 철저히 자연적인 신이며, 자연의 정기를 샤머니즘의 신령으로 보았다. 특히 「무녀도」에서는 모화가 굿을 하다가 예기소에 빠지는 것을 죽음이 아니라 사라지는 것으로, 즉 자연과 합일되어 가는 것으로 처리함으로써 삶과 죽음의 융화 또는 재생을 꿈꾸었다. 또한 인간의 현세적 삶에 영향을 미치는 우주 만물적 신과의 교섭을 중시하면서 주어진 운명에 순응하는 태도를 보이는 인물을 창조하거나 신라연작 소설

☞ 김동리가 차용한 다양한 설화적 모티프 중에서 특별히 성서적 모티프에 관심을 표명한 연구자로는 한국 소설과 기독교의 양상에 천착해 온 이동하와 차봉준, 방민화 등이 있다. 이동하는 복음서와 소설 사이의 거리 문제나 『사반의 십자가』에서 예수 부활을 다룬 방식에 대해 원작본과 개작본의 내용을 치밀하게 분석했다. 그는 김동리가 복음서 이야기의 현실성을 강화하는 쪽으로 허구를 섞고 있지만 작가가 현실초월적인 성격을 희석시키고자 하는 노력보다는 오히려 독자에게 사색의 재료를 제공하는 쪽으로 점진적인 변화를 보였다고 평했다. 차봉준은 예수의 탄생담과 성장담, 부활담을 수용하는 김동리의 기독교 인식의 특성을 논하였는데, 작가의 기독교 전승에 대한 해석과 상상력의 이면에는 식민지 시대를 살아온 그의 역사인식이 깔려 있음을 역설했다. 또 방민화는 김동리의 종교의식을 다루면서 작가의 샤머니즘적 세계관과 전통지향적인 보수주의 의식이 세속적 현실주의의 세계로 변화해 감을 고찰했다.

들에서는 『삼국유사』나 『삼국사기』에 실린 설화들을 차용하는 무불습합적인 상상력을 드러내기도 했다.

이 글은 김동리의 소설 중에서 성서에서 차용한 모티프를 변용한 「마리아의 회태」, 「목공 요셉」, 「사반의 십자가」, 「부활」, 이 네 편을 통해 그가 어떻게 샤머니즘적 관점으로 이를 수용하고 있는지를 살펴보고자 한다. 또한 기독교인의 신앙과 생활을 다룬 「천사」에서 인간의 자유로운 성정의 발현을 옹호하는 그의 신인간주의적 태도가 어떻게 드러나는가를 고찰하고자 한다.

2. 예수의 탄생과 양육을 이해하는 샤머니즘적 방식
  - 「마리아의 회태」와 「목공 요셉」

「마리아의 회태(懷胎)」(차봉준, 『기독교 전승의 소설적 형상화와 작가 의식』, 인터북스, 2009, 247-64. 이 단편은 김동리의 다른 문학전집에도 실리지 않았고, 2013년 김동리 기념사업회가 간행한 총 33권의 전집에도 누락되었다. 다만 차봉준의 책에 부록으로 수록되어 있다. 이후 괄호 안에 「마리아」로 표기하고 쪽수만 기입함.)는 성서에서 마리아의 친척 엘리사벳이 요한을 낳았다는 기록과 마리아가 엘리사벳을 방문한 기록(눅 1:5-56)을 모티프로 한 단편이다. 동정녀 마리아의 예수 잉태에 관한 기록은 마태복음(1:18-25)에서는 요셉의 현몽으로, 누가복음(1:26-38)에서는 마리아가 천사와 대화한 내용으로 나타나 있다. 작가는 마리아의 이른바 '수태고지(受胎告知)'에 따른 충격과 갈등을, 엘리사벳 이모가 나이 예순둘에 요한을 임신한 이야기와 병치시켰다. 또한 마리아의 약혼자 요셉의 갈등과 고민을 엘리사벳의 남편인 사가랴의 심정과 병치시켜서 마리아와 요셉이 그들에게 닥친 불가사의한 사건을 초자연적인 섭리로 이해하고 주어진 운명에 순응하게 된다는 결말을 보인다.

마리아는 '수태고지'에 대해 처음에는 인간적인 두려움과 불안을 느낀다. 그녀가 느끼는 두려움은 "자기만이 유독 모든 여인들과 다르다는, 즉 모든 자연적인 범주를 뛰어나 있다는 그 초자연적 특수성 그 자체에서 빚어지는 고독이요 불안이요 회의"(「마리아」, 255)였다. 그래서 예순 넘어 임신한 큰이모를 방문했고, 이모부 사가랴는 천사에게서 그의 아내의 회임 통고를 들었지만 이를 받아들이지 못했기 때문에 그 벌로 아기가 태어날 때까지 말을 못 하게 되었다는 사실까지 듣게 된다. 이런 신비한 일들을 전해 들은 마리아는 자신에게 닥친 일에 대한 두려움과 불안을 풀고 집에 돌아온다.

요셉 또한 마리아의 임신 사실에 충격을 받아 사흘 동안 일어나지 못할 정도로 고민하는 현세적인 인물이다. 그러나 마리아의 경우와 마찬가지로 그도, 사가랴가 열 달 동안 벙어리로 지냈다는 얘기를 듣자 자신에게 닥친 이 기이한 사건을 수용하고자 한다. 더군다나 꿈속에서 "네 안해 마리아 데려오기를 두려워 말라. 그녀의 잉태함이 성신으로 된 것이니 아들을 낳거든 이름을 예수라 하라"(「마리아」, 263)는 계시를 듣고 의심 없이 마리아에게로 돌아온다.

작가는 마리아의 수태고지나 요셉의 현몽을 '황홀한 광선'과 '엄숙한 소리' 등의 신비스러운 분위기로 묘사하면서, 열네 살가량의 소녀가 경험하는 이 이상하고 두려운 일에 대한 현실적인 불안을 대비시킨다. 요셉 역시 꿈속에서 '소리'를 듣기 전까지 고민에 휩싸일 수밖에 없었다. 그러나 두 인물은 일종의 엑스터시(ecstasy) 상태에서, 그녀의 잉태함이 성신으로 된 것이라는 음성을 들음으로써 자연스럽게 초자연적이고 초월적인 신비현상을 받아들인다. 더군다나 가까운 친척인 엘리사벳과 사가랴에게서도 그들과 매우 유사한 이적(異蹟)이 벌어졌으니 의심할 여지 없이 주어진 환경에 순응하고자 하는 태도를 보인다.

그런데 이러한 서사는 두 인물의 내적 가치관이나 신념에 기반한 결단이라기보다 동정녀 잉태라는 성서 모티프를 동양적 신비와 초월의 관점에서 풀어내는 작가의 간접서술로 허구화되고 있다. 이러한 이야기성은 김동리가 탐구하는 샤머니즘적인 종교의식과 관련이 있다고 본다. 즉, 샤머니즘의 특성상 모든 신적 존재는 기이한 능력을 행할 수도 있고 인간의 생사화복을 주장할 수도 있기 때문에 알 수 없는 신비가 인간사를 지배하거나 인도하고 있다는 것이다. 자신의 힘으로 감당할 수 없는 몽환의 분위기 속에서 어떤 음성을 듣게 되고 이로 말미암아 주어진 사태에 순응하게 되는 이른바 운명 순응주의(conformism) 방식은 우주 속에 놓인 존재가 우주의 질서나 조화에 합일코자 하는 자세라고 할 수 있다.

요컨대, 생의 문제에 대한 구경적 탐구라는 김동리의 작가의식은 인간의 상식을 넘어서는 잉태 사건에 당혹해하지 않을 수 없었던 마리아와 요셉이 그들의 이성적 결단을 토대로 사태를 수습하는 것이 아니라 초월적인 신비를 저항 없이 수용하는 것으로 결말을 맺게 한다. 다시 말해 예수의 동정녀 탄생에 관한 기독교의 구속사적인 세계관을 반영하기보다는 오히려 인간 세계에는 인간의 이성과 합리로는 설명할 수 없는 이적과 신비가 존재한다는 작가의 샤먼적 시선이 작용한 결과이다. 그래서 소설의 인물이 전경화되는 대신에 이야기성(narrative)이 부각되는 양태를 보인다.

「목공 요셉」 또한 「마리아의 회태」에 나타난 운명 순응주의 방식이 그대로 반영되어 있다. 이 단편은 요셉과 마리아가 결혼한 지 15년 후의 이야기로서, 예수가 부르는 '아버지'라는 호칭에 대하여 양부 요셉이 가슴앓이를 하는 내용이 주를 이룬다. 요셉이 예루살렘에서 유월절을 지키고 돌아오는 길에 예수를 잃어버린 사건(눅 2:41-51)을 모티프로 차용하여 이를 변용시킨 후일담이다.

> 요셉은 예수의 입에서 〈아버지〉란 말이 쓰일 때마다 질색을 했다. 그것을 태연히 전하는 마리아까지 얄밉고 무서울 정도였다. 대관절 예수가 〈아버지〉라고 부르는 것은 누구를 가리키는 말인가? 자기가 설령 그의 생부가 아니라 하더라도 그 비밀을 아는 사람은 아무도 없지 않은가. 그리고 또 자기는 그가 세상에 나오기 전부터 지금까지 아버지로서 조금도 부족함이 없이 그를 위하여 아버지의 임무를 다하여 오지 않았는가. 그렇다면 그는 무슨 불만이나 원한이 있어서 내 아닌 다른 〈아버지〉를 찾고 있단 말인가. (『전집12』, 190-191)

이와 같이 요셉은 예수가 왜 다른 아버지를 찾고 있는지 퍽 섭섭해하고 못마땅해한다. 예수 자신이 출생의 비밀을 알지 못할 터인데도 불구하고 괴팍스럽거나 괘씸하기까지 한 고아적 기질을 보이기 때문이다. 또한 마리아가 다른 애들과 다른 면모를 보이는 예수를 두둔하려는 태도에도 불만이다. 그래서 참을 수 없는 불길이 치밀어오르기도 하지만 동시에 예수를 함부로 간섭할 수 없는 두려움 같은 것을 느끼기도 한다. 요셉은 예수가 혼인하여 아버지 일을 돕고 동생과 집안일을 보살피는 평범한 장남이 되었으면 하고 바란다. 이는 혈연을 중시하는 유교적인 사고방식을 지닌 현세적 가장의 모습이다. 그러나 예수는 아버지의 말을 거역한다. 그래서 예수의 따귀를 훔쳐 때린 요셉은 이 년 후 가슴앓이 병과 천식으로 34세의 생을 마감하고 만다.

결국 이 소설은 '다른 애들과 다른' 예수로 말미암아 고민이 깊어진 요셉이 예수가 '아버지'라고 말하는 그 사람이 누군지 이해하지 못하고, 예수의 태도에도 섭섭함을 갖고 있다가 그것이 계기가 되어 일찍 죽고 말았다는 이야기이다. 그리고 작가는 후일담처럼 양부인 요셉에게 인간적인 미안함을 품고 있는 마리아의 심정을 간접서술 해 준다.

> 마리아는 그 뒤, 예수의 신도들에게, 예수가 열두 살 때 〈성전〉을 가리켜 〈아버지의 집〉이라고 한 일이 있다고 말했다. 그러나 그가 집에 있을 때, 한 번이라도 요셉 이외의 그 누구를 가리켜 〈아버지〉라고 부른 일이 있다고 말하지는 않았다. 그것은 죽은 남편에 대하여 무언지 미안하고 박정한 일같이 생각되었기 때문이다. (194)

이와 같이 김동리는 예수 성장담 모티프를 차용하여 유교적 전통을 고수하는 가부장제 사회에서 볼 수 있는 장남에 대한 아버지의 기대와 고뇌를 부각시켰다. 이때 기독교는 가족 간의 갈등을 야기하는 요인으로 작용하는 셈이다. 비록 소설의 무대와 배경은 팔레스타인이고 등장인물은 모두 성서에서 차용했지만 예수라는 기이한 아들을 키우게 된 요셉이 자신의 운명의 굴레를 벗어나지 못하고 체념 또는 순응하다가 삶을 마감하는 모습을 보여주었다.

3. 예수의 죽음을 이해하는 샤머니즘적 방식
-「사반의 십자가」와「부활」

『사반의 십자가』는 김동리가 주창한 제
3휴머니즘의 제4무대인 유대 땅을 배경으
로 예수 시대를 다룬 역사소설이다.『사반
의 십자가』에서 주인공은 사반이다. 이야
기의 중심은 사반을 위시한 혈맹단원들의
활동과 사반의 죽음이고 예수의 부활 사건
은 간접적으로 전해진다. 사반은 작가의 역
사 인식을 반영한 인물인데 이러한 사반의
서사에 예수 부활 서사가 삽입된 셈이다.

삼중당문고 066(1981)

그는 이 소설의 창작 배경에 대해, 설교시간에 우편 강도 이야기(눅 32:43)
를 듣고, 끝까지 낙원을 거부하고 스스로 지옥을 택한 좌도의 절망감과 고
민, 허무 등에서 모티브를 얻었다고 술회했다(『전집30』. 182-194). 또한 일
제 치하 우리 민족의 현실과 유대가 로마제국 치하에 있다는 것을 대비시
키고, 예수 당시의 유대인들도 우리와 같은 암담한 절망과 고통 속에서 살
았으리라는 추측에서 좌도를 민족주의자이자 열렬한 독립운동가로 설정
했다고 했다.

이러한 상황 설정은 기독교적인 것과 샤머니즘적인 것의 공통성과 이
질성을 드러내기 위한 하나의 장치로 보인다. 왜냐하면 사반은 당대 유대
인의 관점에서 보면 민족해방주의자일 수 있지만 점성술을 따르는 이교도
이기 때문이다. 그는 점성술사인 하닷의 예언을 믿고 '위대한 수별'과 짝별

이 되기 위해 예수와의 만남을 시도하고 거사를 계획한다.

그런데 예수의 죽음을 다루는 8장 이전까지, 김동리가 예수를 다루는 방식은 소문을 전해 듣는 관찰자 시점으로 묘사되고 있다. 이후 세 번에 걸친 사반과 예수의 만남에서 예수는 오직 하늘의 것을 추구하는 인물로 묘사된다. 이스라엘의 독립이라는 현세적 구원을 목표로 하는 사반과 달리 예수는 영혼 구원에 관심을 둔 신성만을 드러낸다. 하지만 사반이 체포된 후, 예수의 행적 특히 유월절 엿새 전부터의 예수 행적에 관하여는 요한복음 11장의 기록을 그대로 따르고 있다. 즉 마리아가 예수에게 향유를 붓고 머리털로 씻은 일이나 유다의 불평과 배반, 나사로의 소생, 최후의 만찬에서의 축사, 예수가 체포되기 전 마지막 1주일 등의 서사가 그것이다. 사반은 이러한 예수의 행적을 단원들의 입을 통해 전해 듣는 것으로 나타나는데 이는 작가가 예수 이적 모티프를 신령한 이야기라는 설화 차원의 전승담으로 파악했기 때문에 별다른 개입 없이 이야기로 서술하였다.

작가는 예수를 인본주의 관점으로 파악해, 예수가 공생애를 시작하기 전까지는 사반과 같이 유대의 독립을 이루어 줄 메시아를 대망하고 있었다고 보았다. 하지만 예수가 땅의 일을 도외시하게 된 것은 세례 요한의 '회개하라, 천국이 가까웠느니라' 하는 '광야의 소리'를 들은 이후라고 말한다. 천국이라는 말 한마디가 예수로 하여금 땅에서 하늘로 관심을 비약하게 하는 계기가 되었다는 것이다. 다시 말해 예수에게는 '광야의 소리'가 특별한 시점에서 하나님의 계시로 들렸다는 말인데 예수는 언젠가는 있을 하늘의 계시를 기다리며, 하나님의 권능을 믿으며 지금까지 지내온 것이라는 설명을 덧붙인다. 이는 마치 무당이 특별한 신내림을 받을 때까지 일정한 시기를 수행하며 기다리는 과정과 흡사하다. 즉 때가 차면 기이한

　　　　　　　　　　　　　　Ⅱ. 현대소설과 기독교 세계관

능력을 행할 수 있는 샤면(영매자)과 같은 인물로 예수의 신통력을 서술하고 있음을 알 수 있다. 예수는 '광야의 소리'를 듣고 비로소 성신으로 충만하기 시작했고, 이후 자신의 태도를 바꾸어 영생의 나라를 하늘에 설정하게 된 것으로 묘사된다. 그래서 예수는 사반을 만날 즈음에는 천상의 것을 추구하는 인물로 변해 있었고 땅이 아닌 하늘, 인간이 아닌 신, 육신이 아닌 영혼에 경도된 모습으로 가치관이 바뀌었다고 서술하고 있다. 「무녀도」나 『을화』의 주인공 무당처럼 비자발적인 계시에 의해 영험한 세계로 입문할 수 있다는 작가의 샤머니즘적 사고방식이 예수 서사에도 나타나는 셈이다.

김동리는 수필 「창공의 사상」에서 기독교를, 기도와 이적과 자연과 합일되어 나타나는 신관으로 이해했다. 그는 여호와 신을 자신의 자연신관에 입각하여 보편적인 하늘 또는 우주라고 생각했다. 예수는 자연 이상(以上)의 힘, 자연을 초극할 수 있는 절대적 위력을 갈구하는 인간에게 '초자연'과 '초합리', '하늘의 무한성'을 구현했으며 영원불멸한 나라를 하늘에 건설한 인물로서 공자와 같은 천재적 정열의 소유자로 보았다(『전집28』, 78-80).

예수의 이적 능력을 작가가 어떻게 수용하고 있는지는 유월절 준비를 명하는(막 14:13-15) 예수와 이에 반응하는 제자들의 서술에서도 잘 드러난다.

"너희들이 가서 우리를 위하여 유월절 준비를 하고 우리로 하여금 먹게 하라" 했다.
그들이 당황하여 어디를 원하시냐고 그에게 물으니, 너희들이 성내로 들어가면 물 한 동이를 가지고 가는 사람을 만나리니 그를 따라 들어가서 주인에게 말하기를 내가 내 제자들과 함께 유월절을 먹을 객실이 어디 있느냐, 하고 묻더라고 전하라. 그러면 그가 자리를 베푼 큰 다락방을 보이리라, 하고 눈으로 환히 보는 것처럼 가르쳐 주었다. 이것은 저 〈나귀 새끼〉의 경우와 같이 **신령(神靈)의 눈에 비친 대로**를 나타내었던 것이었다. 이렇게 이 무렵에 와서 그의 신령의 눈이 특히 활동하게 된 까닭은 무엇인가. 첫째는 이 며칠 동안 그는 죽은 자를 살리고 병든 자를 고치고 하는 따위 신령의 힘으로 행하는 바 권능을 많이 나타내지 않고 있었다. 따라서 **신령의 힘도 그만큼 쌓여져 있었던 것이다.** (382–83. 필자 강조)

작가는 예수의 능력을 '신령의 힘'이라 하면서도 권능을 많이 나타내면 재충전이 필요한 소모적인 것으로 이해했다. 이는 무속에서 신접한 인물이 특별한 능력을 다 소모하고 나면 다시 신령한 기운을 받아야 하고, 한동안 재충전의 기회를 가져야 다시 신적 능력을 행사할 수 있는 것으로 이해하는 사고방식과 비슷하다.

☞☞ "그러나 아무리 그의 부활을 믿는 사람일지라도 그 무덤에서 돌을 밀치고 나간 예수의 육신이 그대로 하늘나라로 올라간 것이라고 생각한다면 그것은 너무나 완고한 시(詩)다. 만약 문제가 어디까지나 그의 시체의 행방에 있는 것이라면, 처음부터 자진하여 그것을 인수하러 나타났던 아리마대 요셉이, 그만한 사랑과 용기와 정의의 사람이 왜 그의 부활을 그의 제자들과 더불어 맞이하지 못했던가 하는 사실과 아울러 생각할 필요도 있을 것이다."(김동리, 「사반의 십자가」, 『한국3대작가전집』 8, 삼성출판사, 1970, 283.)

그렇다면 김동리는 예수의 부활을 어떻게 이해했을까? 아래 인용문은 예수가 십자가에 못 박힌 후, 무덤 속의 예수와 시체에 관한 일을 형상화한 부분으로 소설에 나타난 예수에 대한 마지막 기록이다. 초판본 『사반의 십자가』(1957)에서 작가는 예수의 부활사건을 일종의 "완고한 시(詩)"라고 말하면서 있을 수 없는 모순된 일로 받아들였다. 개작본(1982)에서는 예수의 사후(死後)를 요셉이 꿈을 꾼 후에, 가사상태에 빠진 예수를 자기 집으로 모셔간 것으로 서술하고 있다.

> "주님이여 놀라지 마십시오. 저는 주님이 깨어 계실 줄을 알고 모시러 온 사람입니다."
> 이렇게 말했을 때 **예수는 간신히 왼쪽 팔을 조금 움직여 보였다.** […]
> 요셉의 집에 당도한 예수는 거기서 얼마 동안 어떻게 지냈는가. 또 어떠한 말을 요셉에게 일러 주었던가. 그리고 거기서 어디로 갔으며 어디서 언제까지 누구와 더불어 어떤 일을 하고 어떤 말을 했는가. 그것은 **영원한 수수께끼로 덮어두자.** (411)

이렇게 외부 서술자가 등장하여 설명하는 간접서술로 알 수 있듯이 작가는 예수의 부활사건을 '완고한 시'라고 생각하거나 '영원한 수수께끼'로 덮어두자고 서술한다. 예수의 죽음에 대한 이와 같은 시선은 작가가 신화나 설화 모티프를 이야기로 차용하는 서사 전략이자 소설에 신비로운 여백을 제공하는 효과를 낸다.

이러한 서사 기법의 연장으로 작가는 수필 「송추의 겨울」에서 사반의 혼령을 만나 대화하면서 예수의 죽음을 해석하는 자신의 입장을 다시금 강변한다. 즉, 사반의 혼령을 빌려 작가가 말하는 예수의 부활사건은 예수가 오랜 금식과 소식(小食)으로 단련된 체질이며 십자가상에서의 죽음은 심장과 혈관이 완전히 죽은 것이 아니라 다만 정지되어 있었던 것이라고 말한다. 그러다가 예수가 콧구멍으로 들어오는 공기를 마시고 다시 숨을 돌이킨, 소위 '예수 기절설'을 표명하고 있다. 혼령을 불러내어 대화하

는 방식은 귀신의 세계, 즉 신접한 세계를 보여주고 있는데 작가가 심령과
학에 심취해 자신의 생각을 피력한 다음과 같은 글귀도 주목을 요한다.

> 사람의 나이 마흔이 되면 그 눈에 귀신이 보인다고 한다. 나는 마흔이 되
> 도록 그것을 경험하지 못했다. 나는 쉰이 넘은 뒤부터 차츰 그런 것이 보
> 이는 듯했다. 그리하여 예순이 넘으면서 그것이 좀 더 확실해지는 듯했
> 다. 그러나 자신 있게 보이지는 않았다.
> 내 나이 예순이 넘어서, 내가 더 많은 심령과학 서적을 읽은 뒤에 그것이
> 꽤 똑똑히 보이기 시작했다. 그리하여 일흔에 가까워지면서부터 나는 신
> (하느님)과 귀신(鬼神)과 천당과 지옥과 이승과 저승이 보다 더 똑똑히 보
> 이기 시작했다. (『전집27』, 284-85)

"심령과학에서는 생존자가 영매를 통하여 망자의 영혼을 만나게 되어
있다. 이 경우 망자는 소위 물질화 현상에 의해 유체(幽體)로서 나타나 생
존자의 눈에 보이게 될 뿐 아니라 사진에도 찍히고 손으로 만져볼 수도 있
고 대화를 나눌 수도 있게 된다"(『전집27』, 289). 이와 같은 서술로 보아 심
령과학에 경도되었던 작가는 비가시적인 세계가 보이기도 하고 신들리기
도 했던 경험을 지닌 것으로 볼 수 있다.

결국 작가는 예수를 초자연적인 신이(新異)한 능력을 부여받은 일종의
샤먼으로 보았고 예수의 신성이나 몸의 부활은 과학적으로 받아들일 수
없었다. 그래서 『사반의 십자가』는 심령과학을 탐구하던 김동리가 그의 신
인간주의를 실현하기 위한 전략으로 기독교를 샤머니즘화하고 한국 정서
에 맞게 소화한 종교 혼합주의(religious syncretism) 시각(김윤식, 368)으로 쓴
소설임을 알 수 있다.

Ⅱ. 현대소설과 기독교 세계관

단편 「부활」은 『사반의 십자가』를 쓴 뒤 5년 후, 작가에게는 여전히 난제였던 예수의 부활을 이해하기 위한 또 다른 시도였다. 이번에는 요셉의 외삼촌의 가사상태를 예로 들면서 예수의 육체 부활의 불가능성을 역설하고 있다. 서술자 '나'는 예수를 비롯한 세 사람의 죽음 현장에서 그들을 지켜보며, 볼품없는 예수보다 사반이 지닌 강렬한 생명력에 마음을 더 빼앗긴다. 이런 점에서 「부활」은 『사반의 십자가』의 결말 부분을 따로 떼어내 단편화한 것이다.

　예수가 어떻게 최후를 마치는지 자신의 눈으로 똑똑히 봐두기 위하여 골고다로 나온 '나' 요셉은 사반과 예수의 대조적인 모습을 목격한다. 예수는 "양쪽 손바닥과 포개어진 두 발목에 각각 못이 박혔을 때 그의 얼굴은 이미 잿빛이 된 채 땀방울만 가득 솟아 있"(『전집10』, 154)는 모습으로 그려진다. 예수가 거의 죽은 듯이 매달려 있는 모습에 비해, 사반은 끄떡도 없이 분노로 가득 찬 눈이 불꽃같이 타오르고 있어서 '나'는 사반이 앞으로 사흘이 지나도 죽을 것 같지 않다고 생각한다. 다시 말해 예수는 일찍 숨을 거둔 것처럼 보였고, 사반과 우편 강도는 아직 숨을 거두지 않았기 때문에 로마 병사들이 '다리 꺾음'을 했을 것이라고 서술자인 '나'는 설명하고 있다.

☞☞ '다리 꺾음'은 구약의 성취로서 예수가 그리스도임을 나타내는 표징(출 12:46; 민 9:12; 시 51:8)이지만 작가는 예수가 로마 병사들에 의해 육체의 죽임을 당하지 않았다는 것을 과학과 이성의 차원에서 서술하기 위해 사용하였다.

　　병사 둘이 예수의 시체 곁으로 다가오더니 그 중의 하나가,
　　"이왕이면 이 치도 다리꺾음을 해버리지."

하는 것을 나는 서슴지 않고,

"멀쩡하게 죽은 사람을 새삼 다리꺾음할 필요가 없지 않소?"

했더니 그들도 더 대꾸를 하지 않았다. 그 대신 아마 다리꺾음을 해치우
자고 하던 병사가 창 끝으로 예수(시체)의 옆구리를 쿡 찔러보았다. 요행
히 그것은 아랫배 옆구리였기 때문에 뼈가 상할 리는 없었고, 핏물이 좀
나왔을 뿐이다. 그들도 이미 죽은 것으로 보고 있었기 때문에 시체를 두
고 그다지 악착스레 굴고 싶지는 않은 모양이다.

나는 속으로 다행이라고 생각했다. 그가 죽었다고는 뻔히 알고 있으면서
도 왠지 **그의 속속 깊은 데까지는 완전히 죽어지지 않았으리라고**, 또 하
나 다른 내가 그것을 은근히 믿고 있었기 때문이었다. (156)

요한복음 19장 31-34절을 차용한 이 대목에서 작가는 서술자 '나'의
입을 빌려서 심한 고통에 지친 예수가 운명한 것처럼 보이지만 사실은 운
명한 것이 아니며 병사들에게는 죽은 것처럼 보였기 때문에 죽은 자를 대
하는 유대인의 관습에 따라 '다리 꺾음'을 하지 않았다고 친절하게 설명한
다. 결과적으로 좌우의 두 사형수는 다리가 꺾여 물리적인 죽음이 검증되었
지만 예수는 죽은 것으로 보였기 때문에 그대로 십자가에서 내려졌고 '나'
는 숨이 질려 있는 예수의 몸을 직접 옮겼다는 것이다. 그 후 예수는 가사상
태에서 요셉의 간호로 육체의 원기를 회복한 것으로 서술된다. 예수는 마치
무속에서 신접한 인물이 행할 수 있는, 치유의 이적이나 축사(逐邪) 등의 초
월적 능력을 나타낼 수 있는 위인(偉人)이기는 하지만 죽었다가 다시 살아
날 수는 없는 현세인이라는 작가의 인식이 소설에 반영된 것이다.

이렇게 김동리는 종교 갈등을 뛰어넘는 삶과 죽음의 합일적 경지를 전
통적인 샤머니즘 맥락 속에서 구현하고자 했다. 예수의 죽음과 부활 모티

프 역시 그의 신인간주의 의식을 반영한 여신적(與神的) 시각으로 처리하고 있음을 알 수 있다. 예수는 가사상태에서 깨어나 어디론가 사라진 것에 불과하다는 것이다. 여신적 인간형을 그리기 위한 작가의 의도는 소설의 마지막에서 막달라 마리아의 행방 또한 물귀신처럼 사라져버린 것으로 처리한다. 이러한 사라짐이 곧 우주와 유기체적인 합일 내지 융화를 이루어 가는 것으로서의 죽음이라는 것이다.

4. 신앙인을 이해하는 샤머니즘적 방식과 신인간주의
   - 「천사」

「천사」는 작가가 대구 계성중학교에 다니던 두 해 동안, 아동성경학교의 동화 담당 선생으로 참여하면서 그 시절의 일화를 바탕으로 쓴 단편이다(『전집29』, 20).

필자 '나(병수)'는 중학교 4학년생으로 여름방학 때 아동성경학교에서 안 선생을 처음 만난다. 어머니는 안 선생의 사람됨을 보고 그녀를 천사라고 부르는데 믿음이나 재능과 지식, 거룩하고 따뜻한 마음씨 등 그 태도가 천사라고 할 만하다는 것이다. 안 선생은 교회 반주자로 또 전도부인으로 목사님의 한쪽 팔 구실을 하는 등 교인들에게도 인정받고 있다. 한번 기도를 시작하면 온 교회당 안의 죄악이 회개의 눈물로 말끔히 씻기는 듯 기도를 하는 그녀의 기도 소리를 '나'는 '불이 붙는 듯한 믿음의 소리요, 거룩한 천사의 외침 소리'로 파악한다. 그러나 어머니가 외할머니의 부고 소식으로 집을 비우자 두 사람은 서로에게 끌려서 '닷새 동안 밤마다 같은 행위'

를 되풀이한다. 이 행위란 서술자 '나'에게 있어서는 "끝없는 황홀과 충족 속에서 〈거룩한 천사〉, 〈거룩한 마돈나〉가 줄을 지어 흐르"(『전집10』, 177)는 경험이었다는 것이다.

> 그 뒤에도 어머니가 친정댁에서 돌아오시기까지 닷새 동안 밤마다 같은 행위는 되풀이 되었지만 행복과 충족감이 절정을 향해 치닫기 시작할 때마다 그녀는 번번이 같은 소리로 울었던 것이다.
> 그러나 나는 무어라고 입을 뗄 수도 없었고 다른 생각을 일으켜볼 수도 없었다. 나는 처음부터 어머니의 말씀대로 그녀를 천사라고 보았고, 또한 천사 같은, 천사에 어울리는, 천사의 그것일 수밖에 없는 울음이라고 느껴졌을 뿐이었다. (177)

이 소설은 교회에서 착실히 믿음생활을 하는 어느 전도부인이 육체적 정욕을 이기지 못해 17세 청년 '나'와 육체적인 접촉을 가진 후, 울음으로 K읍을 떠나는 결말을 보인다. 그러나 '나'는 이 사건을 통해, 사람들에게 특별히 천사라고 인정받는 그녀도 자신의 금기를 깨고 정욕을 발산하는 자연인이며 그것이 그녀의 천사 됨을 이해하는 데 아무런 장애가 되지 않는다는 점을 말하고 싶어한다. '나'는 그 밤의 행위에 대해 '나'의 의지와는 상관없이 벌어진 일로 간접진술을 하고 있지만 시종일관 그녀가 천사였다는 것을 경험했다는 태도를 고수하고 있다. 즉, 그녀의 밤 행위는 오히려 아름다운 것으로 '나'는 "나의 모든 것을 바쳐도 모자랄 것 같은 무어라고 형언할 수도 없는 감사지정(感謝之情)에 흠뻑 잠긴"(177)다. 그래서 천사는 타락하지 않았고 이전과 똑같은 천사이며 그녀의 울음 역시 천사의 그것으로 파악한다.

II. 현대소설과 기독교 세계관

무속에서 행해지는 '굿'이 우주의 혼과 교감하는 율동이라면 안 선생의 '울음'은 인간이 인간과 교감하고 반응하는 소리가 되는 것이다. 이는 작가가 주창하는 인간성 옹호의 측면에서 기독교 신앙과 이성적 합리주의에 갇혀 있는 근대적 인간이 지향해야 할 그의 신인간주의적 사고를 보여주는 것이다. 즉 근대 과학주의와 획일적 유물사관에 대립하여 그가 주창한 제3휴머니즘의 정신은 이성적 인간을 비판하고 인간 개성의 자유로운 표출과 생명의식을 구가하는 것이었다. 그래서 작가이자 '나'이기도 한 병수의 태도는 안 선생의 신앙이 인간성의 발현을 위해서 오히려 아픔을 안고 극복되어야 한다는 입장을 취한다. 안 선생이 주위 사람들에게서 천사라고 인정을 받는다면 그녀의 신앙과 행위는 일치해야겠지만, 자연스러운 본능에 반응하는 성정이 오히려 더 인간답고 천사 같다는 것이다. 기독교에서 하늘과 땅을 매개하는 중간자적인 존재를 '천사'라고 한다면 김동리에게는 천사 역시 여신적 인간형의 대변자일 수 있기 때문이다. 안 선생의 충동적인 성적 표현 행위는 인간에게 공통으로 부여된 운명에 관한 행위이자 그녀가 평소보다 더 오래 기도한 그날 밤 기도의 결과일 수 있다는 의미이다.

이와 같이 김동리에게 있어 몸의 본능은 정신과는 그다지 관련이 없는, 별다른 억제가 필요하지 않은 양태로 나타나는데 그것은 자유인으로서 성문제에 관하여 윤리적인 계약에 구애되지 않으려는 자신의 신인간주의 사고를 드러낸 것이다. 그의 소설에 근친상간이나 성적 방종, 인간 본능에 대한 개방적 태도가 나타나는 것 또한 이러한 인식과 관련이 있음을 보여준다. 『사반의 십자가』에서 사반과 막달라 마리아는 연인이었지만 후에 동복남매임을 알게 되는 것이나 사반의 아내 실바아가 이웃 왕국의 왕비가 되었다가 돌아와서도 여전히 예전과 같은 역할을 수행하는 설정, 심지어 죽음을 앞둔 사반이 하닷 대신 실바아를 자신의 단사(團師)로 삼지 않았던 것을 후회하기까지 하는 설정 등이 그 예이다. 이와 같은 맥락에서 보자면 「천사」에서도 신앙이 그의 신인간주의의 안티테제로 작용하고 있음을 알 수 있다. 안 선생의 울음을 참회의 울음이 아닌 여전한 천사의 울음으로 '나'가 파악하고 있는 것에서 알 수 있듯이 신앙과는 관계없이 자유로운 인간성 또는 인간 성정(性情)의 욕망에 순응하는 것이 오히려 더 자연과의 조화나 합일에 어울린다는 것이다. "행복과 충족감이 절정을 향해 치닫기 시작할 때마다 그녀는 번번이 같은 소리로 울었"(177)지만, 안 선생이 그렇게 자신의 울음을 극복해야 하기에 '나'는 아무런 의사나 행동도 표현하지 않는다. 이와 같은 방식이 작가가 추구하는 생의 구경적 탐구였고 샤머니즘적인 융화의 시선이었으며 신인간주의였던 셈이다.

결국 김동리는 근대라는 이성적 합리주의 세계가 또 하나의 우상으로 군림하던 1960년대에, 「천사」에서 독실한 기독교인인 안 선생의 성행위와 '울음'을 통해 인간을 인간(자연인)의 눈으로 바라보고자 했던 그의 신인간주의를 구현하고 있음을 알 수 있다. 이는 작가 자신의 샤머니즘적 상상력을 빌려 말하자면, 자연과의 조화 또는 융화를 일컫는 여신적 인간형을 창조하기 위한 그의 문학적 행위의 또 다른 양태였다.

5. 나오며

　지금까지 생의 구경적 탐구를 소설의 기치로 내건 김동리가 성서에서 차용한 모티프들을 어떻게 소설로 변용하였나를 살펴보았다. 그는 신과 인간과의 문제를 다룸에 있어서 여신적 인간형과 인간의 자유와 개성, 생명의식을 옹호하는 방식을 드러내 보였다. 특히 예수를 샤먼과 같은 신이한 능력의 소유자로 파악했고, 예수와 관련된 주변 인물을 형상화할 때도 그들이 현몽이나 계시를 듣고 주어진 운명에 순응하는 양태를 보여주었다. 작가에게 있어 생의 구경적 탐구에 해당했던 신과 인간과 죽음의 문제와 수태고지 사건, 예수의 성장담, 십자가 부활 등의 소설적 모티프는 샤머니즘과 융화를 이루어 우주적 자연의 질서와 합일을 지향하고 있었다.

　예수를 특별한 카리스마를 지닌 신령한 인물로 파악한 작가는 「마리아의 회태」에서, 수태고지 사건을 기이한 초자연적 현상의 하나로 수용하면서 마리아와 요셉이 주어진 운명을 받아들이는 모습을 그렸다. 그들의 순응행위는 신앙적 결단이라기보다는 이성을 넘어서는 우주적 계시를 수용하는 자세였다.

　「목공 요셉」은 가부장적 가족제도의 중심인 아버지의 입장에서 예수를 바라보는 요셉의 현세적인 관점과 유교적 사고방식을 보여준다. 장남 예수에 대한 요셉의 기대는 여느 집 아들과는 달리 섞일 수 없는 면모를 보이는 예수에 의해 여지없이 무너진다. 그 때문에 요셉은 괴로워하다가 가슴앓잇병과 천식으로 일찍 죽고 만다. 마리아 또한 부자지간의 갈등을 완화시키려는 현세적 관점을 드러낸다. 하지만 이러한 관점들은 그들에게 부여된 운명을 수용하는 데 전혀 걸림돌이 되지 않는다. 오히려 기이한 성격의 예수를 어찌할 수 없다는 태도로 받아들이고 이들은 주어진 삶을 살아갈 뿐이다.

『사반의 십자가』에서 사반은 당시 메시아로 불리던 예수와 손잡고 이스라엘의 독립이라는 정치적 구원을 이루려 했다. 그러나 예수는 오직 신령한 일에만 몰두하는 자로 유대민족의 구원은 하늘에서 영원한 왕국을 건설하는 일로 이루어진다고 말하게 한다. 작가는 예수를 천상의 일을 염원하면서 지상에서는 이적을 행하는 인물로 설정했지만, 예수의 몸의 부활에 대하여는 그의 죽음을 가사상태 혹은 기절로 처리하고 있다. 예수 부활 모티프는 단편 「부활」을 통해 좀 더 세밀하게 형상화되고 있는데 역시 예수가 가사상태에서 요셉의 간호로 원기를 회복하고 일어난 것으로 해석했다. 예수의 행방은 사라진 것으로 처리된다. 작가에게 있어 죽음이란 자연과의 융화 내지 합일되는 사라짐이어야 했기 때문이다.

「천사」에서는 주위 사람들에게 천사라고 불릴 정도로 독실한 신앙을 지닌 안 선생이 육정을 이기지 못해 '나'와 며칠 밤을 보내게 되지만 '나'는 그녀의 울음조차 천사의 그것으로 파악한다. 이는 인간성 옹호의 차원에서 인간의 자유로운 본성을 이성이나 신앙보다 더 존중하는 작가의 신인간주의 의식을 드러낸 것이다. 신앙이란 인간주의의 안티테제에 불과할 뿐, 생의 구경을 탐구하는 작가에게 있어서 육체의 정욕이란 건강한 인간성의 발현에 해당한다는 것을 보여준다.

김동리 소설이 차용한 성서 모티프는 예수라는 역사적 인물을 신이한 능력의 샤먼으로 간주하는 시각으로 변용되어 있음을 알 수 있다. 김동리는 예수의 육체적 부활을 받아들일 수 없었다. 그가 작가생활 후반기에 관심을 기울인 심령과학의 세계와 샤머니즘이 표방하는 인간의 영혼은 우주

속으로 사라져 사후세계에 있다가 다시 신령하게 나타나 인간과 접신할 수도 있다는 작가의식 때문이었다. 그가 주창한 생의 구경적 양식은 인간성 옹호를 주창하는 신인간주의로 확장되었지만 작품에서는 인간 본연의 성정을 자유로이 구현하는 양태로 나타나고 있었다.

이와 같이 김동리는 새로운 성격의 신과 새로운 형의 인간을 창조함에 있어서 샤머니즘에서 기인한 여신적 인간형을 추구했고 인간주의를 옹호하는 방향으로 자신의 작가의식을 확장시켰음을 알 수 있다.

☞☞ 김동리의 작가의식은 자연의 질서와 조화를 이루는 생의 구경적 탐구에 있었다. 그는 신과 인간의 문제나 죽음의 문제를 다룰 때 여신적 인간형을 내세웠고 운명적 순응주의 방식을 고수하였다. 성서에서 모티프를 차용한 「마리아의 회태」와 「목공 요셉」에서도 인간이 반응할 수 없는 초월적인 신비현상을 운명으로 받아들이는 인물을 창조하였다. 또한 유교적 현세주의의 관점에서 예수의 양부인 요셉을 묘사하였다. 역사적 예수와 부활사건을 형상화한 「사반의 십자가」와 「부활」에서는 예수의 육체적 죽음과 부활을 물리적인 죽음이나 신적 부활로 수용하기보다는 가사상태 또는 기절에서 깨어난 것으로 보았다. 이는 작가가 예수라는 존재를 유대 땅에서 신령한 능력을 지닌 샤먼으로 파악한 결과이며, 그의 이성적 사고로는 예수의 육체 부활을 받아들일 수 없었음을 보여준다. 단편 「천사」는 천사와 같은 독실한 신앙인이라 할지라도 인간의 성정이나 본능을 자유로이 발현할 수 있어야 한다는 김동리의 신인간주의 사상이 드러난다. 새로운 성격의 신과 새로운 인간형을 창조하려 했던 김동리는 샤머니즘을 수용한 여신적 인간형과 인간주의를 옹호하는 방식으로 자신의 작가의식을 확장해 갔다.

제2장

한국 소설에 나타난 가룟 유다 서사

\# 배반 동기(Motive of betrayal)

\# 금전 탐욕(Money greedy)

\# 양심선언(a Declaration of conscience)

\# 운명예정설(Predestination)

\# 자살(Suicide)

\# 은 30세겔(Silver 30 Segel)

\# 피밭(Akeldama)

1. 유다는 왜 예수를 배반했을까

유다의 키스(조토 디 본도네, 1303)
https://www.wikidata.org/wiki/Q3504778

가룟 유다는 왜 예수를 배반했을까? 그 확실한 대답은 유다 자신에게서 들어야겠지만, 성경에 나타난 가룟 유다의 서사를 놓고 여러 소설가들이 그를 옹호하거나 비난하는 해석에는 관점의 차이가 있다.

유다는 야고보의 아들 유다와 구분하기 위해 가룟(Iscariot) 사람 유다(Judas)라 불렸는데, 디베랴 바닷가에서 예수의 제자로 택함을 받았다(마 4:18-24). 그는 제자들이 사용할 공동체의 돈주머니를 맡았고 공금을 슬쩍 훔쳐 간 적도 있다(요 12:6). 또 예수에게 향유를 바치는 마리아를 비판하기도 했고(마 26:8-9; 요 12:5), 은 삼십에 예수를 대제사장들에게 팔아넘기고 비참한 말로(마 27:3-8; 행 1:18-19)를 맞은 인물이다.

누가복음에는 유다에게 사단이 들어가서, 유다가 대제사장들과 군관들에게 예수를 "넘겨줄 방책"을 의논했고 저희는 기뻐하며 돈을 주기로 언약했다고 기록되어 있다(22:3). 유다는 이를 허락하고 따르는 무리가 없을 때에 예수를 그들에게 넘겨줄 기회를 찾고 있었다고 했다. 요한복음에는 유다는 이미 그 마음 한 곳에 예수를 팔 생각을 하고 있었으나, 결정적인 행동은 성만찬 때 행했던 것으로 서술되어 있다(13:2). 또한 유다는 꾸민 일의 배치를 완성하고자 유월절 만찬의 자리인 다락방에서 물러 나온 일도 있다(13:26-30). 마태복음에는 유다가 예수의 정죄됨을 보고 스스로 뉘우쳐 은 삼십을 대제사장들과 장로들에게 도로 갖다주며 '무죄한 피를 팔고 죄를 범하였'다고 말한 것으로 기록되어 있다(27:3-5).

입맞춤으로 인자를 판(눅 22:48), 멸망의 자식(요 17:12)이라 일컫는 가룟 유다가 서사의 주된 모티브로 등장하고, 유다 스스로 자신의 입장을 해명하는 내용이 기술된 소설로는 2012년 현재, 개작을 제외하고 번역본을 포함하면 총 12편이었다. 이 글은 그중에서 한국 소설 단편과 중·장편 6편에 나타난 가룟 유다 서사를 통해 유다의 배반 동기와 죽음, 그 운명에 대한 해석의 차이를 살피고자 한다.

☞☞ 한국 소설 5편을 선정한 이유는 2012년 현재, 유다 서사가 주체가 되는 소설을 5편으로 보았기 때문이다.(유다 이야기가 예수의 생애와 관련하여 짧게 언급되는 경우는 제외했다.) 한국 소설 5편은 기독교 세계관의 관점을 일부분 차용한 내용이었다.(2023년에 발간된 김영현의 장편 『열세 번째 사도』는 참고하지 못했다.) 번역본의 경우, '예수 사체 유기설' 등 당대 설화 전반을 다룬 것도 있어 여기서는 제외했다.
제외한 책은 다음과 같다.
① 몰리 캘러한의 『가룟 유다의 고백』은 필로의 필사본을 근간으로 하고 있다(〈도마 복음서〉나 〈마리아 복음서〉 등과 같이 그노시스파가 만든 것이라는 설). 필로는 예수가 유다에게 도움을 청했기 때문에 유다는 충성하는 차원에서 희생자로 뽑히게 되었다는 유다의 고백을 듣는다. 실제로는 배신이 아니라, 예수를 향한 사랑이었다는 관점이다. 소설은 주인공 필로가 예루살렘에 파견되었다가 로마로 돌아가기 전까지 듣고 본 예수의 체포과정과 그 사체 유기 등과 관련된 자신의 심경을 밝힌 내용이다.
② 레오니트 안드레예프의 『가룟 유다』는 제자 중 유다가 가장 현실적으로 예수를 사랑한 제자이며 다른 제자들은 오히려 냉정한 살인자이며 겁쟁이 배신자들이라는 주장이다. 예수의 사상을 구현하기 위해 배신자가 된 유다는 표리부동한 성격에 외모는 기형이라고 묘사하고 있다.
③ 발터 옌스의 『유다의 재판-가리옷 유다의 시복재판에 관한 보고서』는 유다가 예수의 명령을 따름으로써 예언을 성취했다고 보고 순교자로 인정해달라는 청원이 주 내용이다.
④ 김덕환의 『가룟 유다의 피밭』은 제목과는 달리 유다에게 주 서사를 두지 않고 예수 사후 오순절 성령이 강림하기까지의 내용을, 설명이 우세한 전지적 시점으로 '바라빠'의 입장을 형상화한 것이다.
⑤ 레이 앤더슨의 『가룟 유다로부터 온 복음』은 인간의 연약함과 공동체 내에서의 배신과 상처, 그리고 그것들을 말씀을 통해서 치유해 가는 방법들에 대해 심리학적 관점으로 풀어쓴 실용서이다. 부활한 그리스도의 은혜와 용서가 유다와 같은 배신자(우리를 포함하여)에게도 베풀어진다는 관점이다.
⑥ 카트린 슐라르 편, 『유다』는 '신의 죽음'과 예수의 세상에 대한 속죄, 구원을 가능하게 만들기 위해 예언을 위한 시나리오의 일부로 가룟 유다가 쓰였다는 논집이다.

2. 유다의 배반 동기에 대한 몇 가지 가설

유다의 죽음에 관하여 마태복음은 유다가 배신한 대가로 받은 은 삼십을 성소에 던져 넣고 물러가서 스스로 목을 매었고, 대제사장들이 그 돈으로 토기장이의 밭을 사서 나그네의 묘지로 삼았는데 그 밭을 핏값으로 샀기 때문에 피밭(Field of Blood, Akeldama)이라 불렀다고 한다(마 27:3-8). 그러나 사도행전에는 유다가 배신한 대가로 받은 돈으로 밭을 샀으나, 후에 몸이 곤두박질하여 배가 터져 창자가 다 흘러나와 죽었기 때문에 그 밭을 피밭이라 불렀던 것으로 기록되어 있다(행 1:18). 즉, 밭을 산 사람이 다르고 또 피밭이라고 부르게 된 이유가 다르게 기록되어 있다.

마가복음에는 유다가 대제사장들을 찾아가서 예수를 그들에게 넘겨주겠다고 하자, 그들은 유다의 말을 듣고 기뻐하며 그에게 돈을 주겠다고 약속했다고 한다(막 14:10-11). 그렇다면 유다는 처음부터 보수를 요구하지는 않았고, 오히려 대제사장들이 배신이 있을 것임을 기쁘게 받아들여 유다에게 감사를 표하고 돈을 준 것으로 볼 수 있다. 그러나 마가복음보다 늦게 쓰인 마태복음에는 유다가 거래의 시작에서부터 돈을 의식하여, 미리 현금 지불을 요구한 것으로 나와 있다(마 26:14-15).

이러한 전제하에서, 가룟 유다의 배반 동기에 대한 몇 가지 가설을 살펴보자.

우선 유다가 돈이 탐나서 예수를 배반하게 되었다는 '금전 탐욕설'을 들 수 있다. 유다는 예수를 잡으려고 혈안이 된 대제사장들과 장로들의 요구에 부합하는 일종의 현상금 성격의 돈을 탐냈다는 가설이다. 이에 대한 성경적 근거는 "저는 도적이라 돈궤를 맡고 거기 넣는 것을 훔쳐감이러라"(요 12:6)와 또 "얼마를 주려 하느냐"(마 26:15) 하는 구절이다. 그렇다면 유다는 처음부터 예수의 제자로서 예수를 따른 것이 아니라 예수를 이용하여 자신의 야망을 이루고자 기대를 걸었다가 실망하여 변심한 것이 된다. 또는 사탄에 유혹되어(요 13:2, 27) 예수를 팔려는 생각이 들어왔다고도 볼 수 있다. 이 탐욕설은 유다가 한때 예수를 따르는 제자였다는 사실보다는 '도적'이라는 서술에 무게를 둔 가설이다.

또 다른 가설로는 역사주의 비평방법의 일환으로, 예수 생존 당시 시대·

역사적 맥락에서 가롯 유다를 열심당원으로 규정하고 그가 이스라엘 독립을 쟁취하고자 하는 구국의 열망으로 예수를 따랐을 것이라는 추측이다. 즉 민족주의자 유다가 예수를 당시의 시대·정치적 상황에서 빠져나갈 수 없는 막다른 골목에 몰아넣음으로써 예수를 민중이 원하는 정치적·군사적 지도자로 변화시키려 했다는 것이다. 이를 민족주의자의 '정치적 야망설'이라 한다면 십자가상의 좌우편 강도 역시 민족 해방 운동가들의 다른 이름이라는 추측과 함께 허구적 서사의 매력적인 플롯이 될 수 있다.

이 가설을 좀 더 발전시키면, 유다가 혁명당원들의 기대에 부응할 예수의 행동을 기다리다 못해 예수를 오히려 궁지에 몰아넣기 위해 대제사장들에게 파는 것이다. 예수는 이를 타개하고자 신통력을 발휘할 것이고, 이때를 기다려 당원들이 유대 독립을 쟁취할 수 있다고 본 것이다. 유다는 민중의 지도자인 예수 한 사람을 대표적 희생제물로 팔아버리면 위기에 몰린 예수가 봉기할 것으로 판단했다. 그러나 계산과는 달리 예수가 십자가형을 선고받는 쪽으로 일이 틀어지기 시작하자 급기야 양심의 가책을 느끼고 자살을 택하게 된다는 가설이다. 이를 오판에 따른 '양심의 가책설'이라 한다면 예수를 죽음으로부터 되돌리고 싶었지만 그것이 받아들여지지 않자 속죄의 뜻으로 죽음을 택한 셈이다.

세 번째 가설은 유다의 배신행위가 유다의 선행이자 그의 신앙고백이었다는 설이다. 유다는 누군가가 담당해야 하는, 하나님의 뜻인 배신의 임무를 띠고 예수를 넘겨줌으로써 선행을 하였다는 가설이다. 유다의 배신이 없었다면 예수는 체포되지 않았을 것이고 십자가 처형도 없었을 것이라는 일종의 귀류법적 논리인 셈이다. 즉, 예수의 죽음은 예정된 것이기 때문에 유다가 일종의 희생양 역할을 했고, 그 죽음을 통해 더 큰 비밀스러운 일을 행한다는 영지주의 사상과 흡사하다고 할 수 있다.

예수는 유월절 만찬 석상에서 하나님의 지상사역의 완성이 유다의 배신을 통해 이뤄질 것임을 예언했고 유다에게 그렇게 하도록 허락했다. 예수는 유다가 자신을 배반할 줄 알고 계셨으며(눅 22:47-48), 유다에게 '네 하는 일을 속히 하라'고 하셨기 때문에 유다는 성서의 예언을 완성시켰다고 보는 것이다. 예수의 죽음이라는 큰 플롯 안에서 유다의 갈등을 하위플롯으로 본다면, 유다의 배반은 예수의 죽음이라는 파국을 위한 필연적인 요소가 되는 셈이다.

네 번째 가설로는 유다의 배반 동기가 제사장들과 서기관들의 치밀한 계획에 매수된 것, 특히 대제사장 가야바와 안나스의 획책에 휘둘린 것이라는 관점이다. 대제사장들과 서기관들은 예수가 그들의 권력과 처세를 위협했기 때문에 정략적으로 예수를 제거하고자 한다. 이들은 특별히 예수의 제자 중 한 명을 매수해 예수를 체포하고 군중을 선동해 예수를 내란 음모죄로 십자가형을 언도받게 하려고 꾀했다. 예수의 제자들 사이에 분열이 자연스럽게 일어난 것처럼 보이도록, 출신이 다른 가룟 유다를 지목했다고 보았다. 가야바는 유다의 특이한 인물됨에 주목하고 있었고, 장로들과 민중들을 동원하여 신성모독죄에서 황제를 신으로 숭배하지 않는 반로마 반역죄로 몰아가도록 획책을 폈다는 설이다.

이 외에도 유다는 하나님의 섭리적 예정을 실현시키는 데 기여를 한, 선택 지목받은 자이기 때문에 그리스도의 수난을 부각시킨 속죄양이었다는 견해도 있다. 예수를 과대평가 했다가 좌절한 이상주의자라거나, 피치 못할 숙명의 희생자로 배반의 과정을 가도록 운명 지워져 있었다는 운명결정론적 시각도 있고 예수를 억지로 다윗의 위에 오르도록 촉매 역할을 한,

유다 제 딴에는 한 수 위의 모략이었다는 주장도 있다. 또한 유다는 예수에게 그의 메시아 주장이 환상이라는 것을 알려준 예수의 진정한 충고자였다는 가설과 예수의 저주받은 분신이 곧 유다라는 가설도 있다. (슐라르, 12-17)

3. 금전 탐욕설로서의 유다 서사

김형식의 「가룟 유다」에 나타난 유다는 상재(商才)가 뛰어난 인물로서, 아라비아의 부호 보석상 세바와 상거래를 하며 살아가는 인물이다. 유다는 세바의 고명딸 사래와 결혼하고 싶지만, 세바 집안의 가율(家律)은 세바가 스무 살이 되어야만 결혼할 수 있었다. 유다는 세바의 결혼 승낙을 기다리며 소일하다가 예수를 알게 되었고, 그를 스승으로 삼았다. 소설의 현재는 사래의 스무 살 생일날로 설정되어 있다.

이날 유다는 막 예수를 판 뒤, 은 서른 냥이 든 전대를 허리에 차고 한밤중에 사래에게 달려가 결혼 승낙을 얻으려고 한다. 유다는 사래와 함께 아라비아로 도망가서 호화롭게 살고자, 예수를 판 돈으로 생활 밑천을 삼으려 했다.

그러나 공교롭게도 사래는 오늘 오후, 소문으로만 듣던 예수가 십자가를 지고 골고다 언덕을 오르는 그 현장을 따라가 보았다. 그 길에서 막달라 마리아를 만났고, 예수의 죽음을 목격하고 그분이 다시 살아난다는 믿음을 가지게 되었다. 사래는 벌써 예수의 부활을 믿는 신앙인으로 바뀌어 있었다.

II. 현대소설과 기독교 세계관

사래의 고백에 유다는 자신의 계획이 허사가 된 것을 알아차리고, 마치 그 원인이 예수에게 있다는 듯 "복수의 불길"로 "눈에는 번개 같은 독기가 서"(100)린다. 그리고 사래에게 자신이 예수를 죽음에 이르게 한 하수인이며 공모자라고 외친다. 그는 예수의 우유부단함이 싫었고 미워졌기 때문에 예수를 팔았다고 사래에게 토로한다. 어떤 계획을 단행할 시기가 당도했고 그럴 만한 능력도 가진 자가 결행을 못 하고 매양 딴전을 피우는 것이 자기 사명에 대한 배신이라 판단했고, 그를 채찍질하기 위해서 팔았다는 것이다.

> 사람이란 항상 말과 태도가 한결 같고 명확해야 한다. 목이 달아나도 할 말은 하고 자를 것은 잘라야 한다. 그런데 우리 선생님은 요단강이 언제 얼까 보냐, 어제도 그렇고 오늘도 그렇다. 자기의 타고난 사명이 뭐라는 말씀이야 왜 속 시원히 못해 주실까. […]그렇게도 목적에 자신이 없으실 바에야 발벗고 나서기는 왜 하셨을까. 내게는 그것이 배신으로만 보인다. (96)

이와 같이 유다는 예수의 구원 사역을 이해하는 제자로서 예수를 따르기보다는 예수에게 접근해서 현실적인 이득이나 얻으려는 인물로 그려졌다. 예수는 유다와 같은 무리들이 바라는바 부귀영화를 그들에게 가져다 줘야 하는데, 오히려 우유부단하고 아리송한 인물이어서 그를 따르고 싶은 기대를 예수가 배반했다는 것이다.

> 내 나라는 이 세상에 있지 않다? 흥! 그건 핑계밖에 안 되지. 그러자고 왜 세상에 태어났단 말인가? 더군다나 이 유대나라에……. 그래서 나는 그

를 채찍질하기 위해서 그를 팔았던 거야. 그의 진가도 밝힐 겸……. 그래서 사래! 너두 봤지? 그 예수가 십자가에서 뛰어내렸더냐? 그 흉악한 바리새교인, 제사장을 진멸했더냐? 그 로마 병정놈들의 터럭 하나라두 다치더냐 말이다. 에익 못난 것! 그러니까 하나님두 버리셨지. (61)

심지어 유다는 "엘리 엘리 라마사박다니"(61)라는 예수의 마지막 외침 또한 하나님조차 예수를 버린 것의 반증이라고 이해했다.

가롯 유다 소재의 소설들은 공통적으로 유대민족의 독립에 대한 열망이나, 부패한 정치와 빈곤문제를 해결할 당대 지도자를 갈구하는 시대적 배경을 깔고 있다. 김형식의 단편도 이와 같은 배경을 전제로 하고 있지만, 이기적이고 비열한 상인으로서의 유다 면모를 더 부각시키고 있다. 유다는 자신이 현실적으로 바랐던 것과 예수가 바라는 바가 서로 다르다는 것에 대한 미움이 생겨 선생을 팔 생각도 했지만, 사래와의 결혼 밑천을 마련코자 하는 야심이 우선적이었다. "이렇게 말함은 가난한 자들을 생각함이 아니요 저는 도적이라 돈궤를 맡고 거기 넣는 것을 훔쳐감이러라"(요 12:6)와 같이, 김형식의 「가롯 유다」는 달면 삼키고 쓰면 뱉는 감탄고토(甘呑苦吐)형 기회주의 속성을 지닌 인물로 유다가 형상화되었다.

4. 양심의 가책설로서의 유다 서사

조기탁의 「유다의 양심선언」은 유다의 배반행위를 영웅심리와 우국충정에서 비롯된 오판에서 비롯되었다고 보는 관점이다. 유다는 예수를 팖으로써 자신의 계획대로 일이 풀리면 나라와 민족을 구하게 되는 것이고,

또 실패를 한다 해도 단지 예수가 혹세무민의 경범죄인 정도로 취급되어 즉결재판식 벌금을 물거나, 기껏 매 몇 대를 맞고 훈방되는 정도일 것이라고 생각한다. 그러나 알 수 없는 군중의 힘이 예수를 신성모독죄로 몰아가자 유다는 자신의 판단이 도박과 같았음을 깨닫고 후회한다. 그러나 때는 이미 늦었고, 그가 택할 수 있었던 방법은 죽음밖에 없었다는 플롯이다.

열혈당원 유다는 로마의 압제와 또 그 외세와 적당히 타협하면서 동족을 수탈하는 종교지도자들로부터 백성들을 해방시키려는 큰 꿈을 갖고 있었다. 즉, '감람산에서의 대결'이 곧 혁명의 도화선이 되도록 유도하려는 목표였다. 유다는 자기 한 사람이 배신자의 누명을 쓰더라도 조국과 민족이 해방될 수 있다면, 그 쓴잔을 기꺼이 마시려는 혁명가였고 설령 예수를 팔지라도 스승이 목숨을 잃는 극한 상황은 일어나지 않으리라고 판단했다.

☞☞ 조기탁, 「유다의 양심선언」은 전체 4회에 걸쳐 연재되었다(『새가정』, 307-310(1981-1982): 112-119, 112-119, 131-138, 128-134). 편의상 출처는 ①, ②, ③, ④로 한다. 이후 신원문화사(1983)와 명문당(1990)에서 장편으로 출간되었다. 개작한 장편에서는 지도자인 바라바보다도 예수가 반로마 반황제의 죄목으로 민족영웅이 되는 것에 항거하여, 자신이 죽음으로써 예수 죽음의 진상을 밝히려고 한다. 즉, 예수의 죄목이 율법 파괴죄, 독신죄(瀆神罪)인데 바라바 대신 예수가 십자가형을 당해 민족의 영웅으로 자리할까 봐, 죽음으로써 이를 거부했다고 보았다. 유다의 죽음이 뉘우침의 죽음이기도 하지만 일종의 시위성 죽음이기도 한 것으로 의미를 추가했다.

그는 오직 스승에게 그 능력을 발휘케 할 기회를 만들어 주어 조국의 독립을 쟁취하기 위해서 배반을 선택한다. 은 삼십은 요식행위였을 뿐, 돈을 받아내기 위함이었다면 그것의 백배는 받을 수 있을 것이라 생각한다. 유다는 가야바의 장인 안나스의 집까지 몰래 예수를 따라가면서 어떤 기적이 일어나기를 고대한다. 안나스의 집에 벼락이 떨어지든가 지진과 폭풍이 일어나 성전과 총독부 전체가 함몰되어 버리든가 해서, 스승이 메시아로 군림해 오기를 간절히 바란다. 그러나 예수는 패전장의 포로처럼 가야바에게로 이송되고 만다.

가야바의 뜰에서 유다는 예수를 부인하는 베드로를 보면서 동병상련의 심정이 되기도 한다. 다른 제자들은 모두 이기적인 목적으로 예수를 따랐지만, 유다와 베드로는 스승의 메시아다운 사상과 이념을 이해하고 있었으며 유대 독립과 민중의 해방이라는 민족공동체의 운명을 위해 스승을 좇았다는 자부심을 갖고 있던 터였다.

재판은 부당하게 강압적인 방법으로 자행되고, 유다는 예수가 점차 신성모독죄라는 올가미에 말려드는 광경을 목도한다. 대사제들로부터 돈을 받고 매수된 증인과 심복들이 사형을 부추기는 함성 속에서, 그는 성전으로 달려가 은 삼십 냥을 건네준 그 제사장을 붙들고 스승을 석방해 달라고 요구하면서 전대를 도로 내민다. 아울러 자신이 돈 때문에 스승을 판 것이 아니라는 것과 스승이 죄 없음을 증명하기 위해 돈을 돌려주는 것이란 점을 명백히 밝힌다.

그 후 유다는 예수의 무죄를 주장하면서 대제사장들의 불법재판과 사형 판결에 대해 백성들의 힘으로 예수를 구출하자고 외쳐대지만, 아무도 이 외침을 귀담아듣지 않는다. 그는 이제 나라와 민족에 대한 걱정보다는 스승을 오직 죽음의 함정에서 구해 내야겠다는 일념만 남게 되었다. 또 백성들 스스로가 독립을 지켜나갈 의식이나 자유에 대한 책임을 감당할 수 없다면, 기적적으로 독립과 자유가 주어져도 백성들은 그것을 영위해 나가지 못한다는 것을 깨닫는다. 스승이 왜 군중의 힘을 빌려 혁명을 일으키지 않는지를 이해할 만큼 유다의 의식이 전환된 것이다.

유다는 참회하면서 예수는 이 세상의 왕이 아니라 이 세상 모두를 구원할 수 있는 메시아임을 깨닫는다. 유다는 예수가 끌려가는 행렬 뒤에서 "스승과 운명을 같이하는 것이, 고의는 아니지만 자신이 저지른 죄에 대한 떳떳한 참회의 길이며 제자로서의 도리"(④, 133)라고 생각한다. 그는 어젯밤에 예수를 포박했던 밧줄이 성문 밖 어귀에 걸려 있는 것을 발견하고 예수의 피가 묻어 있는 그 끈으로, 일전에 스승이 저주해서 잎사귀가 말라버린 무화과나무에 목을 맨다. 유다는 스승이 골고다 언덕에서 십자가에 매달린 모습을 바라보며, 자신의 최후를 준비한다. 예수의 체온과 피가 묻은 밧줄을 손에 잡자, 그는 죄책감으로 고통스럽던 마음이 조금씩 밝아오고 "잔물결 같은 은총"(④, 134)이 자신을 녹여주는 것을 체험한다. 그의 자살 시각은 예수가 십자가에서 운명하는 그 시각(마 27:46)과 동일하게 설정되었다.

이와 같이 「유다의 양심선언」은 유다가 구국의 일념으로 예수를 팔았지만, 재판이 진행되는 과정을 보면서 자신의 성급했던 판단을 뉘우치고 예수와 생사를 같이해야겠다는 생각으로 목을 매게 된다는 내용이다. 작가는 주로 가룟 유다의 인간적 고뇌와 갈등, 회개에 이르는 과정에 초점을 맞추었다. 자기 목숨을 제물로 삼아서라도 예수를 배반한 죄를 뉘우치고 용서받고자 하는 유다의 인간적인 모습이 소설에 뚜렷하게 부각되어 있다. 이와 같은 관점은 사죄와 구원으로부터 완전히 단절된 극한 상황에 놓인 인간을 이해하는 하나의 실마리를 제공해 준다. 즉 참회와 절망의 극점에서 도저히 살아 있을 수 없는 자책 때문에, 죽어 마땅한 자신에게는 구원보다 지옥의 형벌이 더 적절하다고 생각해서 자살을 택한 것으로 형상화하고 있다.

5. 역사적 희생양으로서의 유다 서사

김성진의 장편 『가룟 유다의 진실』은 위와 같은 서사에서 한 발짝 더 나아가 인류의 구원서사라는 맥락에서 유다의 위치를 재점검해 보는 시도를 하고 있다. 작가는 예수가 메시아가 아니라면 이제 메시아가 되어야 한다는 가설과 누군가가 배반자의 운명을 맡아야 했다면 왜 유다가 선택되어야 했을까 하는 의문으로 소설을 출발시킨다.

☞☞ 작가는 세계를 지배하고 있는 것은 개인의 자유의지인가 아니면 신의 섭리인가 하는 고뇌 속에서 소설을 창작하게 되었다(책머리에)고 했다. 그러나 아쉽게도 작품 속의 유다는 운명에 항거하는 실존적인 고민을 드러내지 못하고 있다. 그것은 유다의 행적이 그의 친구 시몬의 눈에 비친 간접서술로 묘사되고 있기 때문이다.
유다가 입체적 인물로 그려지지 않은 상태에서 작가의 신앙적 고민이 소설 속의 유다를 앞질렀기에 서사는 단순한 사건의 나열로만 읽힌다. 즉 평면적인 서술과 반복되는 설명들이 플롯의 인과성을 놓치고 있다. 이 소설에서 갈등은 해방군들 간의 의견 충돌이나 제자들의 권력 다툼 정도이고, 예수와 유다의 갈등이나 유다 또는 예수의 내면적 갈등은 나타나 있지 않다. 이후 작가는 『금지된 인간』1 · 2(2002)에서 현재 벌어지고 있는 어떤 형사사건과 유다의 배반 사건을 교차시키면서 개작하였다.

그런데 유다가 예수를 버린 것인가 아니면 예수가 유다를 버린 것인가 하는 의문에는 결과론적 추론이 깔려 있다. 즉 유다를 역사적 희생양으로 생각하는 안타까운 시선이 그것이다. 유다는 배반을 행했고 그것이 이미 운명 지어진 일이었다는 작가의 추정대로라면, 유다가 아니더라도 누군가는 그 운명을 맡아야 했을 것이라는 순환론적 사고가 뒤따르기 때문이다. 작가는 유다가 너무도 철저한 인간이었기에 예수를 배반했다고 보고, 욕망의 굴레를 벗지 못하여 스스로 파멸한 비극적 인물이라고 규정한다. 즉 자신에게 주어진 운명을 거부하지 못해 죽을 수밖에 없는 악역을 맡은 자가 곧 유다라는 것이다.

액자소설의 외화, 즉 김바울 목사는 콥트어로 쓰인 나그함마디 텍스트 중 일부를 번역하여 〈가룟 유다에 관한 보고서〉라는 제목으로 신학대학 박 교수에게 보낸다. 그 문서는 예수를 팔아넘기기 전까지의 유다의 모습을 제자 시몬(눅 6:15)의 시각으로 서술한 것이었다. 내화 속 유다는 바라바 파의 중간 책임자로 민족해방군이다. 그는 세리 마태의 집에서 마태가 예수의 제자가 될 수 없음을 주장하기도 한, 영리하고 귀티가 나 보이는 얼굴과 빈틈없이 당당해 보이는 품위를 지닌 인물로 묘사된다. 유다는 예수를 정치적인 메시아로 만들려고 하지만 서술자 시몬은 예수가 예전에도 무수히 나타났다 사라진 예언자에 불과한지 아니면 진정 메시아인지를 알지 못하는 모호한 태도를 보인다. 따라서 유다의 의도를 독자에게 충실히 전하지 못하는 신빙성 없는 화자의 역할을 하고 있다. 유다의 결심이나 행동은 유다가 시몬과 대화할 때만 전해진다.

시몬이 파악한 유다는 학문이 깊고 문장 실력이 뛰어났으며 머리 또한 비상했고, 민중과의 연대도 잘 이루는 인물이었다. 또 "베드로가 갖지 못한 날카로운 직관력과 합리적인 사고, 앞뒤를 정확히 재며 행동하는 냉철한 이성"(60)을 소유한 이기주의자이자 권력에 대한 야심가였다. 그러나 시몬은 유다를, 그리스도의 가르침을 지상의 육체적 차원에서만 이해하려 했고 하늘나라를 받아들이지 못한 자로 평가한다.

유다는 민중이 봉기하면 로마군은 민중들을 죽이겠지만, 예수의 능력은 그 무력을 막을 수 있다고 판단, 5개파(열심당)와 연합하여 봉기할 것을 제의한다. 자연히 예수는 민중의 봉기에서 선두에 설 테고 로마와 맞부딪치면 예수의 신통력이 발휘되리라는 계산이었다. 그러나 봉기는 실패하고, 로마군병에 짓밟힌 민중들이 예수의 이름을 부를 때, 그 봉기의 현장에 예수가 없었다는 사실에 유다는 분노한다.

유다는 마가의 집으로 달려가 예수를 만난다. 이때 예수는 최후의 만찬을 준비하고 있었고 제자들의 발을 씻기는 절대적 사랑을 몸소 보이신다. 그리고 자신이 팔릴 것을 예언하고, 유다는 떡을 받는다. 유다는 예수가 메시아이기를 거부한다면 이제는 "직접 자신의 죽음에서 빠져나오게"(293) 하려고 작정한다. "메시아도 아니면서 메시아인 척하는 자들은 당연히 그 대가를 치러야"(295) 되고 죽음을 통해 민중들에게 더 이상 예수의 허상에 시달리지 않도록 해야 한다는 판단이었다.

그러나 예수가 피를 흘리는 고통 가운데서도 저들의 죄를 용서해 달라고 간구하는 기도를 듣고 그는 자신의 오판을 무너뜨린다. 유다는 십자가 죽음을 당하면서도 자기를 죽이려는 자들을 용서하는 '예수의 피'를 통해 비로소 의식의 전환을 이룬다. 그리고 스승이 매번 슬픈 얼굴로 자신을 쳐다보았던 것과 또한 자신이 배반할 것을 알고 계셨던 것에 대해 왜 하필이면 "왜 하필이면 내가 그 몫을 담당해야 했"(300)는지에 대해 의문을 토로한다. 유다는 예수를 메시아가 아니라고 하면서 목숨을 끊었고, 예수와의 화해를 거부했다.

서술자 시몬은 유다의 자살 소식을 풍문에 들은바, 목을 매었다는 것과 돌부리에 배 창자가 터져 죽어 있었다는 것을 전한다. 그 후 시몬은 제자 직을 감당하기 위해 애굽으로 내려가면서 유다의 죽음을 아쉬워한다. 따라서 이 소설은 가룟 유다의 심경이나 배반 행위보다 서술자 시몬의 관점이 우세한 일종의 관찰 보고서인 셈이다.

이 소설의 문제점은 왜 하필 유다에게 그 악역이 맡겨졌나 하는 의문을 제기했으나, 그에 대한 서사적 결말을 보여주기보다는 오히려 첫 물음을

II. 현대소설과 기독교 세계관

다시 되묻는 것으로 소설을 끝낸다는 것이다. 소설은 유다가 예수를 배반하기까지의 면모를 관찰자 시몬의 시각으로 간접서술하고 있기 때문에 유다의 행동은 제한적으로 그려졌다. 서사 또한 반전이나 일정한 플롯에 의지하기보다 배경(circumstance)에 대한 설명이 많다. 심지어 예수의 어록이나 행한 이적들도 서술자 시몬이 전해 들었다는, 간접서술자의 기록이라는 한계를 드러낸다.

작가는 미흡하나마 유다의 역할에 대해, 인간의 힘으로는 운명을 이겨낼 수 없으며 언젠가는 예정된 그 역할을 하지 않을 수 없다는 일종의 운명예정설을 피력하고 있다. 작가는 그것을 불가항력으로 보고, 단지 인간은 '왜 하필 나였느냐'고 항변밖에 할 수 없는 존재라는 사실에 비애를 드러낸다. 하지만 신의 섭리로서의 예정론과 인간의 운명이 미리 결정되어 있다는 운명예정설은 성격이 다른 것이다. 그러나 유다는 달리 선택의 여지가 없음에 대한 항거로서, 단지 자신의 죽음이 자신의 권리에 속한다는 것을 행동으로 보여주고 말았다는 해석을 내포작가의 입장에서 드러내고 있다.

6. 배반자들의 회합으로서의 유다 서사

박상륭의 「아겔다마」에 나타나는 유다는 독특한 낭인의 모습이다.(레오니트 안드레예프의 『가룟 유다』에 나타나는 유다의 형상과 매우 흡사하다.) 그는 부모 얼굴도 기억 못 하는 부랑아로 살다가 열심당 당원이 되었다고 한다. 지금은 힌놈 골짜기 후미진 움막집에서 사마리아 노파와 함께 살고 있다. 유대인들이 상종하지 않는 이곳에 흘러들게 된 것은 같은 당원이었던 토

아겔다마(2013) 표지

기장이 영감을 알게 되면서부터였고, 그 영감이 죽은 후 노파를 어머니라고 부르며 따랐다. 그때까지만 해도 유다는 그 노파 한 사람에게만은 인정 많고 믿음직한 사람에 속했다. 그런 그가 예수를 판 후, 반미치광이가 되어 보름 만에 집으로 돌아왔다. 예수가 죽어버렸기 때문에 거짓 메시아임이 판정되었다는 생각에 유다는 말할 수 없는 분노와 자괴감에 사로잡혀 있던 차였다.

그는 불안하고 변태적인 사람으로 변해서 "광포와, 신음과, 이빨 부딪치는 수고양이를 연상"(10)시킨다. 유다의 주먹에는 자신의 머리칼이 한 움큼이나 쥐어뜯겨 있었고 충혈된 사팔뜨기 눈은 발광하고 있었다. 그의 오른쪽 눈은 사물을 똑바로 볼 수 있는 갈색이었고 왼쪽 눈은 하늘색 바탕에 위로 시선을 보내는 눈이었는데, 마테는 그 사시(斜視)를 "기도하는 사티로스(Satyros)"(14)라고 표현하기도 했다고 한다. 유다의 이러한 기형적 얼굴은 지상적 가치를 소유하려는 그의 야망이 예수의 초월 지향적 가치를 따를 수 없는 불균형을 나타내며 배반의 단초가 됨을 암시한다.

유다는 예수가 자기 십자가도 감당하지 못하면서 '무거운 짐 진 자는 다 내게로 오라'고 말한 것에 대해 분개한다. 또 예수의 골고다 길을 뒤에서 따라갈 때, 로마 병정의 창끝에 들쳐나 보이던 마리아의 "팽팽하고 물큰해 보이는 두 가랑이"(15)에 심한 욕정을 느끼기도 한다. 유다는 마리아에게 흑심을 품고 있었는데, 로마 병정들은 예수를 그녀의 "샛서방"(15)으로 부르고 있었다. 그녀는 왕년에 이름난 무희였고 총독의 시의(侍醫)의 사랑을 받기도 했으며 또 총독의 조카가 짝사랑하는 여인이었기에, 유다는 그녀를 가까이할 수 없는 것도 불만이었다.

예수를 팔고 집에 돌아온 유다는 "발정된 짐승 우는 소리"(15)를 내며 막달라 마리아 대신 노파를 강간한다. 예수를 판 것으로는 그에 대한 경멸이 멈춰지지 않자 유다는 죽음의 공포를 느끼며 본능적으로 성의 광기를 휘두른 것이다. 그 광기가 충족되자 비로소 자신을 죽음에 내맡길 수 있게 된다. 이미 노파는 혀를 깨물고 눈을 뜬 채 죽어 있었다.

그 후 엿새 동안 바닥에 쓰러져 있던 유다는 몽유병자처럼 흐릿한 상태에서 희고 부드러운 손이 그의 이마를 짚고 있다는 것을 느낀다. 동시에 그 손은 얼음장처럼 차고 가시라도 찔렸던 손이라는 것을 의식한다. 유다는 "랍비여, 당신은 아버지 같으니이다"(18)라고 무의식적으로 예수의 존재를 아버지로 시인한다. 그러나 일종의 반항심에서 자기가 죽인 예수가 대체 무엇 때문에 자기를 다시 찾아왔는지 그 이유를 묻는다.

> 당신은 나를 배반했었소. 그리곤 나로 하여금 당신을 배반하도록 충동시켰소. […] 당신은 왕이 아니고, 미혹자라는 걸 맨 처음으로 안 것은 나였소. 그것도 당신이 일깨워준 덕분이었지만.(*나와 함께 그릇에 손을 넣는 그가 나를 팔리라고 한 예수의 말-필자 주) 하필 당신은 왜 나를 택했는지 지금도 그것이 의문이오. (22)

이렇게 예수에 대한 유다의 배반은, 예수가 먼저 유다를 배반했기 때문이라고 말한다. 예수가 메시아인 척하는 그 모습에 유다 자신은 미혹되었고, 예수가 오히려 자신이 그를 배반하도록 충동질까지 했다고 주장한다. 그래서 유다는 "당신의 아버지가 내 몫으로 지워준 십자가를 훌륭히 졌"(18)다고 중얼거리면서 예수와 자신과의 거래는 이제 끝났다고 생각한다.

> 당신은 저주받아 마땅합니다. 쌍십자가라도 당신에겐 오히려 부족했을
> 정도였소. […] 당신 같은 이는 십자가 대신 지하 감옥이 더 적당했을 것
> 인데. 당신의 그 푸른 눈이 멀고 고름이 나고, 그 희디흰 손에 문둥병이
> 돋고, 그리고 당신의 그 냉정이 광란으로 변하고, 그리하여 골고다 언
> 덕에 던져버려졌더라면, 당신이 참으로 메시야인지 아닌지가 판명되었
> 을 것이오. 메시야라고 했더라도 지상적인 것에 굴복하였을 것인데……
> […] 아마도 당신은 배고픈 거지 계집애처럼 '엘리 엘리'나 찾다가 말았
> 을 거요. (19-20)

이와 같이 예수와 맞대결하는 자존심의 극치를 보이던 유다는 "똥과 오
줌으로 뭉개져" 꼼짝도 할 수 없는 몸으로 이 지옥의 순간을, 유다와 예수
라는 "배반자들끼리만의 회합"(22)을 회피하지 않았다는 자부심을 안고 죽
어간다. 유다는 스스로를 나그네로 인식하고 있었기에 그가 살아온 지상의
삶은 지옥의 연속이었다는 생각을 갖고 있었다. 그는 갈등과 피로와 굶주림
으로 숨을 거두지만 물밀 듯한 행복 속에 누워 있다는 착각에 빠진다.

예수를 바라보는 유다의 눈은 처음에는 승리감에 넘쳤으나 예수의 푸
른 눈빛에 점차 패배감을 느끼다가, 죽은 노파의 "끝 간 데 모를 심연을 가
진 눈"(23)을 보면서 이제는 승리나 패배 따위가 아무 의미가 없다는 걸 깨
닫는다. 그리고 자신은 이 지옥의 삶을 단념하지 않고 스스로 잘 영위했다
고 자평하면서 중얼거린다. "랍비여, 진정으로 원하신다면, 삼십 세겔의 은
을 거두어주십시오. 이제는 거두어주십쇼"(24).

유다의 이 마지막 간구는, 예수가 예수 자신의 몸값을 되돌려 받겠다고

유다를 찾아온 것으로 파악했던 처음과는 달리 지금 죽음을 앞두고 "내 것도 당신 것도 아"(22)닌, 즉 나그네의 것인 그 돈을 예수에게 맡기려는 뜻으로 읽힌다. 유다는 이미 숨을 거두었을 예수가 자신을 찾아온 환영을 보고, 그 환영에 항변을 토하고 대결하다가, 죽음 직전에 예수를 랍비라고 부르며 나그네였던 자신의 거처를 예수에게 의탁하는 모습을 보인다.

유다는 노예의 몸값(출 21:32)으로 예수를 팔았다고 말했다. 그리고 받은 그 돈을 노파의 수의(壽衣) 값으로 던졌으며 그 돈은 나그네의 것이라고 말했다. 나그네는 "유대인 또는 개종자로서 예루살렘에 와 있는 자"(21)로 곧 유다 자신이 여기에 해당한다. 유다가 죽은 노파에게 던진 은전은 노파와 유다 자신의 몸값이자 나그네 인생의 값이다. 노파는 유다가 죽인 예수의 투사체로서, 자신이 노파에게 은전을 던진 것처럼, 이제는 자신의 몸값이 된 그 은전을 예수가 거두어 주기를 부탁하는 셈이다. 예수를 철저하게 '지상의 왕'으로 받아들이기 원했던 유다였지만 최후의 순간에는 유다가 이해할 수 있는 영역의 바깥에 존재하는 눈, 곧 "하늘보다도 넓게 보이는" 파란 눈이지만 "의미가 바래 버리고 빛이 없는 눈"(24)을 대면하면서 죽어 간다.

이와 같이 작가는 예수에게 미혹 당해 예수를 배반하도록 충동질 당했다고 생각하는 유다의 배반 행위를, 예수를 향한 인간의 불꽃 튀는 자존심의 대결로 형상화하였다. 유다는 예언 성취의 도구로 쓰임받았다는 자부심으로 자신을 변호하지만 성욕과 죽음이라는 실존적 한계에 패배하고 말았다. 작가는 소설 끝부분에서 목격자의 후일담을 소개하면서, 유다의 시체는 그것이 몸뚱이인지 큰 구더기인지 분간 못 할 정도로 구더기 뭉치가 들끓는 모습이었다고 전한다. 죽은 유다의 얼굴 또한 숨이 넘어가도록 웃는 형상으로, "바짓가랑이가 찢어진 사이로 그 해괴스러운 고깃덩어리"(25)는 피투성이가 된 노파의 가랑이를 보고 무언가 이야기를 하는 모습이었다고 전함으로써 '피밭'의 의미를 패러디하고 있다.

7. 사랑에 대한 항거로서의 유다 서사

백도기의 소설 「가룟 유다에 대한 증언」은 유다와 동향인인, 성전 바깥뜰의 성물판매원 시므온의 시각에서 유다의 행적을 회상식으로 풀어낸 소설이다. 그러나 김성진의 소설과는 달리 시므온 자신의 서사가 개연성 있게 전개되는 와중에 유다의 복합적인 성격이 잘 드러나고 있다.

시므온이 보는 유다는 고집이 세고 시대를 가늠할 줄 아는 식견이 탁월하며 자기 신뢰가 강한 사람이었다. 대장장이이자 염세적인 술주정뱅이 부친을 빼닮은 유다는 붉은 곱슬머리, 음울하고 적막한 회색 눈동자, 사람을 대할 때 정면으로 바라보지 않고 엇비껴 바라보는 자세 등을 지니고 있다.

어느 날 서술자 시므온은 대제관 안나스의 은밀한 부름을 받고 유다와 접선하라는 밀명을 받는다. 안나스는 예수의 추종자들 가운데서 균열의 불씨를 찾아내려는 의도를 보이는데 그 가능한 인물로서 유다를 점찍고 있었다.

한편 유다의 여동생 라헬이 생각하는 유다는 규범에 충실한 사람이고, 창녀인 자신에게 남몰래 시카리를 통해 '죽으라'는 쪽지와 칼을 보낼 정도로 냉혈한이었다. 유다 역시 자신의 가슴속에는 모든 생명을 시체로 만들 "죽음의 바다가 도사리고 있"(87)다고 시므온에게 고백한 일도 있다. 또

II. 현대소설과 기독교 세계관

유다는 스스로를 "천리안을 가진 사내"(84)라고 말하는데, 시므온이 안나스의 밀정이란 사실도 눈치채고 있었다. 유다가 시므온을 만나서 자기 자신을 털어놓는 말 중에 다음과 같은 고백은 유다에게 마귀가 들어갔다는 성경 구절(요 13:2, 27; 눅 22:3)에 무게를 둔 작가의 목소리라 생각된다.

요즘 들어 나는 이상한 강박관념에 곧잘 사로잡히게 되네. 어떤 불가사의한 힘이 나를 압도해서 내 의지를 빼앗고 나를 그쪽으로 강하게 이끌고 있는 듯한 느낌이 든단 말일세. 맹세코 말하지만 나는 스승을 사랑하고 있네. 그런데 어느 때는 그분이 미워서 견딜 수 없단 말일세. […] 나는 인간들 중에는 신이 만든 인간과 악마가 만든 인간 두 종류가 있다고 생각해 왔네. 그런데 신과 악마가 함께 반쪽씩 만든 인간도 있다고 믿게 되었네. 바로 나 같은 사람 말일세. 그리하여 낮에는 신의 소유가 되고 밤이면 악마의 도구가 되어 살아가고 있는 거지. […] 내가 정녕 무슨 일을 저지른다면 그때는 분명 이와 같이 끔찍한 밤일 걸세. 그러다가 밤이 지나고 아침이 오면 나는 자책에 못 이겨 생명을 끊게 될지도 모르지. (88)

위의 예문은 소설 전체에 하나의 복선 구실을 하면서 자신의 앞날을 예고하는 유다의 발언이다. 유다는 스승의 삶의 방식을 이해하지 못한다. 유다의 눈에 예수는 죽을 기회를 노리고 있는 사람처럼 보였고, 유다는 일생일대의 도박을 하는 셈치고 스승을 자극하려고 한다. 스승의 계획과 뜻에 맞지 않는 인간의 어떤 계획이나 행동도 스승에 대한 배신이 될 수밖에 없다는 결론이라면, 그것은 무서운 독선이지만 유다는 받아들일 자세가 되어 있었다.

그는 예수가 추구하는 보이지 않는 신의 영역, 즉 하늘나라의 가치보다는 민족의 평화와 자유라는 유대나라에서 절실히 필요한 가치를 원했다. 유다는 스승을 이 세상의 교활하고 뿌리 깊은 악과 대결시켜서, 사랑이 얼마나 무력한 것인가를 실감케 해 주고 싶다는 충동을 느낀다. 어차피 예수는 그를 잡으려고 혈안이 된 가야바 일당에게 붙잡히게 되어 있다고 생각하고, 자신이 예수를 따라다닌 3년을 보상받고 싶어 한다. "눈에 보이지도 않고 손에 잡히지도 않는 영원한 생명 따위가 뭐 말라비틀어진 거냐"(136)라며 되묻는 유다의 속셈은 예수가 자신이 바라던 메시아가 아니었기 때문에 이제는 제자들조차 대제사장들에게 쫓기는 입장에서 유다 자신은 목숨만이라도 구명청원을 하려고 가야바를 찾게 된다.

유다는 가야바가 은 300냥, 즉 장정 노예 열 사람의 값을 주겠다고 제안하자, 온 세계를 살 수 있는 값이라도 예수의 몸값에는 미치지 못한다고 말한다. 그러나 기필코 예수를 값을 주고 사고자 하는 가야바의 설득에 유다는 오히려 자신의 몸값이라 생각하고 서른 냥을 요구한다. 그러니까 유다는 자기가 자기를 파는 도박으로 예수를 넘겨준 셈이다. 이 말은 결코 돈이 탐나서가 아니었다는 의미로 풀이된다. 그래서 유다는 안나스에게 체포된 예수를 가장 자비로운 판결로 풀어주기를 바라면서 예수가 결코 위험인물이 아니라는 말까지 해 준다.

서술자 시므온은 가야바의 사주를 받은 자들과 백성들이 예수를 죽이라고 외치는 현장에서 인간의 한계를 넘어선 어떤 절대적인 의지가 그 사건에 역사하고 있다는, 숙명 같은 느낌을 받는다. 소설은 예수를 훔쳐보는 환전상 시므온의 가치관이 변화하는 모습이나 작가의 풍부한 성경 지식을 예수의 행적에 깔아놓아 극적인 재미를 더한다. 배경 묘사와 함께 사건을 교묘하게 몰아가는 안나스와 가야바의 음흉함도 잘 드러나 있다. 시므온은 가야바 관저 뒤뜰에서 무한한 연민과 동정의 눈빛으로 유다를 쳐다보는 스승의 모습과, 면구스러움과 초조와 호소와 준열한 자기주장이 담겨 있는 유다의 눈빛을 중첩해 서술하면서 모든 여건이 예수를 죽음으로 몰아넣었고 예수는 철저하게 배신당하고 모욕과 질시를 받으며 죽기로 작정한 것처럼 행동했다고 말한다.

이러한 예수를 관찰하면서 유다는 심경의 변화를 일으켜 무죄한 사람의 핏값을 가질 수가 없다고 판단하고, 은 30냥은 대제관 그들의 몫이었다고 말하면서 되돌려준다. 그 후 유다는 예수가 십자가에 매달리던 그 시각에 밧줄로 목을 매어 죽는다. 결국 유다는 자신과의 시험에서 예수에게는 죄가 없다는 것을 알게 되자, 그에 대한 책임을 지고 스스로를 죽이는 결과를 낳았다.

> "유다는 왜 스스로 목숨을 끊었을까?
> 그가 한 행위가 스승을 배반한 것이 아니었다고 말할 자신이 없었던 것일까? 어쩌면 그에게 있어서는 예수 없는 삶이란 불가능했던 것이 아닐까? 예수를 잃었다고 느낀 순간, 그는 자신뿐만 아니라 그가 이룩하려던 꿈과 소망도 한꺼번에 잃어버리고 도저히 헤어날 길 없는 절망에 빠졌던 것이 아닐까?"(155)

위의 인용문은 시므온의 입을 빌린 작가의 유다 죽음에 대한 해석이다. 작가는 유다가 스스로를 너무나 신뢰했으므로 자신이 저지른 잘못을 도저히 용납할 수 없었던 것이라는 점을 강조한다. 어려서부터 환경적인 불운으로 말미암아 영혼 없이 태어난 인간으로 자처한 유다는 마음으로가 아니라 이성으로써 예수를 이해하려고 했고, 자신의 계획과 그 계획의 완전성을 확신하고 있었다. 베드로가 자신의 약점을 뼈저리게 이해하고 있는 약자의 표본이라면, 유다는 순종과 복종을 모르는 '자기 의'가 강한 자였기 때문에 운명을 스스로 거머쥐려고 했다는 것이 작가의 평가이다. 유다는 인간이면 누구나 지니고 있는 숙명적인 약함까지도 인정하거나 이해하려 들지 않았기 때문에 자살을 택할 수밖에 없었던 인물로 해석했다.

그러나 소설의 말미에서 작가는 시므온의 입을 빌려, 만일 유다가 골고다 언덕으로 가서 스승의 최후를 목도했다면 "죽음을 통해 보여준 행동에서 사랑만이 모든 악덕과 불의와 부자유와 고통을 몰아낼 수 있는 영원한 힘임"(156)을 깨달았을 것이라고 말한다. 또한 "인간이란 약한 것이어서 통렬한 회한과 굴욕과 부끄러움과 배반의 과정을 통하여서만 새롭게 존재할 수 있다"(156)라는 사실도 깨달았을 것이라고 유다의 죽음을 연민하고 있다. 이와 같은 시선은 유다는 예수의 사랑을 받은 자로서 사랑을 받은 자이기에 배신까지도 할 수 있다는, 배신이라는 죄는 곧 사랑에 항거하는 죄라는 아이러니를 낳게 한다.

8. 나오며

이상으로 한국 소설에 나타난 가룟 유다 서사를 통해 유다의 배반 동기와 죽음에 이르는 과정을 살펴보았다. 한국 소설에서는 주로 성경에 기록된 서사를 근간으로 가룟 유다를 형상화했지만 관점에 따라 유다를 달리 옷 입혔음을 알 수 있었다.

김형식의 「가룟 유다」는 유다의 배반 동기를 주로 금전에 대한 탐욕에서 비롯된 것으로 보았다. 유다는 상재가 빠른 인물로 결혼 밑천으로 삼을 돈을 우선적으로 마련하고자 했다. 게다가 그는 스승이 어떤 계획을 실행하지 못하고 매양 딴전을 피우는 것이 우유부단하게 보였고 미워졌다고 한다. 그는 예수를 뭔가 큰일을 결행할 인물이라는 짐작만 했을 뿐, 예수의 일이 어떤 것인지에 대한 관심은 없었다. 때문에 예수를 돈으로 팔아 자신의 실망을 보상받고자 하는 존재로 형상화되어 있었다.

조기탁의 중편 「유다의 양심선언」은 유다의 양심에 따른 가책 때문에 속죄의 수단으로 자살을 택한 것으로 나타나 있었다. 유다는 예수를 정치적 메시아로 알고 따르며 이적을 기다렸지만 여의치 않자, 하나의 자극을 주고자 예수를 팔았다. 그렇게 하면 예수는 민중과 함께 봉기할 것이고, 만일 그렇지 않다면 민중 선동이라는 경범죄 정도의 처벌로 풀려날 것이라 판단했다. 그러나 예수가 이 땅에 온 것은 자신을 희생하여 이웃을 살리는 원리를 몸소 실천하러 온 것임을 알게 되자, 급기야 스승을 잘못 팔았다는 양심의 가책 때문에 자살로 속죄한다. 작가는 유다를 인간적인 자기검열이 강한 윤리의식의 소유자로 설정하여, 어쩔 수 없는 한계상황 앞에서 자살만이 유일한 도덕적인 방법이었음을 보여주었다. 반면 개작한 장편『유다의 양심선언』에서는 예수의 십자가형이 예수를 바라바 대신 민족의 영웅으로 만들게 될까 봐, 이에 대한 항거로서 죽음을 택하는 것으로 나타났다.

김성진의 『가룟 유다의 진실』에 나타난 유다의 예수 배반 동기는 두 가지였다. 하나는 예수가 유대 독립을 위한 메시아이기를 거부할 경우, 유다가 직접 예수를 팔아 그를 죽음에서 빠져나오게 하려는 의도였다. 또 하나는 만일 메시아도 아니면서 메시아인 척한다면 당연히 그 대가를 치르도록 해야 하며, 민중들이 더 이상 예수의 허상에 시달리지 않도록 도와야 한다는 생각이었다. 그러나 예수를 죽이려는 자들을 용서하는 '예수의 피'를 통해, 비로소 스승을 이해하게 된 유다는 왜 하필 자신이 그 몫을 담당해야 했는지를 묻고 있다. 예수를 팔도록 운명 지어진 자신의 운명을 유다는 달리 항거하지 못했다고 본 것이다. 작가는 운명예정설을 불가항력으로 받아들이는 유다의 비애에 주목했다. 달리 선택의 여지가 없음에 대한 항거로써 목숨을 끊은 유다는 끝까지 예수와의 화해를 거부한 인물로 나타났다.

한편 「아겔다마」는 예수와 맞대결 의지를 보이는 유다의 모습을 그리고 있었다. 유다는 예수가 자기를 미혹했으며 그 결과 서로가 서로에게 배반자였음이 드러났다고 주장한다. 예수의 죽음이 자기도취에 의한 것이었다고 판단한 유다는 광기에 사로잡혀서, 어머니로 부르던 노파를 강간하고 예수를 판 몸값을 노파에게 던진다. 그러나 환상 속에서 은 서른 세겔을 받으러 예수가 자신을 찾아온 것으로 파악한 유다는 결국 나그네로 살았던 자신의 몸값을 예수에게 되돌리면서 승리나 패배를 초월한 자기 죽음을 맞는다. 아울러 작가는 유다의 주검이 왜 피밭인가를 목격자의 입을 빌려 소개하지만 유다의 처참한 말로를 패러디하여 작가 특유의 전도된 의미를 부여하고 있다.

백도기의 「가룟 유다에 대한 증언」은 제자 중 유달리 자기 의가 강했던 유다에 대한 작가의 연민이 잘 드러난 소설이다. 유다는 자신이 저지른 도박과도 같은 배반에 대한 책임문제에서 자신을 용서하지 않는 냉혈한이었다. 작가는 유다가 만일 예수의 죽음 곁에서 그의 희생을 목도했더라면 인간의 약점과 한계를 알게 되었을 것이고, 예수가 참 메시아였음도 깨달을 수 있었을 것이라고 서술자 시므온의 입을 빌려 유다를 감싸준다. 즉 예수의 죽음은 인간이 저지른 어떤 죄도 용서받을 수 있도록 허락된 은총이어

II. 현대소설과 기독교 세계관

서, 그에게도 참 회개의 기회가 있었다면 구원도 예외는 아니었을 것(고전 8:11)이라는 해석을 내놓았다.

이와 같이 소설에 드러난 유다는 자신의 욕망과 하나님의 뜻 사이에서 하나님의 뜻을 경험하지 못한 자로 나타나 있다. 유다가 스스로를 비교한 베드로의 경우, 성경은 베드로가 하나님의 대속의 사랑을 알고 그 사랑 앞에 항복하는 모습을 보여준다. 그러나 유다는 자신의 배반 행위를 뉘우쳤다 할지라도 십자가를 의지하는 믿음보다는, 자폭함으로써 자기 의를 꺾지 않은 인간의 한계를 드러냈다. 따라서 유다의 죽음을 역사적 운명의 희생양으로 보는 관점에는 무리가 따른다 하겠다.

결국 가룟 유다는 잘못된 욕망의 판단으로 하나님을 떠난 인간의 최고의 절망상태를 나타내는 대표 인물이다. 그러나 유다의 운명이 하나님의 예정된 섭리였느냐 아니었느냐 하는 작가적 질문은 유다의 신앙이나 고뇌가 서사 차원에서 얼마나 잘 형상화되어 있느냐에 달려 있다 하겠다.

제3장

『침묵』에 나타난
율법과 사랑

그리스도의 얼굴(the Face of Jesus Christ)
박해와 순교(Persecution and Martyrdom)
배교자(Apostate)
성화판(Fumie)
율법과 용서(Law and forgiveness)
성육신(Incarnation)
임마누엘(Immanuel)

1. 들어가며

엔도 슈사쿠(1923-1996)의 『침묵』은 순교와 배교의 갈림길에 선 한 신부의 절체절명의 고뇌를 일본의 기리시단(切支丹) 시대를 배경으로 묘사한 작품이다. 작가 나이 43세인 1966년에 발표된 이 소설은 일본뿐만 아니라 세계 각국에 번역되어 오늘날까지 기독교문학의 고전으로 알려져 있다. 이 글에서는 소설의 선교 역사적 의미나 실제 인물 논의를 떠나 주인공 로드리고 신부의 이른바 배교행위를 기독교 세계관의 관점에서 살펴, 그리스도 안에 있는 인간은 어떤 모습이며 배교와 순교의 진정한 의미는 무엇인가를 살펴보고자 한다.

『침묵』에 관한 연구로는 먼저 '약자의 복권'이라는 차원에서 논의한 김승철의 논문(『엔도 슈사쿠의 문학과 기독교-어머니되시는 신을 찾아서』, 신지서원,

☞☞ 기리시단(切支丹)

1549년, 예수회의 사비에르(Francisco de Xavier) 신부가 처음 일본에 가톨릭교를 전파한 이후, 16~17세기에 일본으로 건너와 활동한 선교사들과 일본인 가톨릭교도들을 일컫는 말이다. 이 시기의 가톨릭 신도들인 '기리시단'은 에도 막부(江戸 幕府)가 금교정책을 펼치자 탄압 속에서 은밀하게 그들의 신앙을 지켜나갔다. 작가는 이 시대를 일본과 서양이 처음으로 격돌한 시대라고 말한다. 사비에르 신부가 2년 4개월 동안 선교 활동을 하고 떠난 후, 다른 선교사들이 들어와 가톨릭교가 번성해 갔다. 하지만 도요토미 히데요시가 1587년에 외국인 추방령을 내리면서 가톨릭에 대한 탄압이 시작됐고 도쿠가와 이에야스 통치기에 탄압이 본격화했다. 1616년에는 50만 명을 헤아리는 그리스도교인이 박해를 받았다. 1617년 처음으로 유럽인 사제 4명이 참수되었고, 예도에서는 70명의 신도들을 십자가에 거꾸로 매달아 얕은 물에 박아놓고 밀물이 들어올 때 익사하도록 하였다. 유럽인의 경우는 산 채로 불태우는 형을 가했다고 한다.

일본 당국은 처형보다는 배교를 유도했다. 예수회 수도사로 보이는 선교사 7명이 1633년, 굴복하여 배교하였다.(이들 중 대부분은 즉각 배교를 철회하고 기꺼이 죽었다.) 박해가 가중되던 4반세기 동안 1900명이 넘는 사람들이 처형당하거나 옥사했는데, 그중 유럽 선교사가 62명이나 되었다. 1638년 1월부터는 3만 7천여 명의 지하교인들이 '시마바라' 고성(高城) 안에서 4개월간 최후까지 버티다가 결국 포위되어 대학살 당했다. 이를 '시마바라 내란'이라 한다. 『침묵』은 1638년 시마바라 내란 이후 선교가 황폐화되었던 그때를 배경으로 하고 있다(임영천, 『한국 현대문학과 기독교』, 태학사, 1995, 155~68. 참조).

1998.)이 있는데 그는 기치지로를 통해 '인간의 연약함과 비참함에 대한 공감'(김승철, 70)이란 관점에서 이 소설을 다루었다. 박승호는 작품의 주제 연구를 통해 로드리고 신부의 신앙관의 변화 추이를 서술구조를 통해 분석해 냈다.("엔도 슈사쿠의 『침묵(沈黙)』의 주제연구", 문학과 종교학회, 《문학과 종교》, 2003, 105~29.) 임종석은 『침묵』에 나타난 기독교적 의미에 대해 '신은 외형상으로는 침묵하는 것처럼 보이나 실은 인간들의 인생을 통해 말하고 있는 것'이라고 하고 『침묵』에 나타난 신은 성서가 말하는 기독교의 신의 모습이 아니라, 작가가 '부조하여 만든 신에 불과하다'고 주장했다.("엔도 슈사쿠의 『침묵』에 있어서의 기독교", 한국일본학회, 《일본학보》, 2002, 365.) 그는 로드리고 신부가 처한 입장에 대해, 성서의 신은 결코 후미에를 '밟아라'라고 말하지 않는다고 하면서 '성서의 신은 사랑과 공의를 조화롭게 쓰는 신'인데 작가 엔도가 말하는 신은 '사랑만 있고 공의가 배제되어 있다'고

주장한다. 임종석은 탄압에 협력하는 로드리고를 기독교도라고 할 수 없다고 하였다. 또한 실체를 잃고 왜곡되어 버린 신을 일본 그리스도교의 토착화라고 생각해서는 안 되고 '기독교의 토착화는 그 시도만으로도 싹도 트지 못하고 만' 것이라 주장했다(임종석, 373). 이와 달리 박유미는 로드리고와 기치지로의 '인생'을 통한 '순교'라는 관점에서 그들의 배교는 '끝까지 그들 곁에 있겠다고 말하는 신'과 다시 만나는, '끝나지 않은 신앙'이라는 관점을 보여주었다.("엔도 슈사쿠의 『침묵』론-로드리고와 기치지로의 '인생'을 통한 '순교'", 한국일본문화학회,《일본문화학보》, 2008, 155-69.)

엔도 슈사쿠

blog.naver.com/so_moim/220944572729

이 글은 로드리고 신부가 일본에 잠입하여 신앙이 변모하는 과정을 주목하여 보고, 고난 가운데서의 일회성 순교보다 오히려 더 귀한 사랑의 실천이라는 관점으로 그를 고찰하고자 한다. 로드리고 신부의 고통은 하나님의 아들로서 인간의 몸을 입고 이 땅에 오신 성육신의 그리스도를 더욱 깊이 체험하는 과정으로 묶을 수 있다.

대부분의 논자들은 신앙의 성격을 모성적 신앙과 부성적 신앙이라는 관점에서, 일본에 적합한 그리스도교의 모습은 모성적 사랑의 신이라고 말하고 있다. 신의 성품에 대해, 죄를 다스리고 심판하는 권위와 공의의 부성적인 측면과 사랑과 용서와 화해의 모성적인 돌봄의 측면으로 설명하는 것도 가능하다. 그러나 이 글에서는 예수 그리스도의 구속사적 관점(창조와 구원에 있어서, 하나님이 직접 이루어 가시는 섭리의 역사를 합해서 일컫는 말)에서 로드리고 신부의 소위 성화판을 밟는 행위는 배교의 행위가 아니라 어찌

☞☞ 성화판 후미에(踏み繪, 踏繪)는 그리스도교를 금하고 규제하기 위해서 그리스도의 초상을 동판에 새겨놓고 신자들에게 밟고 지나가도록 하여 신자와 비신자, 믿음을 버린 배교자를 가려내는 도구이다. 나무 액자에 끼워진 피에타의 동판이나 그리스도나 성모 마리아의 상(像)을 새겨 널빤지에 끼운 동판을 발로 밟고 침을 뱉으며 자신의 신앙을 부인하게 하거나, 성모 마리아를 부정한 여인으로 간주하게 하는 발언을 시킨다. 소설 속에서는 관리들이 성화를 밟는 교인들의 안색과 숨결을 살펴서 그들을 고문했다. 일본인들이 그리스도보다 성모 쪽을 더 숭배하는 것을 잘 알고 있던 이누우에 부교오(奉行: 지방장관)의 고안으로 "성화에 침을 뱉고 성모는 남자들에게 몸을 맡겨온 매음녀라고 말해 보라고 하"는 일도 있다.(엔도 슈사쿠, 공문혜 역, 『침묵』, 홍성사, 2003, 87. 인용은 쪽수만 표시)

할 수 없는 인간의 나약함과 한계를 깨닫고 심판주 하나님을 경험하는 과정이었음을 역설하고자 한다. 신의 초월적 사랑에 전적으로 의지하는 과정, 즉 신은 침묵하는 것이 아니라 침묵 속에 계시는 현존이며 우리의 고통 가운데서 함께 고통을 나누는 분임을 피력할 것이다.

문학과 종교와의 관계에 있어 문학작품은 인간과 인간의 삶을 탐구하는 이야기이다. 문학작품은 종교와 다르며 작가가 신 중심으로 이야기를 그려나가는 것이 아니라 인생과 인간을 해부하고 탐구하는 것이다. 다만 작품에 드러난 인물의 인생관과 종교관을 통해 그가 어떻게 자신의 종교를 삶으로 살아냈나를 말할 수 있을 뿐이다. 아울러 하나의 문학작품은 그 자체로서 완결성을 갖고 있다고 보는 작품 내재적 관점으로 접근하고자 한다.

2. 신의 침묵과 인간의 고통

『침묵』은 포르투갈 예수회 소속의 한 신앙지도자였던 페레이라 신부가 일본에서 선교활동 중에 모진 고문을 이겨내지 못하고 배교했다는 선

극단 단홍의 〈침묵〉 포스터(2019)
www.christiantoday.co.kr/news/308988

교 보고로부터 시작된다. 그리스도교 신앙의 불모지인 일본에서 20년간 활동을 하면서 많은 신도를 확보했던 페레이라 신부의 배교 소식에 그의 제자였던 프란시스 가르페, 호안테 산타 마르타, 세바스티앙 로드리고 신부가 1638년 3월 25일, 그 원인을 알아보고 또 선교의 사명을 감당하고자 일본으로 잠행한다. 마카오에서 마르타 신부는 병사하고, 남은 두 신부는 기치지로라는 일본 청년의 안내로 일본의 한 어촌으로 잠입, 이후 고난과 박해 속에서 결국 순교와 배교라는 갈등의 극한을 경험하는 내용이다.

먼저 일본에서 펼치는 두 신부의 활약상을 통해 '침묵하는 신'의 뜻을 살펴보자.

작은 어촌 도모기 부락 근처의 산속 움막에 숨어든 두 신부는, 한밤중에는 마치 카타콤 시대 사람들처럼 미사를 올리고, 아침에는 남몰래 산으로 찾아오는 신도들을 기다리며 그들이 가져다주는 약간의 식량으로 연명하고 있다. 농부인 모키치 일행의 고해를 듣고 교리를 들려주고, 데려온 아기에게 세례를 주는 두 신부는 이국땅에 온 선교사로서의 보람과 기쁨을 느낀다.

그날 밤 늦게까지 저희는 '아버님'에 속한 남자 둘과 마쓰가 데려온 아기에게 몰래 세례를 주었습니다. 이것이 저희가 일본에서 처음으로 행한 세례로서, 촛대도 없고 음악도 없는 이 움막에서는 성수(聖水)를 담은 자그마하고 금이 간 그들의 사발만이 의식 도구의 전부였습니다. 그러나 비참한 움막 안에서 아기가 울고 마쓰는 그 아기를 달래고 또한 한 남자

II. 현대소설과 기독교 세계관

는 움막 밖에서 망을 보는 그런 상황에서 가르페가 엄숙한 목소리로 외우는 세례기도를 들었을 때만큼 내게 기쁨을 준 일이 없습니다. 어떤 대성당의 제전(祭典)과도 비교할 수 없는 그런 모습이었습니다. 그것은 이국땅에 온 선교사들만이 맛볼 수 있는 행복이겠지요. (60)

이렇게 인간에 대한 사랑과 사제직에 대한 사명감으로 뭉쳐 있던 그들은 다른 마을의 농민과 어부들에게도 몰래 숨어 들어가 세례를 주고 고해를 듣는 일로 나날을 보낸다.

추위와 두려움에 떨면서도 전도와 포교를 위해 신부 본연의 자세를 잃지 않던 중, 누군가의 밀고로 마을이 수색을 당하게 되고, 일본 관리들은 별 증거를 찾지 못하자 대표자 세 사람을 나가사키 관저로 출두하라는 명령을 주고 간다. 가톨릭교도인 이치소우와 모키치와 기치지로에게, 만일 그들이 나가서 성화판을 밟지 않으면 마을 사람 모두가 똑같은 취조를 받게 될 사태를 두고 신부는 다음과 같이 말한다.

연민의 정이 가슴에 치밀어 왔습니다. 저는 얼떨결에 당신들이라면 자백하지 않을 거라고 대답해 버렸습니다. 일찍이 운젠 박해 때에 일본인이 성화를 밟으라고 가브리엘 신부님에게 들이밀었을 때 "그것을 밟기보다는 이 발을 잘라버리는 편이 낫다"라고 말씀했다는 이야기가 머리를 스쳤습니다. 많은 일본인 신도와 신부가 이와 같은 기분으로, 자신의 발 앞에 내밀어진 성화를 밟기는커녕 그윽이 마주 대하고 바라보았다는 사실을 알고 있었습니다. 그러나 그러한 것을 이 불쌍하고 가련한 세 사람에게 어떻게 요구할 수 있었겠습니까?
"밟아도 좋소, 밟아도 좋소."
그렇게 외친 저는, 내가 사제로서 말해서는 안 되는 것을 말했다는 사실

을 깨달았습니다. (84)

여기서 신부는 신앙이 약한 그들에게 사제들과 같은 수준의 신앙심을 요구할 수는 없다는 논리로 갈등하는 모습을 보인다. 중요한 건 신앙의 본질이고 그 본질을 지키기 위해 고문 때문에 강요당하는 형식과 제도는 크게 문제 삼을 수 없다는 태도이다. 단순히 일본 관리들이 고안해 낸, 성화판을 발로 밟는 강압적인 권유의 형식은 신앙의 본질만큼 중요하다고 볼 수는 없다는 것이 로드리고 신부의 생각이었다. 그는 성도의 견인(perseverance)에 대한 확실한 구원의식을 드러내지 못하고 다만 일반 신도들의 나약함을 긍휼히 여기는 마음에서 그들에게 자유의지를 준 것이었다.

끌려간 신도들의 수난에 대해 신부는 하나님이 아무 뜻 없이 시련을 내리셨다고는 생각지 않으며, 주께서 이루시는 일은 모두 선한 일이므로 때가 되면 이 박해가 왜 자신들의 운명에 주어지게 되었는지 이해할 날이 올 것이라 생각하고 모든 것을 신의 뜻으로 이해하고자 한다.

☞☞ 예수 그리스도를 믿는 신앙이란 거룩하고 성실한 생활과 언제나 관련이 있다. 견인(堅忍)은, 하나님께서 한 번 우리를 구원해 주셨다면 그 구원이 유효하도록 끝까지 붙들어 가신다는 뜻이다. 그리스도의 구속을 받고 성령에 의해 중생을 얻은 자는 전지전능하신 하나님에 의해서 신앙을 지키게 된다("끝까지 견디는 자는 구원을 얻으리라." 마 24:13). 『침묵』에 등장하는 신도들이 그들의 신앙을 부정하거나 배교행위를 하는 일에 관해서는, 부르심을 받고 의롭다 함을 받은 자가 타락하여 영생에 이르지 못할 수 있는가 하는 성경적 의문을 가질 수 있다. 이들은 때로 시험에 빠지며 죄를 범하기도 한다. 하지만 그들을 그리스도에게서 완전히 분리시킬 수는 없으며 반드시 영원히 구원에 이르게 된다. 즉 신자는 멸망 받을 수 없다("내게 오는 자는 내가 결코 내어쫓지 아니하리라". 요 6:37, 39, 44, 10:28-30에는 "내가 저희에게 영생을 주노니 영원히 멸망치 아니할 터이요 또 저희를 내 손에서 빼앗을 자가 없느니라"라고 말하고 있다(존 머레이, 하문호 역, 『구속론』, 성광문화사, 1979, 199~212. 참조).

"하나님은 무엇 때문에 이런 고통을 주시는지요?"[…]

"신부님, 저희들은 나쁜 일이라고는 아무것도 하지 않았는데요."[…]

하나님은 무엇 때문에 이들 비참한 농민들에게, 이 일본인들에게 박해와 고문이라는 시련을 주시는지요? 아니, 기치지로가 말하고 싶었던 것은 […] 바로 하나님의 침묵입니다. 박해가 시작되고 오늘까지 20년, 여기 어두운 일본의 땅에 많은 신도들의 신음이 가득 차고 사제의 붉은 피가 흐르고 교회의 탑이 붕괴되어 가는데, 하나님은 자신에게 바쳐진 너무나도 참혹한 희생을 보면서도 아직 침묵하고 계십니다. 기치지로의 어리석은 원망에 그러한 물음이 깔려 있는 듯한 느낌이 들어 견딜 수 없었습니다. (85-86)

위와 같은 갈등은 현존하시는 하나님에 대해, 인간의 나약함에 깊은 연민을 느끼는 사제로서의 기본적인 고뇌일 뿐 그의 신앙을 송두리째 흔들어놓을 정도는 아니었다.

그러나 뜻밖에도 모키치와 기치소우가 수장형(水葬刑: 십자가 모양으로 만든 두 개의 나무를 밀리는 물가에 세우고 사람을 묶는다. 조수가 몰려오면 그들의 몸은 목까지 바다에 잠겼다가 썰물 때에는 소금에 절여진 몸이 햇볕에 타들어 간다. 2-3일이면 숨이 끊어지게 되는 벌. 수책(水磔)이다.)에 처해지는 광경을 목도하게 되자 신부는 참으로 자신이 그들을 위해 아무것도 해 줄 수 없다는 안타까움에 절규한다. 어둠 가운데서 '천국의 궁전'으로 가자는 노래를 부르는 두 사람의 순교를 지켜보는 바다의 침묵과 하나님의 침

영화 〈Silence〉에 나타난 수장형의 모습
blog.naver.com/qara66/220922484858

묵 앞에, 신부는 그들이 죽어도 세상은 아무것도 변하지 않고 달라진 게 없다는 사실에 충격을 받는다.

> 순교였습니다. 그러나 무엇을 위한 순교일까요? 저는 오랫동안 성인전(聖人傳)에 쓰인 그런 순교를, 이를테면 그 사람들의 영혼이 하늘나라에 돌아갈 때 공중에는 영광의 빛이 가득하고 천사가 나팔을 부는 그런 빛나고 화려한 순교를 지나치게 꿈꿔 왔습니다. […] 일본 신도의 순교는 그와 같은 혁혁한 것이 아니라 이렇게 비참하고 이렇게 쓰라린 것이었습니다. […]
> 아무 것도 변하지 않았습니다. 하지만 당신이라면 이렇게 말하겠지요. 그들의 죽음은 결코 무의미하지 않다고. 그들의 죽음은 결국 교회의 기초가 되는 돌이 된 것이라고. 그리고 주님은 우리가 감당할 수 없는 그런 시련은 결코 주시지 않는다고. […] 다만 저는 모키치와 이치소우가 하나님의 영광 때문에 신음하고 괴로워하다가 마침내 죽은 오늘도 바다는 어둡고 단조롭기만 한 소리를 내면서 철썩이고 있다는 변함없는 사실이 참을 수 없을 뿐입니다. (93-94)

신부의 이러한 탄식은 그가 일찍이 사제 수업을 받으면서 막연히 생각해 왔던 관념적인 순교상이, 실제 선교현장에서 목도하는 순교자의 죽음과 얼마나 큰 차이가 있나를 되짚어보게 한다. 그는 아무것도 할 수 없는 인간의 무능력과 한계를 뼈저리게 느끼면서 전지전능하고 무소부재한 하나님의 응답을 애타게 갈구한다.

이제 신부는 동료 가르페 신부와도 헤어져, 추위와 공포 속에서 산속을 방황하다가 기치지로의 밀고로 붙잡히게 된다. 관리의 취조를 받으면서도 그는 박해받는 선량한 일본인 신도들을 위해 기도문을 외우며 계속해서 신의 침묵을 이해하려고 노력한다. 나가사키로 호송되는 중에는 가톨릭 신도들이 모여 살았던 부흥기의 요코세우라 마을이 폐허가 된 것을 보면서 다음과 같이 중얼거린다.

"당신은 어째서 모든 것을 그대로 내버려 두셨습니까?"라고, 하나님의 침묵을 원망하며 신부가 연약한 소리로 말했다. '저희가 당신을 위해 만든 마을조차 불타 버리도록 당신은 방관하고 계셨던 것입니까? 사람들이 추방당할 때도 당신은 그들에게 용기를 주지 않고 이 어둠처럼 다만 침묵하고 계셨던 것입니까? 왜. 어째서? 왜인지 그 이유만이라도 가르쳐 주십시오. 저희는 당신이 시련을 주기 위해 악창에 걸리게 했던 욥처럼 강한 인간이 못 됩니다. 욥은 성자입니다만 신도들은 가난하고 약한 인간에 지나지 않습니다. 시련을 견디어 내는 데도 한계가 있습니다. 그 이상의 고통을 이제 더는 내리지 말아 주십시오'라고 신부는 기도했지만 바다는 여전히 어둡고 차디차게 침묵만을 지키고 있었다. (151)

그는 침묵하는 하나님을 향하여 원망에 가까운 기도를 드린다. 독방에 갇혀 신도들의 기도 소리를 듣고 그들과 같이 입술을 움직이며 신은 언제까지나 침묵할 수는 없으실 것이란 희망을 갖기도 한다. 조용한 시간이 되면 자신을 주목하고 있는 그리스도의 얼굴을 느끼기도 하고 '나는 너희를 버리지 않는다'는 대답이 들리는 듯한 착각도 한다. 신도들의 옥사로 건너가 기도문을 외우고 그들의 고해를 들으며, '주님은 당신들의 피를 닦아주실 때가 있을 것'이라며 구원의 희망을 심어준다.

그러나 여름 밀림의 뙤약볕 속에서 죄수(그리스도인)들은 자기가 죽임을 당할 구덩이를 파는 노동을 하고, 요한이라는 한 애꾸눈 사나이는 관리의 칼에 여지없이 죽임을 당한다. 신부는 다시 신의 침묵에 항변하게 된다.

> 한 인간이 무참히 죽었는데도 바깥세상은 여전히 그런 일이 없었던 것처럼 전과 다름없이 계속 움직이고 있었다. 이런 바보스러운 일은 있을 수 없다. 이것이 순교란 말인가? 무슨 의미가 있단 말인가? 왜 당신은 침묵하고 있는가? 당신은 지금 저 애꾸는 농민이 오로지 당신 때문에 죽었다는 사실, 그것을 알고 있을 것이다. 그런데도 어째서 이런 정적이, 이런 고요가 계속되는가? 이 한낮의 고요함. 매미 소리. 이런 어리석고 참혹한 일과는 전혀 관계없다는 듯이 그분은 외면하고 있다. 그것이, 그 사실이 견딜 수 없었다. (186)

그가 지금껏 생각해 온 순교의 이미지는 예수의 십자가 죽음처럼 온 땅에 어둠이 임하며 성소의 휘장 한가운데가 찢어지고 나팔소리가 울리는, 천상과 지상이 공명하는, 역사적이고도 우주적인 사건이라는 지식이었다. 그러나 현실은 신도들이 고대하던 어떤 기적도 일어나지 않았다.

신부는 이제 바다 가까운 송림으로 이송되어 먼발치에서 또 다른 순교를 목격하게 된다. 그의 동료 가르페 신부와 세 명의 신도가 마치 도롱이 벌레처럼 거적에 둘러싸여 바다에서 수형을 당할 위기에 처한 것이다. 그들은 이미 성화를 밟은 사람들이지만 통역의 말에 의하면 가르페 신부의 배교를 끌어내기 위해서 그들을 죽이는 것이었다.

> 그는 인간들을 위해 죽으려고 이 나라에 왔던 것인데, 사실은 일본인 신도들이 자기 때문에 잇달아 죽어 갔다. 어떻게 하는 게 좋은 건지 알 수가 없었다. 행위란 오늘까지 교리에서 배웠던 것처럼, 이것이 옳고 이것이 나쁘고 이것이 선하고 이것이 악하다는 식으로 정확히 구별할 수 있

는 것은 아니었다. 가르페가 수긍하지 않는다면 저 세 사람의 신도들은 이 포구에 돌처럼 내던져진다. 그가 관리들의 유혹에 따른다면 그것은 가르페의 생애에서 좌절을 의미한다. 어떻게 하는 것이 현명한지 알 수 없었다. (208)

로드리고 신부는 마음속으로 가르페를 향해 배교해도 좋다고 일러주며 '나는 배교한다. 나는 배교할 테다'라고 중얼거린다. 신학교에서 배운 지식과 율법을 준행한다는 것은 상황논리를 배제하고 단지 사건의 결과만으로 믿음을 재단하는 것에 불과했다. 죽음을 불사한 동료의 순교 현장을 목격한 후, 그는 침묵 속에서 하루 종일 벽만 보며, 거적을 두른 신도들과 가르페 신부의 환영에 참혹함을 감추지 못한다. 통역이 자신에게 내뱉은 '신부라는 이름조차 아까운 비겁자'라는 말을 놓고 자학하기도 한다.

나는 신도들을 구원할 수도 없었고 가르페처럼 그들을 쫓아가서 풍랑이 이는 파도 속에 사라져 갈 수도 없었다. 나는 저 사람들에 대한 연민에 끌려서 어떻게도 할 수 없었다. 그러나 연민은 결코 행위가 아니었다. 사랑도 아니었다. 연민은 정욕과 마찬가지로 일종의 본능에 지나지 않았다. 그 정도는 신학교의 딱딱한 의자에서 이미 훨씬 전부터 배웠지만, 그것은 책 속의 지식으로만 머물러 있을 뿐이었다. (212)

이와 같은 신부의 푸념처럼, 그는 인간에 대한 연민과 자신의 한계를 뼈저리게 알게 되고 그럴수록 더욱더 신의 침묵을 이해할 수 없게 되었다. 사제로서의 소명감마저 조롱해 보는 절망의 끝에서, 신부는 자신이 찾고 있던 스승 페레이라 신부를 만나게 된다.

페레이라 신부의 궤변도 궤변이지만, 로드리고 신부가 성화판을 밟게 되는 결정적인 사건은 바로 일본인 신도들의 구멍 매달기 고문으로 인한 신음 소리였다. 그는 감옥 속에서 깨어 기도하며 자신만이 홀로 이 밤에 '십자가의 길'을 가는 그분과 똑같이 괴로워하고 있다고 생각했었다. 더 고통받는 사람들이 바로 옆에 있다는 사실을 알지 못했다. 처음에는 코 고는 소리로 알고 그 소리를 우습게 생각하며 웃기까지 했다. 그러나 신부의 배교를 유도하기 위해 희생당하는 신도들의 피 흘리는 신음 소리라는 사실에 그는 자신의 오만함과 어리석음을 깨닫고 절규한다.

> '그만해 주시오, 중지해 주시오. 주여, 지금이야말로 당신은 침묵을 깨버리셔야 합니다. 더 이상 침묵하고 계셔서는 안 됩니다. 당신은 올바름이며 선이며 사랑의 존재임을 증명하고, 당신이 엄연히 존재함을 이 지상과 인간들에게 나타내기 위해서라도 뭔가를 말씀하지 않으면 안 됩니다.' (261-62)

신부는 자신의 신에게 명령조로 강하게 호소한다. 그의 분노는 절정에 달하고 신의 무능력함에 대한 절규의 최고점에서 성화판을 밟는 행위가 이루어진다. 신부는 일본인 신도들을 살리기 위해 자신이 희생양이 되어야 한다고 생각한다. 성화판을 밟으려고 하는 순간, 비로소 신은 말씀하신다.

> 신부는 발을 들었다. 발이 저린 듯한 무거운 통증을 느꼈다. 그것은 단순히 형식만은 아니었다. 지금까지 전 생애를 통해 가장 아름답다고 생각해 온 것, 가장 맑고 깨끗하다고 믿었던 것, 인간의 이상과 꿈이 담긴 것을 밟는 것이었다. 이 발의 아픔, 그때, 밟아도 좋다고, 동판에 새겨진 그분은 신부에게 말했다.

밟아도 좋다. 네 발의 아픔을 내가 제일 잘 알고 있다. 밟아도 좋다. 나는 너희에게 밟히기 위해 이 세상에 태어났고, 너희의 아픔을 나누기 위해 십자가를 진 것이다. (267)

로드리고 신부는 지금까지 신의 침묵을 원망하며 그 존재까지 의심했지만 그가 겪는 극한의 한계상황에서, 최후로 선택한 그 배교행위의 현장에서 함께 고통을 나누며 체휼하는 그리스도의 음성을 느낀다. 신은 침묵하지 않고 '밟아라'라고 말했고 그분의 존재는 언제나 인간의 아픔과 고통을 함께 나누는 일에 있음을 이해하게 된다.

이제 그는 스승 페레이라 신부와 똑같이 일본 관헌이 제공하는 관아에 살며, 일본식 이름과 아내를 받고 그들의 감시를 받으며 살아간다. 그렇지만 로드리고 신부는 자신을 필요로 하는 기치지로의 고해를 들어주며 일본에서의 최후의 가톨릭 신부가 되고자 한다.

나는 그들을 배반했을지 모르나 결코 그분을 배반하지는 않았다. 지금까지와는 아주 다른 형태로 그분을 사랑하고 있다. 내가 그 사랑을 알기 위해서 오늘까지의 모든 시련이 필요했던 것이다. 나는 이 나라에서 아직도 최후의 가톨릭 신부이다. 그리고 그분은 결코 침묵하고 있었던 게 아니다. 비록 그분이 침묵하고 있었다고 하더라도 나의 오늘까지의 인생은 그분과 함께 있었다. 그분의 말씀을, 그분의 행위를 따르며 배우며 그리고 말하고 있었다. (295)

이렇게 『침묵』은 로드리고 신부의 독백으로 끝이 난다. 그가 신학교에서 지식적으로 알고 생각해 왔던 그리스도에 대한 이해는 삶의 실제 현장에서 훨씬 깊어지고 변화되었다. 그는 성직자들을 배반했을지언정 결코 그분을 배반하지는 않았다고 말한다. 오히려 지금까지와는 아주 다른 형태로 그분을 사랑하게 되었다고 한다. 그 사랑을 알기 위해서 오늘까지의 시련이 필요했던 것이다. 자신의 내면 깊숙한 곳에서 울려 나오는 이러한 독백을 통해 보자면, 바야흐로 신부는 인간의 고통과 함께하시는 임마누엘('하나님께서 우리와 함께 하시다.' 사 8:10)의 하나님을 새롭게 깨닫게 된 것이라고 볼 수 있다.

이제, 로드리고 신부가 성화판을 밟은 행위를 배교라고 말할 수 있을지에 대해 살펴보자. 문제의 접근은 우선 로드리고 신부가 마카오에서 일본 출항을 기다릴 때의 심정에서부터 출발한다.

3. 그리스도의 얼굴과 인간의 얼굴

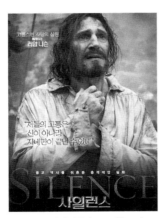

M. 스콜세지 감독 〈Silence〉(2016)
blog.naver.com/qara66/220922484858

로드리고 신부는 선교 보고 편지의 첫머리에서 '주님의 평화. 그리스도의 영광'이라고 인사말을 띄우며 선교에 대한 자긍심을 드러내고 있었다. 사제의 본분은 오로지 인간을 위해, 봉사하기 위해 이 세상에 태어난 가련한 족속이며 만일 그 봉사를 이루지 못한다면 그런 사제처럼 고독하고 비참한 존재는 없을 것이라고 썼다. 선교를 위해 자신을 희생하는 믿음의 선배들

　　　　　　　　　　　Ⅱ. 현대소설과 기독교 세계관

에 대한 존경심 속에서 하나님은 인간의 지혜로는 통찰할 수 없는 가장 선한 운명을 인간들에게 부여하셨으며, 반드시 그분의 전능하심으로 기적을 일으켜 모든 것을 조화시켜 주실 것이라는 확신에 차 있었다. 동료 신부가 병사했을 때에도 그는 하나님이 이루시는 일은 모두가 선한 일이기 때문에 그가 머지않아 이루어야 할 그 사명을, 하나님은 은밀히 준비하고 계실 것이라 확신했다.

사건이 진행됨에 따라 그는 그리스도의 얼굴을 묵상하면서 자신의 심경을 피력하는데, 박해가 심해질수록 떠올리는 그리스도의 얼굴이 점차 변화하고 있음에 주목할 필요가 있다. 그리스도의 얼굴은 파노라마처럼, 제자들을 부르시고 십자가에 달리시기 전까지 공생애 사역의 몇몇 장면으로 신부가 겪는 수난의 여정 속에 되살아나고 있다.

신부는 출항을 기다리며, '너희는 온 천하에 다니며 만민에게 복음을 전파하라'고 말씀하신 그분의 부활 때의 얼굴을 묵상한다. 그는 초기 그리스도인들이 떠올렸던 양치기의 모습, 즉 짧은 망토에 작은 옷을 입고 한 손은 어깨에 짊어진 양의 다리를 잡고 다른 손에는 지팡이를 쥔 목자의 모습을 보잘것없는 그리스도의 얼굴이라 말한다. 이후 동방문화가 탄생시킨 긴 코와 곱슬곱슬한 머리와 검은 수염의 그리스도의 얼굴과, 중세 화가들이 그린 왕자다운 위엄으로 가득 찬 그분의 얼굴도 떠올린다. 그러나 자신이 가장 좋아하는 얼굴은 신학생 시절에 본 그림 속의 그분의 표정이었다. 무덤에 한쪽 발을 걸치고 오른손에 십자가를 쥐고 정면을 응시하는 그 표정에서 '내 어린 양을 먹이라. 내 양을 치라. 내 양을 먹이라'고 세 번 명령하셨을 때의 격려하는 듯한, 씩씩하고 마음 든든한 얼굴에 애정을 느낀다고 고백한다. 전도를 명령하실 때의 힘찬 그리스도의 얼굴을 가슴에 담고 신부는 선교 여정을 시작한 것이다.

일본에 도착해서도, 그들을 간절히 기다렸을 신도들에게 사제로서의 보람을 강하게 느끼며, 산상설교를 하시는 그분의 얼굴을 떠올린다. 그 얼굴은 성경 어디에도 쓰여 있지 않지만 마치 사람들이 자기 연인의 얼굴을 미화해서 말하듯이, 그 또한 아름다운 그리스도의 얼굴을 떠올리며 사제직을 수행하고 있음을 편지로 알렸다.

그러나 신도들이 수장형을 당하고 자신은 그분의 침묵에 고뇌하면서 산속을 숨어 다닐 때, 사람의 흔적을 찾아 헤매고 다닐 때 떠올리는 그리스도의 얼굴은 예전의 얼굴이 아니었다. 십자가에 못 박힌 '그 사람의 얼굴'은, 우리 인간의 기도나 꿈을 담아 아름답고 신성하게 그린 어떤 성화의 얼굴보다 더 진실되고 성스러웠을 것이라는 생각과는 달리 불안과 피로로 일그러져 있는 '쫓기는 남자의 얼굴'이었다. 이는 자신의 얼굴과 그리스도의 얼굴을 동일시한 모습이기도 하지만, '그분'이라거나 '그리스도의 얼굴'이라는 표현과는 달리 '그' 또는 '쫓기는 남자'라는 육체를 지닌 인간의 모습으로 그리스도의 얼굴이 바뀌어 있음을 알 수 있다. 그동안 자신에게 사제로서의 긍지를 불러일으키는 신성을 지닌 그리스도의 얼굴 대신, 사람들에게 버림받고 간고를 많이 겪은(그는 멸시를 받아 사람들에게 버림받았으며 간고를 많이 겪었으며 질고를 아는 자라, 사 53:3), 육신의 고통 속에 있는 예수의 얼굴을 느끼게 되었다. 그러나 사제로서의 자긍심을 잃지 않고자 자신이 일본이라는 황혼의 섬에 생명수를 가져다줄 한 사람이라는 생각으로 다시금 열정과 용기를 낸다.

그는 감옥에서도, 고문 받으실 때조차 인간의 내면을 헤아리는 맑고 부드러운 눈을 그에게로 돌리고 계신 그리스도의 얼굴을 떠올리며 불안과 두려움을 가라앉힐 수 있었다. 올리브 숲에서 가야바의 저택까지 끌려간 그분을 묵상하거나 자신의 고통을 그리스도의 고통에 병치시켜 그가 채찍을 맞았을 때의 표정을 생각해 보기도 했다. 그러나 이노우에 부교오가 쓰는 유화적인 고문을 치를 때에는 자신은 아직 그분이 당한 최후의 고통을 경험하지 않았기에 불안해하기도 한다.

곧 다가올 고문을 예감하는 그믐날 밤에는 겟세마네의 회색빛 땅에 웅크리고 앉아 땀과 핏방울이 뚝뚝 떨어지는 듯한 죽음 같은 고통에 잠긴 그리스도의 여윈 얼굴을 묵상한다. 그분이 십자가에서 외친 마지막 말 '엘리 엘리 라마 사박다니'는 아마도 하나님의 침묵에 대한 공포에서 나온 말일 것이라고 짐작도 해 본다.

신부는 나가사키로 호송되는 길에서 밧줄에 양손이 묶이고 말에 태워진 채 말똥과 돌을 맞으며 사람들에게 조롱을 당한다. 그때 신부는, 예루살렘 거리를 들어서던 예수의 얼굴을 떠올리며 치욕과 모멸을 견디는 얼굴이 인간의 표정 중에서 가장 고귀하다는 것을 가르쳐준 그분의 얼굴이야말로 이방인들 속에서의 그리스도인의 얼굴일 것이라고 스스로를 위로한다. 서양 신부에 대한 멸시와 통역의 배교 권유를 이겨냈을 때, 그분의 얼굴은 어둠 속 바로 곁에서 부드러움이 담긴 눈빛으로 그를 바라보고 있었다. 이렇게 그리스도의 얼굴은 항상 신부와 함께 있었으며 신부 역시 그리스도와 함께(in Christ) 있었다.

☞☞ 그리스도의 얼굴
'그는 주 앞에서 자라나기를 연한 순 같고 마른 땅에서 나온 줄기 같아서 고운 모양도 없고 풍채도 없은즉 우리의 보기에 흠모할 만한 아름다운 것이 없도다'(사 53:2). 이와 관련하여, 오늘날 우리가 알고 있는 그리스도의 얼굴(像)에 관한 시대적 환상이 주는 문제점을 지적할 수 있다(더글라스 홀, "재고된 그리스도: 엔도 슈사쿠의 『침묵』에 대한 신학적 고찰", 조 만(외) 편역, 『현대문학과 종교』, 현대사상사, 1987, 203–21. 참조).

마지막으로 성화판을 밟을 때, 동판 속에 새겨진 그리스도의 얼굴은 가느다란 팔을 벌리고 가시관을 쓴 보기 흉한 얼굴이었다. 그가 예전에 수없이 보아온 위엄과 자랑스러움을 지닌 얼굴도 아니고, 아름답게 고통을 견디는 얼굴도 아니었다. 유혹을 물리친 강한 의지와 힘이 넘쳐흐르는 얼굴이 아니라 가장 가까이 그의 발 앞에서 여위고 지쳐 있는, 피와 땀과 먼지로 더러워진 인간의 얼굴이었다. 후광이 둘린 거룩한 신의 얼굴이 아니라 '고운 모양도 없고 풍채도 없은즉 보기에 흠모할 만한' 아무런 것도 없었다(사 53:2). 신부는 그 얼굴이야말로 인간 삶의 자리에서 함께 고통하고 아파하는, 성육신(Incarnation)한 그분의 얼굴임을 배교행위를 치르면서 깨닫는다.

　　성화판을 밟는 행위는 로드리고 신부에게 말할 수 없는 치욕이자 희생이면서 자기를 부인하는 행위였다. 이를 심리학에서는 누미너스 경험(numinous experience)이라 한다. 이 경험은 신비적이며 이로 인해 사람에게 새로운 차원의 신앙을 제공하는 결정적인 경험이다. 사울이 다메섹으로 기독교인을 체포하기 위해 영장을 가지고 가던 중, 극적인 종교적 체험을 한 후 수행과정을 거쳐 기독교로 귀의한 것과 같은 종교적 체험은 누미너스에 해당한다. 십자가를 지고 죽임을 당하는 그분의 얼굴 역시, 자신을 버려 대속을 이루는 희생과 사랑의 완성이었다. 이렇게 로드리고 신부는 자신의 선교 여정에서 항상 그분의 얼굴과 함께 있었다. 그러나 그가 마침내 깨닫게 된 궁극적이며 본질적인 그리스도의 얼굴은 인간의 몸을 입고 이 땅에 찾아와 인간의 연약함과 그 질고 속에 함께 거하는 인간의 얼굴이었다.

　　　　　　　　　　　　　　　　Ⅱ. 현대소설과 기독교 세계관

4. 율법의 배교와 구속의 사랑

이제『침묵』에 나타난 세 인물을 통해 그들 역시 그리스도의 긍휼과 사랑 없이는 살 수 없는 연약한 존재임을 살펴보고자 한다.

사제로서의 당당한 포부와 신념을 가진 로드리고가 만난 대표적인 이방인은 기치지로였다. 그는 겁이 많고 의지가 박약하고 술에 찌든, 여러 번 배교한 가톨릭 신도이다. 로드리고 신부는 기치지로의 교활함이 연약한 마음 때문에 생겨난다는 사실을 간파하고, 이런 사람에게 목숨을 건 선교지 안내를 의탁해야 하는 처지에 실소를 금할 수 없었다. 하지만 그리스도 자신의 운명을 믿을 수 없는 자들에게 맡기셨다는 사실을 떠올리며, 그것은 그분이 인간을 사랑하신 까닭이기 때문에 자신도 그러해야 한다고 생각한다. 교활한 기회주의자로 자신의 신앙에 대해 무책임하게 변명만 일삼는 기치지로는 로드리고 신부가 고해를 권하면 솔직하고 순박하게 지난날의 죄를 모두 고백한다. 말씀(누구든지 사람 앞에서 나를 시인하면 나도 하늘에 계신 내 아버지 앞에서 저를 시인할 것이요 누구든지 사람 앞에서 나를 부인하면 나도 하늘에 계신 내 아버지 앞에서 저를 부인하리라. 마 10:32-33)을 항상 생각하도록 명령하면, 그는 "매 맞은 개처럼 웅크리고 앉아 자신의 머리를 손으로 두드"(68)리는, 무지와 나약성을 드러낸다.

신부는 기치지로를 보면서 가룟 유다를 연상했다. 관리들의 추격을 피하기 위해 산속을 방황하다가 그를 만났을 때, 그가 농민들을 팔아버린 것과 똑같이 자신을 팔 것을 예상했다. 예수는 어떠한 마음에서 자신을 팔아넘길 유다에게 '가라'는 말을 던졌을까 궁금해했다.

'노여움과 증오 때문인가, 아니면 사랑에서 나온 말인가.' 분노 때문이라면 그때 그리스도는 세계 모든 인간 중에서 이 남자의 구원만은 제외해 버렸다는 의미가 됩니다. 그리스도의 분노의 말을 정면으로 받은 유다는 영원히 구원받을 수가 없을 것입니다. 그리고 그리스도는 한 인간을 영원한 죄악으로 떨어드린 채 내버려 두었다는 의미가 됩니다.

그러나 결코 그럴 리는 없습니다. 그리스도는 유다조차도 구원하려고 하셨습니다. 그게 아니라면, 그를 제자의 한 사람으로 인정하셨을 리가 없습니다. 그런데도 길을 잘못 든 그를 그리스도는 어째서 막지 않으셨을까요. (117-18)

그리스도를 팔려고 작정한 유다는 도저히 구원받을 수 없는 존재인데, 어째서 그분은 길을 잘못 든 유다를 제자 중 한 사람으로 인정하시고 구원하려 하셨을까 하는 의문이었다. 과거 사제들은 말하기를, 그것은 분노나 증오가 아니라 제자를 사랑하면서도 배신행위에 혐오를 느끼는 마음에서였을 것이라고 했지만 그때 젊은 신부는 그 말을 이해하지 못했다. 오히려 유다는 예수의 극적인 생애와 십자가 위에서의 죽음이라는 영광을 위해 마련된 가련한 꼭두각시 같다고 생각했다. 유다가 그리스도의 영광을 위해 예정된 배신자의 역할을 담당했으리라는 생각은 기치지로에게 투사되어, 그가 연거푸 배반하지는 않으리라는 일말의 기대를 주기도 했다. 그러나 기치지로는 밀고와 배교를 서슴없이 행하고 자신은 태어나면서부터 약한 자라고 변명을 한다. 그를 보면서 신부는 태어날 때부터 영웅이나 성자같은 강한 인물이 있고 약하고 용렬하게 태어나는 사람도 있다고 인간을 조건적으로 받아들인다. 즉 사람이 처한 환경과 조건에 따라 약자와 강자가 생긴다는 것이다.

     Ⅱ. 현대소설과 기독교 세계관

인간은 태어날 때부터 두 종류가 있습니다. 즉 강한 자와 약한 자, 성자와 평범한 인간, 영웅과 용렬한 자. 그래서 강한 자는 이와 같이 박해받는 시대에도 신앙 때문에 불에 태워지고 바다에 던져져도 모든 것을 감수할 수 있는 것입니다. 하지만 약자는 이 기치지로처럼 산속을 방황하고 있는 것입니다. '그렇다면 너는 어느 쪽 인간이냐?' 만약 사제라는 자존심이나 의무감이 없다면 저 또한 기치지로와 똑같이 성화를 밟았을지도 모릅니다. (122-23)

신부는 인간의 연약함을 동정하고 약자의 편에서 그리스도에게 중보하는 신성한 사제인 자신도, 만일 신부로서의 자존감이나 의무감이 없다면 기치지로와 똑같이 연약한 인간임을 말하고 있다. 그러나 '십자가의 길'을 따르는 사제인 지금, 자신은 어떤 일이 있어도 스승인 페레이라 신부나 기치지로처럼 배교하지 않으리라 다짐한다. 비록 자신을 팔아넘긴 거지 같은 기치지로지만 그래도 신부가 끌려가는 길에 나타나 말라비틀어진 조밥이라도 건네는 사람은 그뿐이었다. 신부는 분노를 넘어 잔혹한 감정을 품다가, 유다를 보는 그리스도처럼 '가라, 가서 네가 행할 일을 하라'고 격렬하게 꾸짖듯이 그를 바라보았다. 그래도 그는 지팡이에 몸을 의지한 채 끈질기게 신부를 따라다닌다. 이후에도 도롱이 벌레 같은 차림으로 끈덕지게 비를 맞으며 계속해서 신부에게 고해를 간청한다. 신도들을 이간질시키는 밀고자이기도 한 그도 자신의 죄를 뒤집어쓰고(참된 속담에 이르기를 개가 그 토하였던 것에 돌아가고 돼지가 씻었다가 더러운 구덩이에 도로 누웠다 하는 말이 그들에게 응하였도다(벧후 2:22)를 연상시킨다) 신부와 똑같이 옥사(獄舍)에 갇혀 있었다. 신부는 기치지로를 악인의 가치도 없는 인간이라 생각하지만 그러나 인간 중에서도 가장 추악한, 누더기처럼 더러운 인간까지 찾아 구원하시는 그리스도를 생각하고 마음을 고쳐먹는다.

성경에 나오는 인간들 중 그리스도가 찾아다녔던 것은, 사람들에게 돌을 맞은 창녀나 가버나움의 혈루병 여인처럼 매력도 없고 아름답지도 않은 존재들이었다. 매력이 있는 것, 아름다운 것에 마음이 끌리는 것은 누구나 할 수 있는 일이다. 그런 것은 진정한 의미의 사랑이 아니다. 색 바랜 누더기처럼 되어버린 인간과 인생을 버리지 않는 것이 사랑이다. (181)

후미에-예수의 동판화 밟기
후미에-나무위키 (namu.wiki)

신부는 그리스도가 행한 사랑의 행위는 무조건적이고 차별 없이 이루어진 것을 알지만, 자신이 기치지로와 같은 인간을 용서할 정도의 사랑에는 이르지 못했음을 스스로 부끄럽게 생각한다.

다시 말에 태워져 거리로 끌려나갔을 때, 누더기를 몸에 걸치고 개처럼 애걸하고 있는 듯한 기치지로를 또 만난다. 어디까지라도 자신을 따라올 이 이방인에게 이제 신부는 성내거나 노여워하지 않고 위로하듯이 고개를 끄덕여준다. 그는 신부로서의 의무감에서 고해 형식으로라도 기치지로를 이해하려고 했지만 경멸감만은 지우기 어려웠다. 그러나 어찌할 수 없는 환경과 조건에서 성화판을 밟고 자신이 '배교자 바오로'로 불리는 지경에까지 이르렀어도 고해를 부탁하는 이 사나이를 보고, 인간은 하나님 앞에서는 동일하며 강한 자도 약한 자도 없다는 사실을 알게 된다. 이제는 예수가 유다에게 했던 최후의 말은 유다가 그렇게 행할 수밖에 없는 아픈 마음을 가장 잘 이해하는 그리스도의 말이었음을 이해한다. 즉 인간의 고통을 체휼(體恤)하시는 그리스도의 사랑과 용서만이 인간을 구원할 수 있다는 사실을 깨닫는다.

신부는 한때 자신은 결코 배교하지 않을 것임을 다짐했고, 또 한편으로는 신의 침묵에 대한 항거로 배교할 것을 마음속으로 부르짖기도 했다. 그러나 이제는 그동안 지식으로만 알아왔던 것을 탈피하여 유다나 베드로, 선교 현장에서 만난 페레이라 신부나 기치지로 등도 모두 어쩔 수 없는 인간의 한계를 보여주는 인물임을 깨닫는다. 일본에서 그가 싸운 것은 자신이 지식으로 배워왔던 율법으로서의 교리와 가르침이었다. 이렇게 인간의 한계와 나약성을 알게 된 로드리고 신부는 율법 외에 한 의로 오신 그리스도의 사랑을 새롭게 발견하게 된다.

> "주여, 당신이 언제나 침묵하고 계시는 것을 원망하고 있었습니다."
> "나는 침묵하고 있었던 게 아니다. 함께 고통을 나누고 있었을 뿐"
> "그러나 당신은 유다에게 가라고 말씀하셨습니다. '가라. 가서 네가 할 일을 이루어라'라고 말씀하셨습니다. 그렇다면 유다는 어떻게 되는 것입니까?
> "나는 그렇게 말하지 않았다. 지금 너에게 성화를 밟아도 좋다고 말한 것처럼 유다에게도 네가 하고 싶은 일을 이루라고 말했던 것이다. 네 발이 아픈 것처럼 유다의 마음도 아팠을 테니까." (293-94)

지금껏 침묵으로 말씀하시던 그리스도의 음성이 고뇌하는 로드리고 신부에게 들려준 것은 율법과 심판을 넘어서는 그리스도의 사랑과 용서의 투신만이 모든 허물을 덮을 수 있다는 것이었다. 사랑하는 신도들의 목숨을 살리기 위해, 자기를 부인하고 치욕의 희생을 감내하는 배교행위는 곧 인간에게 조롱당하며 희생제물이 된 그리스도의 고통에 동참하는 것이었다. 또한 자신의 고통에 동참하는 그리스도를 느낄 수 있는 "격렬한 기쁨"(294)의 순간이기도 했다.

한편 페레이라 신부의 궤변은 일견 그리스도교의 토착화 과정으로 볼 때, 타 종교의 자국종교화를 위해 필요한 일처럼 보이기도 한다. 페레이라 신부는 일본에서의 변질된 그리스도교는 참 종교가 아니라고 생각하고, 일본의 토양과 문화는 그리스도를 받아들일 만한 것이 못 된다고 '일본 수렁설'을 이야기했다.

☞☞ 실제 인물 페레이라(1580–?)에 관해서는 안철구 편역, "아, 아! 페레이라 신부"에 잘 나타나 있다. 글에 따르면 그는 포르투갈 생으로 1609년 일본으로 건너와, 24년 동안 전도와 포교에 힘썼다. 그러나 이노우에 지쿠고노가미의 '거꾸로 매달기' 고문에 굴복하여 '전향 파테렌(轉向 破天連: 하늘과의 약속을 깨뜨린 무리들)'이라는 치욕을 안고 살았다. 전향 이후, 관가에서 살며 '사와노 주안'으로 통역 일이나 동료 성직자들이 잡혀 오면 배교를 권하는 일을 맡았다. 그는 70세가 넘는 고령으로 병석에 누웠다가 "하나님을 배반했다는 자책감에 큰 소리로 자기 잘못을 뉘우치고 하나님 품으로 돌아갔다"라고 하는데, 누군가는 다시 체포되어 '거꾸로 매달기' 형을 받다가 숨을 거두었다고도 전한다. 그러나 작가는 순교설에 대해 자신 있게 말할 수는 없다고 하면서 '병사(病死)'로 보고 있다. 후에 페레이라는 그가 서양의학을 전수시킨 스기모토 추케이와 자신의 딸을 결혼시켰다(안철구 편역, 위의 책, 165–74, 참조).

"아니, 그것은 하나님이 아니야. 거미줄에 걸린 나비 그대로야. 처음에는 그 나비가 확실히 나비임에 틀림없었지. 하지만 다음날, 그것은 외견으로는 나비의 날개와 몸통을 가졌지만 사실은 실체를 잃어버린 시체가 되어 있었지. 우리 하나님도 이 일본에서는 거미줄에 걸린 나비에 지나지 않아. 외형과 형식만을 하나님처럼 보이면서 이미 실체가 없는 시체가 되어 버린 거야."(233-34)

II. 현대소설과 기독교 세계관

페레이라 신부는 기독교 선교에 있어 이론과 실제는 다르다고 주장한다. 예를 들어, 초기 가톨릭 전파자인 성 사비에르 신부가 전한 '하나님'은 일본의 '오오히(大日)'라는 태양 숭배의 토착신앙과 혼합되어 기독교를 변질시켜 버렸다고 말한다. 서양 기독교를 일본인들 자신의 토착신 이미지와 결합시키고, 일본인들은 그리스도교의 하나님이 아닌, 그들이 굴절시키고 변화시킨 하나님만을 믿고 있다는 것이다. 신앙에서 변질되어 형체를 알 수 없는 미신으로 바뀌게 된 이유는 일본인은 인간과는 전혀 다른 하나님을 생각할 능력을 갖고 있지 않기 때문에, "일본인은 인간을 초월한 존재를 생각할 힘"(235)도 가지고 있지 않기 때문이라고 보았다. 외형과 형식만을 하나님처럼 보이면서 이미 실체 없는 시체가 되어 버린 기독교를 그가 배교한다고 해서 아무런 의미가 더해지거나 감해지지 않는다고 했다.

> "이 나라는 늪지대야. 결국 자네도 알게 될 테지만, 이 나라는 생각하고 있었던 것보다 훨씬 더 무서운 늪지대였어. 어떤 묘목이라도 그 늪지대에 심으면 뿌리가 썩고 잎이 누렇게 말라 버리지. 우리는 이 늪지대에 그리스도교라는 묘목을 심은 거야." […] "이 나라 사람들이 그 무렵 믿었던 것은 우리의 하나님이 아니야. 그들만의 신들이지. 그것을 우리는 너무 오랫동안 모른 채 일본인이 그리스도인이 되었다고 생각하고 있었지."(230-31)

이렇게 환경과 조건에 굴복하는 변질된 선교관을 지닌 스승과 로드리고 신부는 신앙의 본질과 선교에 관해 대화를 주고받지만 이미 고문과 절망으로 죽어버린 스승의 신앙에 대해 말의 한계를 느끼며 입을 다문다. 자신과 똑같이 선교 열정에 불타던 스승이 '구멍 매달기' 고문으로 귀 뒤쪽에 상처를 지니고 이제는 일본인 행세를 하면서 하나님의 가르침과 그리스도교의 과오와 부정을 폭로하는 현위록(顯僞綠)을 쓰고 있다는 사실에 로드리고 신부는 탄식한다.

온화한 얼굴이면서도 참혹한 처형을 명령한 이노우에 부교오나 영혼이 빠져나간 인생을 살고 있는 스승 페레이라 신부를 만난 이후, 로드리고 신부는 버림받은 유다와 같은 무리들 속에 "그 늙은이까지"(240)로 스승을 포함시켜 이해한다. 스승은 자기 자신을 배신했을 뿐만 아니라, 자신의 나약함을 정당화하기 위해 제자까지도 배교시키려 했다. 그러나 로드리고 신부 역시 성화판의 고문에 굴복한 이후, 인간이 인간에게 가질 수 있는 모든 감정을 스승을 통해 느낀다. 그들이 같은 운명을 공유하고 있다는 연대감과 거울을 통해 못난 자신을 들여다보는 것 같은 가련함도 맛본다. 이제는 서로가 서로에게 증오와 모멸의 감정뿐만 아니라 결코 떨어질 수 없는 "추한 쌍생아"(276)임을 연민 속에서 받아들이게 된다.

결론적으로 로드리고 신부는 기치지로를 통해 그의 교활함 뒤에 있는 나약함과 변절을 보았고, 강한 신앙 열정으로 뭉쳐 있던 스승에게서도 어찌할 수 없는 인간의 나약성과 변절을 발견하였다. 그리고 자신 역시, 비록 일본 신도들을 살리기 위한 사랑의 실천 행위였다고 할지라도, 성화판을 밟고 만 나약한 변절자임을 뼈저리게 깨닫는다. 『침묵』은 로드리고 신부의 수난을 통해, 영웅도 약자도 없는 모든 인간의 어찌할 수 없는 한계를 보여주고, 그러한 절망 끝에 숨어 있는 거듭나는 새 소망으로 로드리고 신부를 견인하는 소설임을 알 수 있다.

5. 나오며

　지금까지 『침묵』에 나타난 로드리고 신부의 선교 여정을 기독교 세계관의 관점에서 그의 신앙관의 변모와 인간에 대한 이해를 중심으로 살펴보았다.

　선교지 일본을 향해 떠나던 로드리고 신부의 초기 신앙은 누구 못지않은 자긍심과 열정으로 강한 모습이었다. 그러나 잇따른 고난과 일본인 신도들의 죽음 앞에서 그는 침묵하는 신에게 항변했다. 자신이 알고 있던 거룩한 순교의 모습과는 다르게 실제로 목격하는 일본인 신도들의 처참한 죽음 앞에서 그의 신앙은 여지없이 흔들렸다. 현실에서 본 농민들의 순교는 그들이 살고 있는 오두막, 입고 있는 남루한 옷처럼 초라하고 가련하기만 했다. 그는 자신이 그들을 위해 아무것도 해 줄 수 없는 나약한 인간임을 깨닫게 되지만 그래도 사제로서의 본분을 잃지 않으려고 노력하며 그리스도의 사랑을 실천하기 위해 애썼다.

　그러나 '구멍 매달기'라는 일본 관리가 개발한 독특한 고문 앞에서, 신부는 그리스도의 사랑을 실천한다는 각오로 스스로 투신하여 배교행위를 선택하고 말았다. 그가 할 수 있는 최후의 선택은, 고통당하는 신도들의 목숨을 구하기 위해 성화판을 밟음으로써 그들을 고통에서 해방시키는 일이었다. 이 치욕스러운 사랑의 행위를 치른 후, 그는 육체로 오신 그리스도의 고통과 인간을 향한 끝없는 긍휼과 용서를 깨닫는다. 이제는 사람들에게서 '배교자 바오로'로 불릴지언정, 그래도 자신을 필요로 하는 신도들이 있다면 그는 일본에서 최후의 신부로 살아갈 것임을 다짐한다.

　로드리고 신부가 그토록 간절하게 신의 침묵에 관해 궁구하던 내용은 성화판을 밟는 순간 이해할 수 있었다. 그분은 결코 침묵하지 않으시고 인간이 괴로워할 때 함께 괴로워하는 성육신한 임마누엘의 하나님이었다. 최후까지 인간 삶의 자리에 함께 계시는 그리스도의 얼굴은 피와 땀과 먼지로 더럽혀진, 육체의 질고를 담당한 얼굴이었으며 그의 배교행위를 사랑으로 용서하는 신의 얼굴이었음을 알게 되었다.

신부는 성화판을 밟는 경험을 치른 후, 약자의 대명사로 여기며 경멸하던 교활한 기치지로조차도 인간이 인간을 심판할 수 없다는 사실을 깨닫고 자신도 그와 똑같은 나약한 인간임을 인정한다. 한때 흠모하던 스승 페레이라 신부에게서도 위선과 자기기만의 추함을 발견하게 되지만, 자신역시 그와 하나도 다를 바 없는 흉측한 쌍둥이임을 절감하고 어찌할 수 없는 인간의 한계성을 뼈저리게 깨닫게 된다.

결론적으로 로드리고 신부는 배교자가 아니라, 그의 신앙관이 변화한것이다. 그는 선교 현장에서, 인간의 고통 속에서 인간과 똑같이 고통받고있는 그리스도를 발견하게 되었고 배교행위조차도 허락하는 인자한 그리스도의 사랑에 다시 눈을 뜨게 되었다. 이전까지의 신앙이 지식과 투지로박제된 형태였다면 이제는 애벌레가 고치를 뚫고 날개를 다는 신앙이 되었다고 볼 수 있다. 베드로가 예수를 부인한 후 고통 속에서 참 그리스도를 만나게 되었듯이 로드리고 신부 역시 성육신한 구속주 하나님을 성화판 사건을 통해 만나고 이제는 극한의 경험 속에서 거듭난 차원의 신앙을얻게 되었다고 본다.

II. 현대소설과 기독교 세계관

제4장

순교의 진실과 침묵하는 신
- 김은국의 『순교자』와 엔도 슈사쿠의 『침묵』

\# 순교자(The Martyred)
\# 배교자(Apostate)
\# 신의 침묵(The Silence of God)
\# 실존신학(Existential Theology)
\# 율법과 용서(Law and Forgiveness)
\# 역동적 신앙(Faith of Metamorphosis)

1. 들어가며

문학은 인간과 인간의 삶을 탐구하는 이야기이다. 기독교문학 또한 기독교 교리를 용해시켜 이야기로 다루는 것이 아니라, 작품 속에 드러난 인물의 삶을 통해서 그가 어떻게 자신의 신앙을 구체적으로 살아내고 있나 하는 문제를 다룬다. 특별히 전쟁이나 극한의 실존 위기에 처한 인간은 공포와 절망 속에서 신을 찾게 되고 그 푯대의 진실을 찾아 남다른 삶을 살아내는 결과를 가져온다.

김은국(1932-2009)의 『순교자』는 한국전쟁 시기에 벌어진 '목사 집단피격 사건'의 진상을 통해, 순교의 의미와 인간 진실의 문제를 제기하는 소설이다. 작가는 서문에서 "알베르 까뮈, 그의 '이상한 형태의 사랑'에 관한 통찰이 한국전선의 참호와 벙커에서의 허무주의를 극복하게 해 주었"(김

은국, 도정일 역,『순교자』, 문학동네, 2010. 이하 인용 시 쪽수만 표기)다고 소개한다. 이는 인간의 고통과 허무를 극복할 수 있게 하는 이 '이상한 형태의 사랑'이 어떤 것인지, 또 기독교가 말하는 복음이 인간의 형제 사랑 혹은 이웃 사랑과 어떤 관련이 있는지를 반추하게 한다.

『순교자』의 영문판 제목은 *The Martyred* 이다. 정관사가 붙은 것으로 보아 '순교 당한 사람들'의 의미로 해석할 수 있다. 작가가 직접 번역한 한국판『순교자』의 "독자에게 드리는 글"에서, 그는 "순교에서 교(教) 자에 큰 의미를 두기보다는 순(殉)이 지닌 진솔한 의미를 더 크게 헤아려 주(김은국b, 서문)기를 바란다고 말한 바 있다. '순교'를 종교적인 의미보다는 각 인물들의 고뇌하는 양심과 극한 상황 속에서의 인간을 향한 헌신의 의미로 해석해 달라는 주문이다. 독립된 작품이 스스로 자생하는 형식을 갖추고 있다고 본다면, 작가의 주문이 아니더라도 『순교자』의 주제와 메시지는 인물과 사건 속에서 자연스럽게 드러날 것이다. 따라서 이 글에서는 신 목사의 이율배반적 진실과 순교 의미가 어떻게 드러나는가 하는 것과 실존신학의 관점에서 그의 순교를 어떻게 해석해야 하는가에 초점을 맞추고자 한다.

『순교자』와 달리 엔도 슈사쿠(1923-1996)의 『침묵』은 순교와 배교의 갈림길에 놓인 한 신부가 신의 침묵에 관해 궁극적인 해답을 얻게 되는 고뇌를 묘사한 소설이다. 특히 로드리고 신부가 성화판을 밟는 행위를 집중 조명하여 이를 배교의 행위가 아니라 율법에서 해방된 과정, 즉 인간을 중보

(仲保)하는 그리스도의 사랑을 새롭게 경험하는 과정이라는 데 초점을 맞추고자 한다. 인간의 참혹한 고통 앞에서 침묵하는 것처럼 보이는 신의 존재는 감춰짐 또는 숨어계심의 표면적 의미가 아닌, 침묵 너머에서 말씀하는 그리스도의 현존으로 새롭게 이해할 수 있다는 의미이다. 또한 신부가 겪는 고통은 개인의 절망과 치욕을 넘어서서, 인류 전체를 향한 그리스도의 종말론적 고난을 대리 경험하는 역동적 신앙의 성취로 이어지는 것임을 밝히려고 한다.

두 소설 모두 고통 앞에 놓인 인간 존재의 무력함과 신을 향한 절규, 그리고 인간의 진실과 순교의 의미를 묻고 있다는 점에서 이에 관한 실천신학적 해석은 큰 의의가 있어 보인다. 더 나아가 김은국과 엔도 슈사쿠는 신앙의 지독한 역설을 독자에게 제시하고 있는데, 이 글에서는 목숨을 걸고 자신의 신앙을 지키고자 애쓰는 두 주인공, 목사와 신부에게 있어 그들의 믿음은 어떠했으며 그들이 공포와 절망 속에서 찾은 종교적 해법과 성찰이 무엇이었는지를 실존신학의 차원에서 구체적으로 살펴볼 것이다.

2. 박제된 신앙과 순교의 진실 - 『순교자』

『순교자』는 41개의 짧은 장들이 시간적인 순서로 연결되어 있다. 배경은 1950년 10월부터 51년 5월까지 약 8개월가량이고, 주 무대는 평양과 피난지 남쪽이며, 문체는 사건의 진행 과정을 보고하는 일지(journal) 형식이어서 딱딱하고 건조한 편이다. 또 단일한 사건을 해결하기 위한 단순 플롯으로 짜여 있어서 시간 흐름에 따라 사건의 미스터리가 풀려가는 과정

유현목 감독 〈순교자〉(1965)
https://movie.daum.net/moviedb/main?movieId=1586

만 제시될 뿐, 인물 묘사나 배경(setting) 설정 등도 극히 단조롭게 보인다.

소설은 한국전쟁이 발발하기 7일 전에 공산당 비밀경찰에 체포된 14명의 목사들에 관한 이야기로 시작된다. 그들 중에서 12명이 죽고 2명만 살아남은 사건을 어떤 관점으로 해석할 것인가에 주안점을 두었다. 아군은 12명의 목사들을 순교자로 미화하려고 한다. 하지만 그들을 총살한 북한군 소좌는 목사들이 "개새끼들같이 훌쩍거리며, 낑낑거리고, 엉엉 울면서 […] 살려 달라 아우성을 치고, 자기네 신을 부정하고 동료들을 헐뜯는 꼬락서니"(140)를 보였다고 실토한다. 살아남은 두 명 중에서 한(韓) 목사는 이미 미친 사람이었고, 신(申) 목사는 당당하게 침을 뱉고 대드는 용기 때문에 살려 준 것이라고 했다. 사건의 진상을 알 바 없는 평양의 교인들은 신 목사를 가룟 유다와 같은 배신자로 오해하고, 죽은 목사들은 순교했을 것이라는 추측을 내놓는다. 신 목사 또한 그들의 추측에 부합하듯이 죽은 목사들이 순교자이고 자신은 신을 부인하는 과오를 저질렀다고 거짓 고백을 한다.

이 사건의 조사를 명령받은 이 대위는 사실은 사실대로 규명되어야 하는 것이 곧 진실이라는 자신의 신념에 따라 신 목사에게 왜 평양 주민들을 환상에 빠뜨리느냐고 질타한다. 이 대위는 현실의 괴로움은 영생을 찾아 헤매야 할 어떠한 정당한 구실도 주지 않는다고 주장하는 무신론자이다. 그는 "당신들의 신─그는 자기 사람들이 당하는 고통을 알고"(254)나 있을까 반문하며, 현 상황을 구원 못 하는 신의 존재를 부정한다. 그래서 목사들의 죽음을 순교로 미화한 합동 추도예배에 대해서 "영악한 음모극" 또는 "멋진 유희"(205)로 보고 진실을 날조한 자들과 상종하지 않겠다고 마음먹는다. 이후에 그가 신앙에 대한 신 목사의 이중 고뇌를 접하게 되었을 때에도, 전쟁이 훼손한 인간의 존엄성에 대해 눈물을 흘리기는 하지만 자신의 신념에는 별다른 변화를 보이지 않는다. 다만 신 목사를 통해 더욱 깊은 인간 이해에 도달하게 되고 불가항력적인 역사와 역사 그 너머에 있는 의문들을 충실히 사랑하고자 하는 현실 인식 태도를 고수한다.

그러나 이 대위의 신념과 뜻을 같이하던 박 군이나 고 군목의 경우는 사정이 달랐다. 박 군은 총살당한 목사들 중에서 자신의 아버지가 "정의롭지 못한 신에게는 기도하고 싶지 않다"(170)라고 말하며 절대고독 속에서 죽었다는 소식을 알게 되자, 아버지의 죽음이야말로 가장 인간적인 죽음이었다고 아버지를 새롭게 이해한다. 아버지와 등을 돌리고 살았던 관계를 뉘우치는 것은 물론이고 목사 피격사건의 진상을 욥의 고통으로 받아들이고 신의 섭리에 대해 입을 다문다. 그러고는 "교인들은 이 무의미한 세계에서 그들의 생을 지속시키는 그 무언가를"(229), "그들의 삶을 의미 있게 하고 고난을 값진 것으로 해 줄 그 어떤 것"(228)을 필요로 한다는 사실에 수긍하며 목사 추도예배에 동참하는 쪽으로 방향을 튼다. 고 군목 역시 처음에는 "순교자를 날조할 수는 없"다고, 이것이야말로 "신성 모독"(149)이라고 주장하지만 신앙의 힘이 인간을 좌절하지 않도록 한다는 경험에 비추어 사건의 진상을 폭로하는 것이 결코 바람직한 방법은 아니라고 판단하고 자신의 신념을 바꾼다.

그런데 처음부터 12명의 목사들을 순교자로 미화하는 일에 적극 나선이는 방첩대의 장 대령이었다. 그는 공산당의 잔학상을 평양 주민들에게 선전하려는 목적으로 신 목사와 박 군과 고 군목을 끌어들이려는 계획을 시도하고 있었다. 고 군목이나 박 군은 그들의 현실 인식이 장 대령의 이념과 부합하여 진실을 호도하는 쪽으로 변해 갔지만, 신 목사의 경우는 달랐다. 신 목사는 평생토록 신을 찾아 헤맸지만 괴로움과 죽음에서 벗어나지 못하는 인간밖에 찾을 수 없었다는 무신론자에 가깝다. 그는 침묵하는 신에 대항하여 자기 신앙의 진리, 즉 "새로운 신앙"(181)의 논리를 편다. 그에 따르면, 고통당하는 인간에게 희망이나 정의에 대한 약속이 없다면 그들은 야만인이나 폭도로 변해 버릴 존재임을 알기에, 하나님의 이름으로 새로운 정의를 그들에게 전해 주고자 한다. 그러나 이 대위는 신 목사의 이러한 신념을 사후세계에 대해 "희망이라는 환상"(255)을 제공하려는 거짓으로 규정하고 경멸한다고 말한다.

> 날 좀 도와주시오. 불쌍한 내 교인들, 전쟁과 굶주림과 추위와 질병, 그리고 삶의 피곤에 시달리는 이들을 내가 사랑할 수 있게 도와주시오. 고난이 그들의 희망과 믿음을 움켜쥐고 그들을 절망의 바다로 떠내려 보내고 있소. 우린 그들에게 빛을 보여주어야 해요. 영광과 환영이 그들을 기다리고 있고 하나님의 영원한 왕국에서 마침내 승리를 거둘 것이라는 확신을 주어야 합니다. (255)

이렇게 신 목사는 이 대위에게 애원하며 자신의 무신론적인 절망과는 상관없이, 오히려 그것을 자신의 십자가로 받아들인다. 백성들은 그들의 "십자가를 질 수 없는" 연약한 존재이자 그리스도가 필요한 사람들이기에 그들의 "그리스도와 그들의 유다"(256)를 주어야 한다고 말한다. 신 목사는 인간을, 절망에 대항해서 계속 희망을 가져야 하는 존재로 파악하고 이 대위와 자신에게 지금 필요한 것은 용기라고 말한다. 그러한 용기로 "열두 명의 목사들에게 후광을 씌우고 교회를 오명에서 건지려"(231)는 노력으로 진실을 왜곡할 수 있었던 셈이다.

그러나 신 목사가 교인들에게 심어주려는 환상은 빗나간 동정의식이거나 독선의식일 수 있다. 신 목사 자신의 신앙은 이미 박제가 되어 버린 죽은 신앙이고, 현실을 인내하려는 "자기선취적(selbstgewälte) 사랑"(정인모, 508)이 절대자에 대한 믿음보다 앞서 있다는 측면에서 그러하다. 작가는 신 목사의 인간을 향한 헌신적인 사랑을 이 대위의 사실 규명 논리보다 우위에 두고 있다. 다시 말해 신 목사의 진실은 곧 전쟁이라는 절망과 싸우며 인간을 사랑하고 유한한 인간을 동정해 줄 용기를 뜻하는 것으로 작가가 서문에서 인용한 '엠페도클레스의 죽음'을 각오한 고뇌와도 상통한다. 숙명의 무거운 짐을 진 대지(大地)를 죽을 때까지 사랑하며 품겠다는 결심은 곧 신 목사의 무신론 가치관이자 작가 김은국이 해답을 얻고자 했던 시대와 역사에 대한 항변이었다.

또한 작가는 이 대위와 장 대령의 대화를 통해, 누군가 한 사람이 인간들의 죄를 위해, 그들의 구원을 위해 죽었다는 점을 고난 속에서 면면히 이어져 온 기독교의 특성으로 파악하고 있다. 그래서 그 누군가에 해당하는 역할을 신 목사에게 담당시킨 것으로 보인다. 이것은 르네 지라르(R. Girard)가 설파하는 '희생양 메커니즘'(조희경, 175)을 연상시킨다. 다시 말해 작가는 신 목사에게 그가 전쟁이라는 고난 속에서 인간들의 죄를 위해, 그들을 구원하기 위해 죽음을 각오해야 할 속죄양 역할을 부여한 것이었다.

"하나님의 이름으로 궁극적인 정의를 주"(256)기 원하는 신 목사의 신앙은 무신론적 그리스도론과 유사하다. 신 목사는 신을 초월적인 절대자로 인식하기보다는 십자가의 고통을 감내하는 인간 예수의 윤리로, 타자를 위한 희생의 표상으로 이해하고 있다. 신(神)도 사후세계도 부정하면서 성직자 생활을 계속하고, 그만의 새로운 진실을 추구하고 있다는 면에서 신 목사의 신 개념은 자의적이다. 인간인 신 목사가 신 없는 실존을 각성하고 인간의 고통과 무기력함에 대해 희망이라는 구원을 외치면서 교인들과 생사고락을 같이하겠다는 태도는 모순이다. 이동하는 신 목사의 이런 태도를 놓고 "모든 교인들을 오로지 위안만을 필요로 하는 익명의 우중(愚衆)으로 간주하는 오만한 엘리트주의"(이동하, 165)라고 비판했다. 십자가를 질 수 없는 일반 대중, 절망 속에서 그리스도가 필요한 사람들에게 열두 명의 순교자라는 거짓 환상을 제공함으로써 그 환상 속에서 위로와 용기를 얻고 만족하며 살아가기를 바란다는 것이다.

이러한 신 목사의 행적은 북한 주민들이 신 목사를 마치 부활한 예수와 같은 존재로 전하고 있음을 통해서도 알 수 있다. "각기 다른 지방에서 온 사람들이 모두 신 목사를 보았노라 주장"(308)하며 그들은 자기들이 신 목사를 잘 알고 있는 것처럼 얘기한다는 것이다. 이런 면에서 작가는 신 목사의 '신'을 곧 고난받는 그리스도를 의미하는 명명법(appellation)으로 택한 것으로 보인다. 신 목사는 신의 존재를 부정하는 자신의 진실은 감추고, 희망이 인간을 구원한다는 신념을 예배로 포장하여 결국 자신의 휴머니즘적 신념을 설파했을 뿐이다. 신 목사의 신념은, 고난에 처한 사람들은 그들의 삶을 의미 있게 해 줄 그 어떤 것을 원한다는 박 군의 변화된 논리와 상통하고, 장 대령에게 협조하는 고 군목의 충직한 현실논리와도 상통하고, 작가의 무신론 신념과도 상통한다. 이렇게 신 목사의 행위가 의미를 찾을 수 없는 세계 속에서 그들의 삶을 지속시키는 '동화(童話)'가 될 수 있다면, 장 대령이 추구하는 민주주의 수호 임무 역시 전쟁을 승리로 이끌기 위한 순교의 의미로 연결될 수 있을 것이다. 그의 죽음은 "임무 이상의 것을 수행하다가 바친 희생"(300)이었기 때문이다. 그렇다면 신 목사뿐 아니라 장 대령, 박 군, 고 군목 역시 목적과 당위(sollen)를 위해서 그들이 믿는 신념을 그리스도 신앙에 편승시킨 역사의 순교자라는 해석도 나올 수 있다.

> 사람들은 도대체 얼마나 오랫동안 그들을 향해 들려오는 두 개의 목소리―하나는 역사 안에서, 또 하나는 역사의 건너편 저 멀리에서 각기 구원과 정의를 약속하며 각각 자기 쪽에 충성해 줄 것을 요구하는 그 두 개의 목소리를 듣고 있을 것인가? […] 나는 교회 밖으로 걸어 나와 신을 가진 사람들, 그래서 '아멘'이라 말할 수 있는 사람들의 웅얼거리는 목소리를 들으며 밖에 서 있었다. […] 줄지어 늘어선 난민 천막들 […] 거기에는 또 다른 한 무리의 피난민들이 별빛 반짝이는 밤하늘을 지붕 삼고 모여 두고 온 고향의 노래를 흥얼거리고 있었다. 그러자 나는 그때까지 한 번도 느껴보지 못했던, 신기하리만큼 홀가분한 마음으로 그들 사이에 섞여 들었다. (311)

이렇게 『순교자』에는 전쟁을 통한 상처와 실존적 고통 앞에서 연약한 인생들보다 더 큰 의미를 찾으려는 몇몇 인간의 목소리들이 역사와 신 앞에서 각기 구원과 정의를 외치는 양상을 보여준다. 기꺼이 그 요구에 반응하여 죽음을 불사하는 자들의 사랑과 희생의 논리가 반영된 결과, 그들은 역사와 신앙의 순교자로 불릴 수 있다는 것이다.

3. 배교의 진실과 그리스도상(像) - 『침묵』

『침묵』(엔도 슈사쿠, 공문혜 역, 『침묵』, 홍성사, 2003. 이하 인용 시 제목 없이 쪽수만 표기)은 포르투갈 예수회 소속의 로드리고 신부가 스승의 배교 소식을 접하고 일본에 잠행해서 역시 배교의 고통을 겪으며 신의 침묵에 답을 얻는, 선교보고 편지 형식의 소설이다. 로드리고 신부는 첫 선교지 일본에서 선교사로서의 보람과 기쁨을 강하게 느꼈었다. 그러나 도피생활로 인한 피로와 배교를 일삼는 교인 기치지로의 밀고로 붙잡힌 이후 번민에 휩싸이게 된다. 특히 그를 고문하기 위해 자신에게서 세례를 받은 교인들이 수장형(水葬刑)이나 화형 등으로 죽게 되자 신부의 고뇌는 극에 달한다. 하나님의 침묵을 원망하며 "어째서 모든 것을 그대로 두었는지" 신부는 약한 소리로 질문한다. 그는 마음이 불탈 때도, 추방될 때도, 침묵하는 신에게 간구한다.

> 지금이야말로 당신은 침묵을 깨버리셔야 합니다. 더 이상 침묵하고 계셔서는 안 됩니다. 당신은 올바름이며 선이며 사랑의 존재임을 증명하고, 당신이 엄연히 존재함을 이 지상과 인간들에게 나타내기 위해서라도 뭔가를 말씀하지 않으면 안 됩니다. (261-62)

이렇게 로드리고 신부는 인간의 무능력과 한계를 뼈저리게 느끼면서 전지전능하고 무소부재한 신의 응답을 애타게 갈구한다. 그가 인간에 대한 연민으로 몸부림치면 칠수록 신의 존재는 더 먼 것처럼 느껴지고 그 침묵 또한 이해할 수 없었다.

신부가 결정적으로 성화판을 밟게 된 이유는 '구멍 매달기(穴吊り)' 고문

에 시달리는 교인들의 신음 소리 때문이었다. 그는 계속적으로 절대자의 침묵에 대해 항의하며 명령조로 강하게 하나님의 행동을 촉구했지만 응답을 듣지 못했고, 그 절규의 최고점에서 성화판을 밟는 결단으로 그리스도의 사랑을 실천하려고 한다. 그리고 성화판을 밟는 순간, 비로소 침묵하던 신의 말씀을 이해한다.

> 밟아도 좋다. 네 발의 아픔을 내가 제일 잘 알고 있다. 밟아도 좋다. 나는 너희에게 밟히기 위해 이 세상에 태어났고, 너희의 아픔을 나누기 위해 십자가를 진 것이다. (267)

로드리고 신부는 절체절명의 위기에서 선택한 그 배교행위를 통해 비로소 자신과 함께 고통을 나누며 체휼하는 그리스도의 음성을 들을 수 있었다. 그리고 그리스도의 존재는 언제나 인간 곁에서 아픔과 사랑을 나누는 일에 함께 있었음을 인식한다. 그의 이런 깨달음은 지금까지와는 아주 다른 형태로 '그분'을 사랑하게 만들고, 그 사랑을 진정으로 알기 위해서 지금까지의 시련이 필요했던 것임을 알게 했다. 비록 그의 행위가 일본 관아에서 마련한 어설픈 배교의 형식, 즉 신의 율법을 부정하는 행동으로 나타나긴 했지만 말이다.

그런데 이러한 변화에 이르기까지의 과정은 로드리고 신부가 예수 그리스도를 어떤 모습으로 이해하고 있느냐의 문제와 깊은 관련이 있다. 특별히 신도들이 수형을 당하고 자신은 쫓기면서 산속을 헤맬 때, 그가 알던 그리스도의 얼굴은 인간의 꿈을 담은 그 어떤 성화의 얼굴보다 더 진실된 얼굴이 아니라, 불안과 피로로 일그러진 "쫓기는 남자의 얼굴"(105)이었던 것이다. 이는 그의 심경이 그리스도의 얼굴에 투영된 것일 수도 있지만 '그분'이라거나 '그리스도의 얼굴'이라 되뇌던 이전의 표현과는 달리, '그' 또는 '한 남자의 얼굴'로 그리스도의 얼굴을 달리 표현하고 있음을 알게 한다. 자신에게 사제로서의 긍지를 불러일으키던 신성한 얼굴이 아니라, 사람들에게 버림받고 간고를 많이 겪은, 육신의 고통에 사로잡힌 '슬픔의 사람(the man of sorrow)'으로 예수를 느끼고 있다. 고문을 앞두고 그가 묵상하는 그리스도의 얼굴은 겟세마네의 회색빛 땅에 웅크리고 앉아 "땀과 핏방울이 떨어지는"(214) 죽음의 고통에 잠겨 있었고, 또 그가 밧줄에 묶인 채 말뚱과 돌을 맞으며 호송될 때에는 "치욕과 모멸"(244)을 인내로 견디는 얼굴이 가장 고귀한 인간의 얼굴임을 가르쳐 주는 듯했다.

성화판을 밟을 때, 동판 속에 새겨진 그리스도의 얼굴은 가느다란 팔을 벌리고 가시관을 쓴 보기 흉한 얼굴이었다. 예전에 그가 수없이 보아온, 위엄과 자랑스러움을 지닌 얼굴도 아니고 고통을 아름답게 견디는 얼굴도

예수 그림 밟기(絵踏み)
후미에-나무위키 (namu.wiki)

아니었다. 유혹을 물리친 강한 의지와 힘이 넘쳐흐르는 얼굴과는 판이하게 다른, 다만 그의 발 앞에서 여위고 지쳐 있는, 피와 땀과 먼지로 더러워진 인간의 얼굴이었다. 후광이 둘린 거룩한 신의 얼굴 대신 "고운 모양도 없고 풍채도 없은즉 보기에 흠모할 만한"(사 53:2) 아무런 것도 없는 모습에서 신부는 그 얼굴이 곧 성육신(Incarnation)한 그분의 얼굴임을 깨닫는다. 예수는 우리가 시험받는

　　　　　　　　　　　　Ⅱ. 현대소설과 기독교 세계관

것처럼 진정한 인간 존재로서 시험을 받았던 그런 분이었음을 성화판 밟기 배교행위를 통해서 체험할 수 있게 된 것이다.

기치지로를 이해하는 신부의 태도에서도 이런 신앙적인 변화가 일어난다. 기치지로는 고해를 권하는 신부 앞에서 "매 맞은 개처럼 웅크리고 앉아 자신의 머리를 손으로 두드"(68)리는, 무지와 나약성의 소유자다. 기치지로의 변절은 가룟 유다의 모습인 동시에 인간이 환경과 조건에 따라 얼마나 약자나 강자로 바뀔 수 있는지를 보여준다. 신부는 그리스도의 무조건적이고 차별 없는 사랑의 행위에 비해 자신이 기치지로를 용서할 정도의 사랑에는 이르지 못했음을 반성한다. 하나님 앞에서의 인간은 강자도 약자도 없다는 사실을, 또 유다가 그렇게 행할 수밖에 없었던 아픈 마음을, 인간의 고통을 체휼하는 그리스도의 사랑과 용서만이 인간을 구원할 수 있다는 사실도 깨닫는다. 지금껏 침묵으로 말씀하던 그리스도가 로드리고 신부에게 알게 한 것은 율법과 심판을 넘어서는 그리스도의 사랑과 용서의 투신만이 인간의 허물을 덮을 수 있다는 가르침이었다. 교인들을 살리기 위해, 자기를 부인하고 치욕의 고난을 감내하는 배교행위는 곧 인간에게 조롱당하며 희생제물이 된 그리스도의 고통에 동참하는 "격렬한 기쁨"(294)의 순간으로 변화된다.

한편 로드리고 신부의 스승인 페레이라 신부는 기독교 선교에 있어 이론과 실제는 절대적으로 다르다고 주장한다. 일본의 그리스도교는 그들의 땅에서 변질되고 굴절된 것으로서 배교해도 상관없다는 '일본 수렁설'의 논리를 편다. 태양을 숭배하는 일본 토착신앙과 혼합시켜 그리스도교를 변질시켜 버렸다고 보는 관점이다. 즉 일본인들은 그들의 토착신적인 이미지와 결합시키고 굴절시킨 하나님을 믿는다는 것이다. 그리스도 신앙에서 변질되어 형체를 알 수 없는 미신적인 것으로 바뀌게 되었으므로, 이미 시체가 되고 죽어버린 일본 기독교에 대해 그의 배교가 어떤 의미를 더하거나 감하지 못한다는 것이다. 결국 스승은 고문과 궤변에 굴복하여 이제는 하나님의 가르침과 그리스도교의 과오와 부정을 폭로하는 현위록(顯僞綠)을 쓰고 있다. 온화한 얼굴 뒤에서 참혹한 처형을 명령하는 이노우에 부교오나 영혼이 빠져나간 인생을 살고 있는 페레이라 신부는 모두 버림받은 유다와 같은 인간을 대변하는 인물이다. 하지만 로드리고 신부는 성화판 고문에 굴복한 후, 인간이 인간에게 가질 수 있는 모든 감정을 스승에게서 느낀다. 즉 같은 운명을 공유하고 있다는 연대감과 거울을 통해 못난 자신을 들여다보는 듯한 가련함을 동시에 가진다. 급기야 서로가 서로에게 증오와 모멸의 감정뿐만 아니라 결코 떨어질 수 없는 '추한 쌍생아'(276)가 되어 버렸다는 통렬한 인간 이해에 도달한다.

결론적으로 로드리고 신부는 기치지로와 페레이라 신부를 통해 인간의 교활함과 나약함을 보게 되었고 자신 역시, 비록 교인들을 살리기 위한 사랑의 실천 행위였다고 할지라도 성화판을 밟는 과오를 저지른 나약한 변절자임을 뼈저리게 깨닫는다. 이로써 작가는 로드리고 신부의 수난을 통해, 인간의 어찌할 수 없는 한계를 보여주고, 그러한 절망과 좌절 끝에 숨어 있는 거듭남의 소망이 로드리고 신부의 신앙을 견인(perseverance)하고 있음을 보여준다.

4. 속죄양 의식과 배교 행위에 대한 재고

김은국과 엔도 슈사쿠는 서구 실존주의 소설과는 분명한 차이를 보이지만 실존신학적 주제를 안고 있다는 점에서 신앙인의 고뇌와 실존주의를 연결시킨 작가이다. 먼저 김은국은 『순교자』에서 인간의 모든 고통을 짊어진 그리스도와 같은 희생자의 표상으로서 신 목사를 등장시켰다. 또한 작가는 신 목사를 북한 전역에서 보았다고 전하는 실향민들의 전언을 통해 마치 부활한 예수를 여기저기서 보았다고 기록한 성서의 정황을 연상시킨다. 하지만 신 목사는 그를 따르는 교인들의 눈에 목사로 비쳤을지는 몰라도, 신앙을 떠나 "자기 소견에 옳은 대로"(삿 21:25) 윤리적인 선을 실천한 전도자에 불과하다고 말할 수 있다. 신의 침묵을 대신하는 자기만의 신앙논리를 세워놓고 그것을 드러내지 않고 목사직을 수행한 것은 자기기만에 해당되기 때문이다. 또한 기독교에서의 구원은 행위보다 믿음에서 출발하기 때문이다(이신칭의. 롬 1:17). 인간에 대한 연민과 사랑을 실천하고자 하는 그의 신념은 신의 부재라는 확신 때문에 더욱 굳어진 것으로 보인다. 서두에서 언급한 것과 같이, 신 목사의 고뇌는 "진실과 선의 대립"(이신형. 179)에서 인간적인 선을 택하기 위한 것이었다. 신 목사가 말하는 진실은, 인간의 조건을 황폐하게 만드는 사실(fact)이라는 현상의 폭로가 결국 인간을 절망이라는 파멸에 이르게 하기 때문에 이를 막아야 한다는 자신의 신념에 불과하다. 그러나 신념과 신앙은 다른 문제이다. 신념은 개인의 이성적인 의지여서 번복할 수 있지만 신앙은 신과 연결된 문제로서 신의 뜻(啓示)을 궁구해야 하기 때문이다. 그의 고뇌는 자신이 믿는 진실과 사람들이 믿고 싶어 하는 진실 사이에서 자신의 진실을 감추어야 한다는 것이었다. 그래서 그에게는 괴로움을 감추는 골방으로서 기도 처소가 필요했을 것이다.

만일 작가가 이 소설을 쓰면서, 인간이 처한 한계상황에서 신은 어떠한 입장을 취할까라는 문제를 제기했다면, 김은국의 시각으로는 하나님은 어떠한 말씀도 하실 수 없는 분으로 그려질 것이다. 무신론적 입장에서는 누군가가 인간의 운명과 전쟁의 고통에 대하여 신을 대신하기 위해 나서야 할 것이고 이때 절대자는 침묵하는 존재로 그려질 수밖에 없을 것이다. 그래서 신 목사는 "신이 없는 성자"(김욱동, 153), 신을 부정하는 성자로 설정된 것이다. 따라서 『순교자』는 대답 없는 신의 존재를 대체하려는 휴머니즘적 관념소설이라는 평가가 가능하다고 본다.

또한 『순교자』는 "사신(死神)신학적 주제를 한국동란이라는 특정한 시대적 배경을 중심으로"(임영천, 53) 형상화한 작품이라는 해석에도 견해를 달리할 수 있다. 엄밀한 의미에서 『순교자』는 사신신학적 영향을 드러낸다고 볼 수 없다. '신 죽음의 신학'이란 현실에서 신의 부재를 선언하는 것이 아니라 현실을 초월한 인격적인 신 인식을 비판하고 현실에 내재한 비인격적인 신의 존재를 주창한 신학(이신형, 180)이기 때문이다.

한편 조회경은 신 목사의 행위에 대하여 르네 지라르(Rene Girard)의 '희생양 메커니즘'이 이 소설에서 어떻게 작동되고 있는가에 주목하고 그것을 해체하기 위해 신 목사의 역할이 필요했던 것으로 이해하고 있다. 또한 "폭력의 악순환, 그 고리를 끊을 수 있는 모델"(조회경, 188)로 무력하고 병든 신 목사를 캐릭터로 창조한 작가의 종교적 투시력을 높이 평가할 만하다고 하였다. 그러나 이 고찰은 소설에 부분적으로 나타난 신 목사와 교인들의 갈등 측면에서 가능한 이론으로 보인다. 신 목사가 배교자일 것이라는 추측으로 교인들이 신 목사 집 주변을 돌며 야유를 퍼붓거나 '유다'를

　　　　　　　　　　　Ⅱ. 현대소설과 기독교 세계관

외치며 "양떼가 한순간 울부짖는 폭도로 돌변한"(120) 것은 그들에게 희생양이 필요했다는 반증이 되기는 한다. 또한 평양 교회 지도자들 역시 신목사가 살아남은 자의 부끄러움을 거짓 고백하자 "과거 그들이 자기네 신을 핍박한 적대세력 앞에 허약하게 굴복"(182)한 사실을 고백하면서 회개하기 시작한다. 즉 유다의 오욕과 그리스도의 희생이라는 채찍과 당근은 교인들에게 마녀사냥과 같은 결집된 힘을 제공할 수 있다. 이러한 일들은 희생양 메커니즘의 작동으로 설명이 가능한 부분이지만『순교자』의 전체 맥락은 작가가 신 목사의 신념과 행위를 통해 무엇을 말하려고 했는가에 있다고 본다. 교인들은 욥과 같은 고통을 짊어지고 신음하면서 특정한 희생양을 필요로 하는데, 그들의 분노를 감당할 희생제물(예수 그리스도의 속 죄사역은 인간을 위한 희생제물이었지만, 역사는 인간의 분노심을 획책하여 마녀사냥 식으로 그 분노를 표출하기도 한다)로 신 목사가 가룟 유다의 역할을 맡고 있다고 볼 수 있는 근거이다. 그러나 신 목사는 오히려 교인들에게 회개를 외치는 세례자 요한의 역할(165), 어떤 처지에서도 절망하지 말 것을 당부하는 위로자의 역할을 담당하고 있다. 물론 그의 인본주의 윤리의 실천이 예수 행적의 일부분이라고 말할 수는 있지만 그것만이 예수의 일은 아닌 것이다. 근본적인 문제는 그가 신을 받아들일 수 없었다는 데 있다.

그렇다면 신 목사를 통해 한 개인의 염결한 신앙보다는 보편적 인간애를 앞세운 작가의 의도는 무엇일까? 인간의 고통 앞에서 침묵하는 신, 그 신을 대신해서 난세에 희망과 정의와 용기를 외치는 예언자 역할을 감당할 인물이 작가에게는 필요했던 것으로 보인다. 그러한 인물을 등장시킴으로써 작가가 젊은 시절 이해할 수 없었던 역사적 고난의 시간들에 해답을 추출해 보려는 시도가 엿보인다. 그 인물이 역사를 통치할 수 있는 정치가가 아니고 역사와 그 역사 너머에서 보이지 않는 신을 끌어들일 수 있는 목사였다는 것뿐이다. 그래서 작가의 무신론적인 전망은 기독교 휴머니즘의 옷을 입고 나타난 것이라 말할 수 있다.

한편 『침묵』에서 로드리고 신부가 신의 침묵을 이해하는 방식은 그가 묵상 중에 만난 그리스도 얼굴의 변화와 관련이 있다. 그가 최후에 만난 그리스도의 얼굴은 "누더기처럼 되어버린 인간과 인생을 버리지 않는 것이 사랑"(181)이라고 가르치는 임마누엘(Immanuel)의 모습이었다. 또한 신부의 인간 이해는 '들개'처럼 묘사된 기치지로를 통해서 변화를 겪는다. 신부에게 기치지로는 인간 중에서도 가장 추악한 인간까지 찾아 구원하시는 그리스도를 깨닫게 하는 존재였다. 그는 기치지로를 통해 자신은 도저히 무조건적이고 차별 없는 사랑의 행위를 실천할 수 없는, 그와 같은 인간을 용서할 정도의 사랑에는 이르지 못했음을 반성하게 된다. 성화판을 밟는 배교 행위를 저지른 로드리고 신부의 고난은 말할 수 없는 치욕이면서 곧 자기를 부인하는 행위였고, 그리스도의 고난이 신부 자신을 위하여 당한 개인의 고난이 아니라 세계를 위하여 당하는 묵시사상적 고난(신익호, 40)임을 깨닫게 된다. 그리스도가 친히 저주를 받아 우리를 속량했으므로 그는 외적 부정이라는 시련을 통해 더욱 강렬한 내적 확신에 거할 수 있게 되었다. "예수도 자기 피로써 백성을 거룩하게 하려고 성문 밖에서 고난을 받으"신 것을, 그리하여 자신도 "그의 치욕을 짊어지고 영문 밖으로"(히 13:12-13) 나아가게 되었음을 확인한 것이다. 신 목사의 신앙을 박제가 되어 버린 죽은 신앙이라고 한다면 로드리고 신부가 획득한 신앙은 율법 조문에 매이지 않고 율법을 넘어선, 애벌레가 죽고 나비로 다시 태어나는 완전한 탈바꿈의 역동적인 신앙이었다. 이는 엔도 슈사쿠가 심판과 율법을 강조하는 부성적 신과 사랑과 돌봄을 베푸는 동반자로서의 모성적 신으로 신을 나누어 이해하면서 기독교의 일본 토착화를 위해 모성적 신의 속성을 『침묵』에서 강조하고 있기 때문이기도 하다. 즉 엔도 슈사쿠가 부성적 신에서 모성적 신으로의 회귀를 주창한다(임종석, 25)는 의미로 해석할 수 있는 부분이다.

그렇다면 페레이라 신부 역시 성화판을 밟은 배교자인데 그의 종말과 로드리고 신부의 신앙은 무엇이 다른가? 배교 행위를 저지르고도 어떻게 신앙의 자유를 얻었다고 말할 수 있을까? 로드리고 신부는 성화판을 밟느냐 마느냐 하는 율법적 차원의 고뇌를 통해 대속의 은혜를 체험하고 율법에서 해방된 마음의 할례를 지니게 되었다고 보기 때문이다. 그의 경우, 기독교 교리가 일본이라는 특정한 역사적 시공에서 효율적으로 기능하기 위한 일종의 "역사 · 문화적 제련과정"(장원재, 584)을 거치는 행위로 이해할 수 있다는 말이다. 인간의 연약함과 그 질고 속에 함께 거하는 그리스도의 모습을 통해 궁극적이며 본질적인 하나님에 대한 이해를 새롭게 경험하는 것은 신앙의 절대성을 뛰어넘어 신앙의 자유를 확보하는 일이자 그리스도가 이룬 구속의 성취를 개인적이고 주관적인 구속의 적용으로 구체화하는 일이다. 그러나 그럼에도 불구하고, 율법에 매이지 않을 자유도 있고 또한 율법에 매일 자유도 있다는 측면(고전 9:21-23)에서 로드리고 신부의 신앙은 역동적이면서도 유동적인, 끝 안에 있는 새로운 신앙으로서 실존신학의 문제를 넘어서는 해석의 지평을 열어둔다고 하겠다.

구약의 율법적 신과 신약의 사랑의 예수를 동시에 끌어안을 수 있는 로드리고 신부의 새로운 신앙이란 그리스도에 대한 실제적(realistic)이며 현실적(actualistic)인 이해에서 출발한 것이다. 그리스도의 속죄사역은 인간

각 개인에게 주관적으로 적용되어야 한다. 만일 각 개인이 그것을 주관적으로 적용하지 못한다면 그리스도의 객관적 속죄사역 역시 아무런 의미가 없기 때문이다. 삼위일체적 기독론의 입장에서 말하자면, 성령 하나님께서 그리스도의 속죄를 조명하심으로 신앙이라는 수단을 통하여 내부적으로 주관적으로 개인에게 역사해야 할 것이다(이경직, 231). 로드리고 신부는 현실 가운데서 초월적 체험을 통해 새롭게 변화한 주관적 신앙을 획득했다고 볼 수 있다.

또 하나의 의문은 인간이 어쩔 수 없는 상황논리에 빠지게 되었을 때 자신의 신앙을 굴절시키는 것이 합리화될 수 있을까 하는 것이다. 만일 그렇다면 모든 인간은 기치지로처럼 다 핑계와 변명의 여지가 생기는 것이다. 그러나 십자가 구속의 은혜를 아는 자에게는 그 이후의 삶을 통하여 신앙의 내적 감동이 수반된 행위가 나타날 것이라고 본다. 이를 주관적 신앙의 생동성이라 말할 수 있겠다. 아울러 육신의 목숨이 아닌, 신앙을 보수(保守)함으로 인한 순교의 중요성 또한 여전히 유효할 것이다(막 8:35-38).

5. 나오며

『순교자』는 전쟁이라는 역사적 폭력 앞에 내동댕이쳐진 인간의 실존적 고뇌를 다루면서, 신의 존재를 부인하는 신 목사를 통해 자기를 희생하면서까지 백성들에게 희망을 전하고자 하는 자기 신앙의 진실을 그려낸 작품이다. 작가는 신 목사를 통해 침묵하는 신을 대신해서 불가사의한 현실을 이해하고 받아들일 수 있는, 사랑에 기초한 윤리적 휴머니즘이야말로 곧 희망의 복음이라는 메시지를 드러낸다. 그래서 작가는 그리스도 복음에 입각한 신의 존재 문제를 다루었다기보다는 휴머니즘적 입장에서 형제 사랑 또는 이웃 사랑을 실천하는 신 목사의 신념으로 고난의 현실을 극복할 수 있다는 의미를 부여하고 있다. 이것이 곧 인간의 수수께끼를 하나도 경멸하지 않고 죽을 때까지 충실하게 두려움 없이 대지를 사랑하겠노라는, 횔덜린(F. Hölderlin)의 미완성 비극인 '엠페도클레스(Empedocles)의 죽음'을 이해하는 작가의 시선이었고 신 목사로 하여금 그 역할을 감당하도록 한 의도였다고 본다.

『순교자』가 현실을 살아내야 하는 견인주의 관점을 고수하는 실존신학의 입장을 드러냈다면 『침묵』의 경우는 비록 실존신학적인 주제이긴 하지만 신의 침묵 뒤에서 신의 응답을 얻게 되는 역동적 신앙을 구현했다. 그는 자신이 알고 있던 거룩한 순교의 모습과는 다르게 일본인 신도들이 처참하게 죽어가자 신에게 항변했고, 고통당하는 신도들의 목숨을 구하기 위해 성화판을 밟는 고통의 끝에서, 땀과 피로 얼룩진 육체를 지닌 그리스도를 만나게 되었다. 그리고 인간을 향한 끝없는 긍휼과 용서를 깨닫는다. 비록 현실에서 그가 '배교자 바오로'로 불릴지언정, 그는 그리스도의 구속의 성취를 이해하고 자신을 필요로 하는 신도들을 사랑하면서 일본에서 최후의 신부로 살아갈 것임을 다짐한다.

로드리고 신부가 그토록 간절하게 신의 침묵에 관해 궁구하던 내용은 최후까지 타락한 인간 삶의 늪에서 연약한 인생에 동반자로 함께하는 그리스도의 질고를 내적으로 수용하는 과정이었다. 신부는 성화판을 밟는 이율배반적인 사랑의 행위를 치르면서 인류 전체를 위한 종말론적 구속의 은혜를 체험한 것이다.

두 소설에 똑같이 등장하는 배교자의 대표명사인 가룟 유다에 대한 이해는 『순교자』의 경우에는 타개하고 회개해야 할 대상으로, 『침묵』의 경우에는 인간의 지독한 속성에 대한 긍휼로 나타나고 있음을 알 수 있다.

이러한 점에서 그리스도에 대한 로드리고 신부의 인식은 성화판 행위를 계기로 절대적인 탈바꿈을 한 것이다. 그는 선교 현장에서 인간과 동일하게 고통받고 있는 그리스도를 발견하고, 자신의 배교행위조차도 용서하는 인자한 그리스도의 사랑에 새롭게 눈을 뜨게 되었다. 베드로가 예수를 부인한 후 참된 구주 그리스도를 만나게 되었던 것처럼, 로드리고 신부 역시 성육신한 구속주 예수를 성화판 사건을 통해 만났다. 『침묵』은 극한의 고통을 통과한 경험과 신뢰 속에서 거듭난 차원의 역동적 신앙을 획득한 종교 체험의 한 단면을 제시해 주었다.

☞☞ 『순교자』는 전쟁이라는 역사의 폭력 앞에 내동댕이쳐진 인간의 실존적 고뇌를 다루면서, 신의 존재를 부인하는 신 목사를 통해 자기를 희생하면서까지 교인들에게 희망을 전하고자 하는 새로운 신앙의 진실을 그려낸 작품이다. 작가는 신 목사를 통해 침묵하는 신을 대신해서 불가사의한 현실을 이해하고 받아들일 수 있는, 사랑에 기초한 윤리적 휴머니즘이야말로 곧 희망의 복음이라는 메시지를 역설하고 있다. 『순교자』가 현실을 살아내야 하는 견인주의적 관점을 고수하는 실존신학의 입장을 드러냈다면 『침묵』은 비록 실존신학적인 주제이긴 하지만 신의 침묵 뒤에서 신의 응답을 듣게 되는, 율법에서 해방된 신앙을 구현해 냈다고 볼 수 있다. 신부는 성화판을 밟는 이율배반적인 사랑의 행위를 치르면서 그리스도의 종말론적 고난을 대신 경험하고 신의 현존을 새롭게 인식한다. 베드로가 예수를 부인한 고통 속에서 참 그리스도를 만나게 되었듯이 로드리고 신부 역시 성육신한 구속주 예수를 성화판 사건을 통해 만나고 애벌레가 나비로 변형되는 탈바꿈의 역동적 신앙을 얻을 수 있었다.

Ⅱ. 현대소설과 기독교 세계관

제5장

신정론의 고뇌와 신비 체험 양상
-「벌레 이야기」와 「남경의 그리스도」

신정론적 고뇌(Agony of Theodicy)
신의 도그마(Dogmatism of Christianity)
희생자의 윤리(Ethics of the Victim)
남경의 그리스도(*The Christ of Nanjing*)
경건한 창녀(Godly whore)
신비체험(Mystical phantasm)
자기애적 신앙(Egoism of the faith)

1. 들어가며

인간에게는 신이 존재하며 그를 경외해야 한다는 의식이 본성으로 잠재해 있다. 그 의식은 삶의 재앙이나 폭력 앞에서 인간이 얼마나 무력한 존재인가를 깨달을 때, 초월적인 힘을 의지하려는 노력으로 나타난다. 그러나 이것은 단지 본성일 뿐이지 하나님을 택한다는 것과는 별개의 문제다. 기독교 신앙이란 어떤 것이며 그 신앙이 우리 삶에서 어떤 형태로 발현되어야 하는가 하는 고민은 그리스도인이라면 누구나 하는 고민 중 하나다. 그 이유는 이러한 신앙 고민이 곧 궁극적인 구원에 이르려는 노력이며 또한 문학의 중요한 모티브가 되기 때문이다. 작가 이청준은 "문학은 곧 구원에의 노력이며, 인간의 한 근원적 존재 현상인 죽음에 대한 구원의 문제는 그것이 곧 우리 삶의 구원의 문제와 동일"(이대규, 294)하다는 시각을 갖고 있다.

일반적으로 기독교 신앙은 절대적인 신의 주권을 인정하고 구원 또한 예정되어 있다고 본다. 그러나 인간이 만물의 척도가 되는 인본주의 시각으로 보자면 인간은 신의 뜻이라는 말에 순종하기가 쉽지 않다. 하나님의 뜻이 정의롭다면 왜 세상의 부조리와 악이 방치되며 고난과 불행은 여전한가에 대하여 이른바 신정론적 질문(Theodizee frage)을 제기하지 않을 수 없다. 이는 고통당하는 실존적 인간이 신을 향해 외칠 수 있는 당연한 물음이다.

그러나 또한 신앙을 대상에 대한 지식도 없이 무조건적으로 받아들여 성령의 은사를 모방한 신비한 경험을 하는 경우도 있다. 신앙은 눈으로 확인할 수 없는 주관적인 것이며 신앙과 과학적 증거 간의 관계를 따질 수도 없다. 신앙은 지적인 탐구와 반명제인가, 아니면 외적인 증거에 집착하지 않고 단지 내적인 확신으로 족한 것인가, 혹은 신앙의 어떤 현상은 합리적인 설명이나 이성의 사유를 포기한 결과인가 하는 의문이 생긴다.

이청준의 중편 「벌레 이야기」(1985)는 고통에 처한 인간이 어떻게 신의 섭리를 이해하고 그 계명에 순종할 수 있을까 하는 신정론적인 질문을 우리에게 던져 준다. 서술자 '나'는 곧 내포 작가의 세계관을 드러내는 인물로서 인간의 가장 인간다운 행위인 용서에 대하여 그 용서를 가로막는 실존적 고통은 신앙과 어떻게 화해되어야 하는가를 묻고 있다. 일본 작가 아쿠타가와 류노스케(Akutagawa Ryunosuke)의 단편 「남경의 그리스도」(南京の 基督. 1920)는 오직 그리스도가 자신의 유일한 의지가 됨을 믿는 믿음으로써 한 창녀가 매독을 치유 받았다는 간증을 들려준다. 두 소설 모두 기독교에 대한 작가의 신 인식을 보여주며, 인간의 믿음이 어떻게 해석되어야

하는가를 묻고 있다는 점에서 주목을 요한다.

　이 글은 믿음에 관해 대조 양상을 보이는 두 작품을 통해서 주 인물들의 기독교 수용 관점과 그것이 해석되는 양상을 살펴보고자 한다. 그들의 관점은 서술자를 통해 재해석되는 중층구조를 이루고 있고 동시에 기독교에 대한 작가의 신앙론으로 자리하고 있다.

2. 신정론적 고뇌와 희생자 증언하기

　「벌레 이야기」(열림원, 2002. 137-75. 원문 인용은 이 책의 쪽수로 표기)의 표면적 서사는 다음과 같다.

　초등학교 4학년 외아들 알암이가 실종되고 '아내'는 아들을 찾기 위해 혼신의 노력을 기울인다. 수사가 진전이 없자 '아내'는 절간이나 교회당을 찾아가 촛불 공양과 헌금을 아끼지 않으면서 아들을 찾으려는 희망과 집념을 버리지 않는다. 실종 80여 일 만에 암매장당한 아들의 사체가 발견되고, 인사불성으로 며칠을 보낸 '아내'는 이제 범인에 대한 분노와 복수의 감정으로 자신을 지탱시킨다. 그러던 '아내'는 이웃 김 집사의 전도로 아들의 영혼 구원을 위해 신앙생활을 시작한다. 김 집사가 '아내'에게 신앙으로 죄인을 용서해야 한다고 권면하자 '아내'는 고민한다. 차차 살인범을 용서하기로 마음을 굳힌 '아내'는 어렵지만 자기 용서의 증거로 범인을 면회한다. 하지만 면회에서 돌아온 '아내'는 머리를 싸매고 누워 상실감과 절망감을 짓씹다가 살인범의 교수형이 집행된 이틀 만에 목숨을 끊고 만다.

　이와 같이 '아내'는 아들의 영혼을 구원하겠다는 일념으로 신앙생활을 시작했고 점차 사랑과 용서라는 기독교 윤리를 과감히 실천하려는 의지를 보인다. 그러나 자기 용서의 확증을 범인을 만나서 얻으려고 하다가, 도리어 그로부터 하나님의 사랑이 이미 그를 용서하고 구원해 주었다는 고백을 듣게 된다. '아내'가 알고 있는 용서란 피해자가 가해자에게 베푸는 관용이자 신의 뜻에 순종하려는 인간 의지의 결단이었다. 그런데 용서의 주체가 되어야 할 그녀 자신과는 상관없이 범인은 먼저 용서를 받았고 더불어 구원까지 얻었으며 게다가 유가족인 '아내'를 위해 기도까지 하고 있다는 것이다. 당사자인 그녀 자신이 어렵게 결단하고 실행에 옮기려고 애썼던 용서의 문제를 그녀의 고통과는 상관없이 하나님과 범인은 일방적으로 해결해 버린 것이었다. 그녀는 이것을 신의 횡포로 받아들이고 벌레와 같이 무력한 자신의 처지에 절망한다.

> […] 나는 새삼스레 그를 용서할 수도 없었고, 그럴 필요도 없었지요. 하지만 나보다 누가 먼저 용서합니까. 내가 그를 아직 용서하지 않았는데 어느 누가 나 먼저 그를 용서하느냔 말이에요. 그의 죄가 나밖에 누구에게서 먼저 용서될 수가 있어요? 그럴 권리는 주님에게도 있을 수가 없어요. 그런데 주님께선 내게서 그걸 빼앗아가 버리신 거예요. 나는 주님에게 그를 용서할 기회마저 빼앗기고 만 거란 말이에요. 내가 어떻게 다시 그를 용서합니까. (169-70)

이러한 그녀의 항변은 곧 신정론적 질문으로 이어지고 '아내'를 대변하는 서술자 '나'는 인간을 억압하는 도그마로 점철된 김 집사의 교리적 권면을 다음과 같이 해석한다.

아내의 심장은 주님의 섭리와 자기 '인간' 사이에서 두 갈래로 무참히 찢겨 나가고 있었다. […] 왜소하고 남루한 인간의 불완전성-, 그 허점과 한계를 먼저 인간의 이름으로 아파할 수가 없는 한 김 집사로서도 그것은(*자신 속의 '인간'을 부인하고 주님의 '구원'만을 기구하는 일-필자의 주) 불가능할 일이었다. (172)

'아내'의 항변은 인간의 고통과 아픔 밖에 있는 신의 섭리라는 것이 도대체 가능하기나 한 것인지를 묻는 절규다. 그러나 전도자 김 집사는 신의 절대적인 주권을 강조하며 용서가 의무라고 아내를 설득한다. 아울러 인간에게는 신의 섭리에 대해 분노하거나 항변할 권리가 없고 오직 순종하는 것만이 도리임을 역설한다. 만일 인간이 그것을 거역하여 스스로 남을 원망하고 심판하려 한다면 그 원망과 심판이 거꾸로 자기에게 돌아오게 된다고 하면서, '아내'의 믿음이 성숙해지기를 바란다. '아내'는 만인을 향한 신의 공평한 사랑에 의문을 제기하고 그것이 신의 섭리라면 순종하기를 거부하겠다는 의사를 밝힌다. 즉 자신에게 "어떤 저주가 내리더라도 미워하고 저주하고 복수하는 인간으로 살아가겠다"(170)라며 인간의 원초적 감정에 충실하고자 하는 신념을 드러낸다.

그렇다고 해서 그녀가 다시 예전의 복수심으로 되돌아갈 수는 없을 것이지만 문제는 그녀가 받아들인 믿음과 사랑의 계율이 자신의 이성으로 납득되고 체화되지 못했다는 데 있다. 그녀가 강요받은 신은 인간의 고통과 상처에 함께 아파하는 신이기보다는 계명과 교리로 인간을 옭아매는 율법의 신에 불과할 뿐이었다.

사건의 이러한 정황을 서술하는 남편인 '나'는 김 집사의 권면을 한편으로는 수긍하면서도 "어떤 표적이 불분명한 배신감 같은 것"을 느끼게 되고 그 막연한 배신감 속에 아내의 죽음에 대한 해답이 숨어 있을 것이라는 속내를 내보인다.

> 사람에게는 사람만이 가야 하고 사람으로서 갈 수밖에 없는 길이 있는 모양이다. 그리고 사람에겐 사람으로 할 수 있고 할 수 없는 일이 따로 있는 모양이다. […] 그것은(*용서-필자의 주) 아내의 마음속에서 아내 자신이 그럴 수 있는 것으로 충분한 것이었다. 그 이상은 아내로선 필요한 일도 아니었고 소망을 해서도 안 되었다. 그랬더라면 아내는 적어도 자신의 구원의 길은 얻어갈 수 있었을 것이다. (162)

결국 서술자로 대변되는 작가의 목소리 또한 인간의 가장 인간다운 가치일 수 있는 용서의 문제가 인간의 인식 차원 밖에서 강요되는 신의 도그마라면, 인간은 질식할 수밖에 없다는 것을 보여준다. 용서에 대한 상호이해의 순서와 과정이 생략된 채 강요와 의무로만 행해지는 용서는 또 다른 폭력이라는 것이다. '우리가 우리에게 죄지은 자를 사하여 준 것같이 우리 죄를 사하여 주옵시고'라는 주기도문 문구에서도 알 수 있듯이 용서는 먼저 인간과 인간이 풀어야 할 문제임을 환기한다.

이성적으로 받아들일 수 없는 신의 섭리 앞에서 인간 스스로는 어떤 것도 선택하거나 결단할 수 없는, 벌레처럼 왜소해진 '아내'가 신에게 내민 카드는 결국 스스로 목숨을 포기하는 선택으로 나타났다. 그래서 '나'는 아내의 죽음을 신의 섭리에 항변하는 희생자의 개념으로 파악한다. 다리를 저는 유순한 외아들과 아내마저 잃게 된 '나'의 고통은 삶이 휘두르는 폭력과 알 수 없는 신의 뜻에 항거하는 희생자의 윤리로 읽어야 한다는 것이다.

☞☞ 「벌레 이야기」를 영화화한 〈밀양〉의 경우, 여주인공 신애(信愛: 믿음과 사랑이라는 명명)는 교인들의 심방에 차를 준비하러 부엌에 들어갔다가 비명을 지른다. 부엌에서 발견한 지렁이 때문이다. 인간에게 가해진 폭력 앞에 지렁이와 같은 존재, 짓밟힐 수밖에 없는 무력한 존재라는 절망감을 감독은 의도했다고 본다. 소설의 서술자는 아들과 아내를 한꺼번에 잃고 가족이 와해된 처연한 심정을 증언 형식으로 고백하고 있고 영화는 여주인공의 심경을 외마디 비명으로 처리했다. 비명밖에 지를 수 없는 벌레같이 나약한 인간의 모습, 밟으면 밟힐 뿐인 왜소한 인간의 진실을 이 소설의 제목이 뜻하고 있다고 본다.

이 이야기는 애초 '아이가 희생'된 무참스러운 사건의 전말에 목적이 있는 것이 아니라 […] 알암이에 뒤이은 또 다른 '희생자 아내'의 이야기가 되고 있는 때문이다. 범인이 붙잡히고 사건의 전말이 밝혀진 다음에도 나의 아내에겐 그것으로 사건이 마감되어질 수가 없었기 때문이다. 그리고 무엇보다 그 '아내의 희생'에는 어떤 아픔이나 저주를 각오하고서라도 나의 '증언'이 있어야겠기 때문이다. (147 홑따옴표 필자)

'아내'에게 용서를 먼저 구해야 할 살인범이 '아내'의 분노를 용서하고 더불어 평온까지 비는 시혜자의 위치에 있다면, 아들과 아내는 살인범을 구원하기 위한 하나님의 궁극적인 구원 계획에 동참된 일종의 희생양이라는 것이 '나'의 주장이다. 용서할 수 없지만 신앙은 용서를 강요하고, 또 진정한 그리스도인이라면 그를 용서해야 하지만 '아내'의 이성으로는 용서의 주체를 빼앗길 수 없다는 그런 대립 속에서 '아내'가 선택한 자살행위를 '나'는 증언하지 않을 수 없는 심정이다.

고난받는 욥(L. 보나, 1880)

그런데 용서란 피해를 준 사람에 대한 부정적인 감정과 판단뿐만 아니라 용서받을 자격의 유무를 따지지 않고 상대를 자비나 동정심 심지어 사랑으로 대하려고 노력하는 인지 · 정의 · 행동적 반응의 복합체라면 그녀의 의지는 결국 그것에 이르지 못했던 셈이다. 정의의 관점으로 보면 부당하게 보일지 모르지만 용서는 사랑을 베풂으로써 정의를 초월하는 특징이 있다. 진정한 용서란 공정한 해결책을 찾기보다는 동정의 해결책을 모색하는 일이고 자비와 긍휼지심이 토대가 되어야 할 것이다. 그러나 이 소설에서는 신의 섭리에 순종해야만 한다는 신앙 차원에서 용서를 강요받은 것이어서 용서의 거부는 곧 믿음 자체에 대한 거부이자 신에 대한 거부로 이어질 수밖에 없다. 결국 김 집사가 강요한 체화되지 않은 기독교 교리는 '아내'를 성숙한 믿음에 이르게 하기는커녕 믿음과 행위를 일치시킬 수 없는 혼란에 빠뜨리고 만 셈이다.

믿는다는 것은 인간의 한계를 초월하는 이념이나 주제에 관한 지적인 인식과정이 필요하지만 그것만으로는 충분한 것이 아니다. 그것은 한 주체와 그 주체를 둘러싼 세상의 궁극적인 의미를 밝혀주는 또 다른 주체와의 만남을 그 대상이나 내용으로 하는 것이기에 인격적인 만남이어야 하고 의지적인 결단이어야 한다. 믿음의 수용은 진리 체계나 교리에 대한 지적인 동의(mental assent)를 전제로 하지만, 그것이 자신의 삶에서 자발적인 행위로 실천되고 전인적인 변화를 초래하기까지는 주관적 신앙의 성숙을 위한 과정들이 필요할 것이다. 이런 점에서 '아내'의 신정론적 고뇌에 공감하고 반응하는 '나'는 아내야말로 기독교 교리라는 도그마의 희생자임을 증언하고자 하는 것이다.

3. 신비체험과 자기애적 신앙

「남경의 그리스도」(조사옥 편, 『아쿠타가와 류노
스케 전집 III』, 제이엔씨, 2012, 415-31. 이하 인용은
쪽수만 표시)에 나타난 여주인공의 신앙은 「벌레
이야기」에 나타난 '아내'의 절망과는 대조를 이
룬다. 작가는 전지적 시점으로 남경(Nanjing) 기
망가(奇望街)의 15세 창녀 송금화의 생활을 소
개하고, 여행자 '그'를 등장시켜 금화의 기적 사
건을 듣게 하고 '그'의 심중에서 일어나는 반응

구딩핑 감독 영화 〈南京的基督〉
포스터(1995)

을 보여주는 것으로 이야기를 끝맺는다. 이는 작가의 심중을 '그'의 입을
통해 드러내고자 하는 중층적 기법으로서, 주인공이 기적이라고 믿는 사
건에 대해 그것의 사실 여부를 밝히기보다는 신앙적 진실로 수용하고자
하는 작가의 관점을 대변한다.

'그'는 처음 금화의 방에서 십자가상을 발견했을 때 그녀가 예수교도
인지를 묻는다.

> "네, 다섯 살에 세례를 받았어요."
> "그러고도 이런 장사를 하고 있는 거야?"
> 그의 목소리에는 그 순간 빈정거리는 말투가 섞여 있는 것 같았다. 하지
> 만 금화는 그의 팔에 새까만 머리를 기대면서 여느 때처럼 밝게 송곳니
> 를 드러내며 웃었다.
> "이 장사를 하지 않으면 아버지도 나도 굶어 죽으니까요."
> "너의 아버지는 노인이니?"

"네, 이미 허리도 펼 수 없는 걸요."

"그런데 말이다 – 그런데 이런 장사를 하고 있어서야 천국에 갈 수 없을 거라고 생각하지는 않니?"

"아니오."

금화는 잠시 십자가를 바라보면서 깊이 생각하는 듯한 눈빛을 보였다.

"천국에 계시는 그리스도님은 틀림없이 저의 마음을 이해해 주실 것으로 생각하니까요. 그렇지 않으면 그리스도님은 요가항(姚家巷) 경찰서의 순사나 마찬가지잖아요."(417)

금화에게 그리스도는 죄인을 잡아 가두거나 처벌하는 경찰서 순사 같은 존재가 아니라 인간의 환경과 처지를 헤아리고 돌봐주는 보호자였다. 그렇기에 생계를 위한 매춘행위도 용서받을 수 있다고 생각하며 두려워하지 않고 낙천적으로 반응한다. 매독에 걸려 손님을 받을 수 없게 되었을 때에도 그녀는 벽에 걸린 수난 받는 그리스도상(像)을 바라보면서 자신의 바람대로 열심히 기도한다.

천국에 계시는 그리스도님, 저는 아버지를 봉양하기 위해 천한 장사를 하고 있습니다. 그러나 이 일로 저 한 사람을 더럽히는 것 외에는 누구에게도 폐를 끼치지 않았습니다. 그러니까 저는 이대로 죽어도 반드시 천국에 갈 수 있을 거라고 믿습니다. 하지만 저는 지금 손님에게 이 병을 옮기지 않는 한 이 일을 할 수는 없습니다. 그렇다면 설령 굶어죽는 한이 있더라도 –그렇게 하면 이 병도 낫는다고 합니다만– 손님과 한 침대에서 자지 않도록 주의하지 않으면 안 됩니다. 그렇게 하지 않으면 저는 제 행복을 위해 원한도 없는 타인을 불행하게 만들기 때문입니다. […] 천국에 계시는 그리스도님, 아무튼 저를 지켜 주십시오. 저는 당신 한 분 외에

는 의지할 곳도 없는 여자이니까요. (419)

이렇게 금화는 누군가의 보호를 받지 않으면 인생을 견뎌낼 수 없는 어린아이와 같은 순박한 믿음의 모습을 보여준다. 또한 이러한 결심은 손님이 끊긴 후에도 지속되어 한 무뢰한 취객이 제안한 십 달러라는 큰돈조차도 다부지게 거절할 정도였다. 그러나 그 사내와 실랑이하는 와중에 벽에 걸린 놋쇠 십자가가 떨어지자 마치 "교묘한 최면술사가 사람의 귀에 속삭이는 암시 같은 작용"(424)으로 그녀의 이성적 사고는 마비상태에 빠진다.

☞ 놋쇠 십자가상은 금화가 천국에서 만난 '그'의 놋쇠 물담뱃대와 긴밀한 관련성을 지닌다. '놋쇠'는 현실의 이방인 남자와 천국의 그리스도를 연결시켜 주는 객관적 상관물로서 현실과 꿈이 하나로 얽히는 상징물이다. 그런데 김영식은 '놋쇠(しんちゅう)'를 발음이 유사한 '진주(しんじゅ)'로 번역하여 '진주 십자가'와 '진주 담뱃대'로 번역했고, 군데군데 의역이 있다.

그녀는 황급하게 손을 뻗어 소중한 십자가를 주웠다. 그때 무심히 십자가에 새겨진 수난 받는 그리스도의 얼굴을 보자, 이상하게도 그것이 테이블 저쪽에 있는 외국인의 얼굴과 꼭 닮은 것이었다.
'어쩐지 어디선가 본 것 같다고 생각했던 건 바로 이 그리스도님의 얼굴이었던 게다.' (423)

이방인 침입자의 얼굴을 어디선가 본 적 있는 친근한 얼굴로 인식하고, 그것이 늘 자신이 바라보던 십자가상의 얼굴이라는 착각은 그녀가 자신의 고난을 타개해 줄 누군가를 그만큼 간절히 기다리고 있었다는 반증이다. 그 사내의 얼굴과 그리스도의 얼굴을 일치시키는 순간, 그녀는 예수를 만난 듯한 기쁨으로 "오로지 타오르는 듯한 사랑의 환희"(424-25)를 느낀다.

의지할 데 없이 외로운 금화에게 그리스도의 얼굴이야말로 자신의 기독(基督)이기 때문이다.

몇 시간 후, 금화는 "천국 시가지에 있는 그리스도의 집"(425)에 있는 꿈을 꾼다. 창밖에서는 물소리와 노 젓는 소리가 들려오고 테이블 위에는 멋진 식기에 진기한 음식이 차려져 있다. 꿈속에서 금화는 놋쇠 물담뱃대를 문, 초승달 같은 후광을 두른 그 외국인에게 음식을 권한다.

> "그래, 자네나 들게. 그것을 먹으면 자네 병이 오늘 안으로 나을 테니까."
> 머리에 후광을 발하고 있는 외국인은 역시 물담뱃대를 문 채, 무한한 사랑을 머금은 미소를 지었다.
> "그럼 당신은 안 드시겠어요?"
> "나 말인가. 나는 중국 요리는 싫어하네. 자네는 나를 모르는가. 예수 그리스도는 아직 한 번도 중국요리를 먹은 적이 없어."
> 남경의 그리스도는 이렇게 말하자 서서히 자단(紫丹) 의자를 떠나서 어안이 벙벙한 금화의 뺨에 뒤에서부터 부드럽게 키스해 주었다. (426-27)

굶주린 금화 앞에 산해진미가 차려진 풍경이나 후광을 두른 외국인 그리스도가 그녀에게 음식을 먹으면 병이 나을 것이라고 권하는 장면은 그녀의 곤고한 현실과 소망이 투영된 꿈이다. 외적 감각은 사라지고 상상에 의해 초자연적으로 만들어진 영상이 표현되는 이러한 비정상적인 신비현상(extraordinary mystical phenomenon)은 깊은 기도를 통한 영적인 신비체험과는 다른 성질의 환영(phantasm)이다. 꿈에서 깨어난 금화는 이 방약무인(傍若無人)한 현실 앞에서 혹시 그 사람에게 병이라도 옮겼을까 싶어 그의 존재를 더듬거려 본다. 이미 그는 사라지고 없지만 그러한 현실보다도 금화는 자신의 환영을 우선시하여 그리스도가 자신이 사는 남경(南京)에 내려왔다고 확신한다.

> 금화는 이 순간 그녀의 몸에 기적이 일어나, 하룻밤 사이에 흔적도 없이 지독한 악성 양매창이 나았다는 사실을 알아차렸기 때문이었다.
> '그럼 그 분은 그리스도님이셨던 거야.'
> 그녀는 엉겁결에 속옷차림으로 구르듯이 침대를 기어 내려와서 차가운 돌 위에 무릎을 꿇고, 부활의 주님과 대화를 나누었던 아름다운 막달라 마리아와 같이 열심히 기도를 드리기 시작했다. (429)

자신의 처지가 막달라 마리아처럼 불행했지만 이제는 그리스도를 만나 몸의 병까지 낫게 되었으니 막달라 마리아 못지않게 그녀가 그리스도를 더욱 깊이 간직하고 사모할 것은 당연한 일일 것이다. 그야말로 '믿음은 바라는 것들의 실상이요 보지 못하는 것들의 증거'(히 11:1)라고 확신하게 되었을 것이다. 그러나 자기가 바라는 것을 기도를 통해 체험하는 이러한 종교적 몰입은 그리스도에 대한 진정한 이해를 동반하지 않을 경우 교회(ekklesia)적이고 객관적인 신앙으로 자리하기는 어려울 것이다. 또한 이러한 경험이 진정한 그리스도인으로 거듭나기 위한 전인적인 변화로 자라가야 할 것이지만 단순히 믿어지는 것을 믿는 신앙이라면 비록 유아세례를 받았다 할지라도 말씀에 입각한 자기 객관화가 필요할 것이다.

이듬해 봄에 금화를 다시 찾은 여행자는 자기가 아는 한 통신원 녀석이 곧 그녀가 그리스도로 착각하는 인물이었음을 알게 된다. 그 "못 돼 보이는 인간"(430)은 자신이 일전에 기독교인 창녀를 사고 몰래 도망쳐 나온 사실(fact)을 자랑스레 떠벌리고 다녔으며, 후에 악성 매독으로 미쳐버렸다고 들었다. 그러나 여행자는 그의 이름과 외모, 소속사와 같은 객관적인 사실을 발설하지 않는다. 이 땅에 다시없는 아름다운 마음씨를 소유한 금화가 간직한 기적 체험을 훼손하지 않는 것이 경건하고 순박한 창녀인 그녀를 위한 길이라 판단했기 때문이다. 이에 대해 최정아는 언제 재발할지 모르는 잠복기의 매독이 갖는 특성 때문에 작가는 "생의 잔혹한 현실(Odious truth)"(최정아, 528)을 보여주고 있다고 보았으나 필자는 오히려 금화의 간증을 진실로 받아들이려는 작가의 신앙론이 '그'를 통해 반영되어 있다고 본다.

이러한 '그'의 배려는 인간이 스스로 신뢰하는 주관적 체험의 신앙을 이성의 눈이나 과학의 잣대로 가늠할 필요가 없다고 하는 작가의 종교관을 간접적으로 드러내는 것이다. '그'가 신앙에 있어서 중요하게 여기는 요소는 성경 교리나 교회생활, 신자의 윤리적 행위가 아니다. 오직 어린아이와 같은 순전한 믿음으로 그리스도를 의지하고, 자기가 바라는 바대로 그리스도가 이루어주실 것이라는 확신에 거하는 것이다.

그러나 이러한 태도는 기독교에서의 인간 구원의 문제를 자신의 필요와 욕구에 반응하는 주술적 혜택으로 잘못 이해하는 것이다. 또한 신앙의 대상이 그리스도라 하더라도 십자가의 의미를 이해하고 그에 따른 신뢰로까지 나아가는 객관적인 신앙(fides quae creditur)이라기보다는 믿는 대상과의 만남의 체험을 가장 강렬한 신앙의 표적으로 여기는 일종의 신비주의나 맹목적인 자기애(egoism)에 가깝다. 비록 환상 중에 그리스도를 만나고 그녀의 병을 치유 받았다 할지라도 자신의 체험에 대해 성찰하고 성경에 계시된 진리를 이해한다면 그녀의 삶의 양태는 이전과는 다른 면모를 보일 수 있을 것이다. 하지만 금화는 신과 교제하는 삶에서 유래된 종교체험을 통한 주관적 의미의 신앙을 고집하며 신앙의 내용은 결여된 채 오직 "신뢰로서의 신앙(fides qua creditur)"(루이스 벌코프, 28)으로 자신의 믿음을 지켜 나가고 있음을 알 수 있다.

4. 나오며

이 글은 이청준의 중편 「벌레 이야기」와 아쿠타가와 류노스케의 단편 「남경의 그리스도」를 통해 인간이 추구하는 구원을 향한 노력들을 살펴보았다. 두 작품 모두 선과 악, 진실과 거짓을 둘러싼 인간 존재의 연약함을 드러내고 있지만 신앙을 수용하고 이에 반응하는 태도는 상반되게 나타났다.

「벌레 이야기」에 나타난 '나'의 아내는 아들의 갑작스러운 피살로 하나님을 찾게 되었고 신앙 안에서 살인범을 용서하고자 노력한다. 그러나 그녀의 범인 용서하기 과정에 개입된 하나님의 뜻은 그녀가 이성이 받아들일 수 없는, 인간성이 배제된 교리 차원의 도그마였다. 전도자 김 집사의 용서 권유는 이해할 수 없는 것을 믿으라는 맹신에 가까운 요구여서 결국 '아내'는 세상의 불의를 용납하는 하나님의 뜻을 이해할 수 없다는 신정론적 고뇌 속에서 죽음을 선택한다. 서술자 '나'는 신의 섭리라는 그 절대명제 앞에서 벌레와 같이 무력하고 보잘것없는 인간의 고통을 '증언'하고 있다.

특별히 '나'는 아들과 아내의 죽음을 희생자의 개념으로 파악한다. 악에 희생당한 아들과 불가사의한 신의 섭리를 수용하지 못해 자신을 희생시켜 버린 아내를 통해 인간의 고통을 외면하는 신의 뜻이란 과연 어떤 것인가를 우리에게 묻는다. 즉 이 소설은 신의 섭리에 항거하는 인간의 실존적 고통과 함께 인간됨의 조건과 자격이 신의 뜻과 어떻게 부딪히는가를 보여줌으로써 인간을 위한 인간의 신학을 요청하는 셈이다.

반면 「남경의 그리스도」에 등장하는 금화의 믿음은 믿음의 대상에 대한 지식이 부족한 채로 무조건적인 신뢰를 통해 발현된 것이었다. 그녀가 천국에서 진귀한 음식을 먹게 되는 것이나 외국인 그리스도가 그녀를 찾아왔다고 믿는 것은 현실에서 겪는 굶주림과 질병 치유의 소망이 꿈으로 투영된 것이었다. 그녀는 상상에 의해 초자연적으로 만들어진 영상이 표현되는 이른바 상상적 시현(imaginative vision)의 신비 체험으로 자신의 악성 매독이 치유 받았다고 확신한다. 이성이 무력화된 이러한 비과학적인 사실 앞에서 금화는 자신에게 일어난 기적을 더욱 신뢰하면서 경건한 창녀의 생활을 명랑하게 영위해 나간다. 또한 금화의 환상을 다치게 하지 않으려는 여행자 '그'의 태도는 작가의 복안(腹案)으로서, 그것이 진정한 그리스도인의 신앙인가 아닌가 하는 비판보다는 그녀의 자기애적 믿음을 진실로 받아들이려는 신중함을 보여준다.

결과적으로 믿음은 대상에 대한 지식과 그에 대한 인정과 전적인 신뢰를 바탕으로 하지만 그럼에도 불구하고 현실의 불의와 고통을 과연 신의 섭리로 이해하고 받아들일 것인가 하는 갈등은 여전히 존재한다. 「벌레 이야기」의 그녀는 자신의 판단과 의지에 따라 신앙을 거부하는 반응을 보였고, 「남경의 그리스도」의 금화는 병을 치유 받았다는 환영의 체험으로써 믿음을 더욱 강화하는 주관적인 신앙의 모습을 보여주었다. 그들의 믿음은 소원 성취나 기복과 같은 물적 대상의 추구이기도 했지만 자신의 전부를 투기할 수 있는 무조건적 신뢰 또한 고집하고 있었다.

믿음이란 자기 자신을 믿는 것이 아니라 이해할 수는 없지만 신의 뜻

Ⅱ. 현대소설과 기독교 세계관

을 좇아 살아나가는 것이다. 신정론적 물음은 성육신하여 십자가를 지시고 부활하신 그리스도에게서 완성되지만 그리스도를 받아들이지 못하는 인간에게는 여전히 풀리지 않는 문제로 남아 있다. 신앙의 신비체험 또한 개인이 그것에 반응하는 형태가 다를 뿐 인간의 인식을 초월하는 어떤 현상으로 여전히 존재한다. 그러나 자기애적 신앙에서 비롯된 꿈이나 환상 혹은 마법 같은 일도 "우리가 다 하나님의 아들을 믿는 것과 아는 일에 하나가 되어 온전한 사람을 이루어 그리스도의 장성한 분량이 충만한 데까지"(엡 4:13) 이르도록 성장 변화해 가야 할 필요성이 제기된다. 금화의 믿음과 같은 주관적인 신앙은 열광주의나 신비주의에 빠지기 쉬우므로 공동체적이고 교회적인 객관적 신앙으로 자라가야 할 것이다. 하지만 「벌레 이야기」의 전도자 김 집사의 경우처럼 외형적으로 교리만을 내세우는 신앙의 강조 또한 율법주의로 전락할 수 있음에 주의해야 한다.

　우리는 신앙의 근거에 대해 어떤 가시적인 증거를 요구할 수는 없다. 그것은 신의 말씀이나 약속에 대한 개인의 태도요, 결단에 속하는 문제이지만 신앙의 주관적 측면과 객관적 측면이 서로 긴밀한 조화를 이룰 때 인간의 신앙적 고뇌는 완화될 수 있을 것이다.

☞ 「벌레 이야기」는 자식의 유괴 피살로 고통을 겪는 한 어머니가 기독교 신앙을 수용하려 했으나 신정론적 고뇌에 부딪혀 자살하고 만 경위를 보여준다. 「남경의 그리스도」는 한 경건한 창녀가 믿는 예수 그리스도가 그녀 삶에 일으킨 기적을 보여준다. 두 소설 모두 작가의 종교관을 대변하는 인물을 등장시켜, 신에 대한 인간의 믿음을 어떻게 해석하고 수용할 것인가를 묻고 있다. 「벌레 이야기」의 그녀는 살인범을 용서하기 위해 그를 면회하지만, 용서의 주체가 되어야 할 자신이 빠진 가운데 신의 섭리가 먼저 작용하여 그를 용서했다는 절망감으로 신에게 항거하며 자살을 선택한다. 그래서 서술자 '나'는 아들과 아내의 죽음을 신의 섭리에 희생당한 희생자 개념으로 파악하고 인간을 위한 인간의 신학이 필요함을 역설한다. 반면 「남경의 그리스도」에 등장하는 금화는 자신의 불행한 처지 가운데서도 오직 주관적인 믿음으로 매독을 치료받는 기적을 체험한다. 이러한 비정상적인 신비체험을 전해 들은 일본인 여행자는 금화가 그리스도라고 믿고 있는 그 실제 인물이 누구인가를 알고는 있지만 그 가혹한 현실을 금화에게 알리지 않는다. 금화의 진실을 훼손하지 않는 것이 그녀와 그녀의 신앙을 위한 길이라 판단했기 때문이다. 이처럼 신앙은 신의 말씀이나 약속에 대한 개인의 태도요, 결단에 속하는 문제이기도 하지만 일종의 신비체험을 중시하는 주관적인 신앙에 머물기도 하므로 객관적이고 공동체적인 신앙으로 자라가야 함을 알 수 있다.

벌레 이야기(An Insect Story)

敍述者

母,
苦痛 → 回復 → 絶望 → 自殺

傳道者
信仰 勸誘 → 慰勞 → 容恕 勸誘 → 緘口

子
殺害(死亡)

犯人

제6장

존재의 구원 문제와 은유적 성육신 고찰
- 엔도 슈사쿠의 『깊은 강』을 중심으로

신 인식의 변화(a Change of Perception about God)
갠지스강(the Ganges)
환생(Reincarnation)
존재의 성화(Salvation of Existence)
종교다원주의(Religious Pluralism)
은유적 성육신(Metaphorical Incarnation)

1. 들어가며

『깊은 강(深い河)』은 엔도 슈사쿠(Endo Shusaku, 1923-1996)가 고혈압과 당뇨, 신장병 등의 긴 투병생활 가운데서 마지막으로 완성한 장편소설(1993)이다.(엔도 슈사쿠, 『깊은 강』, 유숙자 역, 민음사, 2007. 이후의 인용은 쪽수만 표기) 이 소설은 작가 초기에 평론을 쓰던 시절부터 평생 동안 그를 사로잡고 있던 문학적 테마, 즉 일본인의 심성에 적합한 기독교에 대한 나름의 해답을 제시하고 있다는 점에서 주목을 요한다. 소설의 큰 줄기는 마음의 상처와 죄의식을 치유하기 위해 인도로 여행을 떠난 다섯 인물이 보여주는 내적 방황과 신 탐구의 모습이다. 이들은 일본의 범신론적 사상과 기독교 및 불교, 힌두교를 넘나드는 종교 경험을 통해 저마다 해결할 수 없는 인생의 고통을 벗어버리고 영혼의 자유와 구원을 얻기에 이른다.

엔도 생전의 모든 기록과 작품들은 그의 개인적 체험과 종교적 고뇌를 반복적으로 표출하고 있다. 그의 소설 쓰기는 인간의 허물과 죄를 용서하는 모성적 사랑의 신을 추적하고 형상화하는 일이었다. 이러한 노력은 말년에 기독교와 힌두교를 습합시켜 종교 간의 경계를 허물고 보편적인 신 혹은 초월적 실재(the Real)에 대한 다원적 이해로 귀결된다. 기독교 신자라고 자처하지만 기독교 교리(creed)에 회의적이었던 그는 『깊은 강』에 이르러 특별한 구원의 문을 열고 있다. 즉 인간 의식을 옥죄고 있는 삶과 죽음, 사랑과 이별, 신성과 외설 등이 인도의 여신들과 갠지스강의 정신적 세례를 통해 일본인의 심성에 적합한 새로운 신적 개념을 탄생시키고 있는 것이다. 엔도의 신 탐구 여정은 기독교의 구원론과는 다른 예수의 사랑을 실현하는 인물, 오쓰의 성육신 사건을 통해 마침표를 찍는다.

엔도는 초기에 구약성서를 통해 죄를 벌하는 엄한 아버지로서의 신 개념을 갖고 있었다. 하지만 징벌의 이미지를 갖는 부성적 신의 이미지는 차차 가쿠레 기리시탄(がくレキリシタン)의 고통을 사랑으로 위무하는 모성적 신의 이미지로 변모되었다. 일본인들의 양심에 큰 상처와 아픔을 준 기독교 박해사건 이후 엔도의 신 인식은 범신론적인 '신들'에서 잉태된 다양한 신적 이미지와 예수의 속성을 매개로 한 모성적 '신'으로 변모되었다. 순교자나 배교자의 고통을 품어주고 용서하는 한 분 어머니 같은 동반자로서의 예수상이 그것이다. 역사 속 예수의 삶에 대한 흠모와 존경은 그로 하여금 예수를 그리스도가 아닌 성인으로 파악하게 했다. 하지만 엔도는 인

☞☞ 가쿠레 기리시탄은 1600년대 초기, 에도막부 시대에 숨어서 신앙생활을 하던, 숨은 가톨릭 신자(隱れ切支丹)들을 일컫는 용어이다. 신앙생활과 포교활동을 금지한 막부의 박해와 배교정책 때문에 순교하거나 배교의 고통을 당한 그리스도교 신자들의 아픔을 담고 있다.

II. 현대소설과 기독교 세계관

도 여행을 통해 신적 실재에 대한 새로운 인식을 하게 되었다. 『깊은 강』에서는 갠지스강을 초월적 사랑의 실재, 즉 기독교의 부활 개념과 불교의 전생 개념을 포용한 신적 실재로 보았다. 그 신적 실재에 귀의하기 위한 방법으로 그가 구현한 예수 이미지는 사랑과 희생의 제물로 성육하는 인물 오쓰로 형상화되었다.

필자가 주목한 대표적 선행연구로는, 엔도 슈사쿠의 창작방법에 나타난 신학적 의도와 신학 방법과 형태에 대한 후루하시 마사나오(古橋 昌尙)의 논문이 있다. 그는 토마스 아퀴나스의 『신학대전』에서 차용한 믿음의 세 단계를 엔도 소설에 나타난 주인공의 신앙의 인지적 발전 단계로 파악했다. 다른 한편으로 이영화는 『깊은 강』을 종교의 경계 허물기뿐만 아니라 종교 너머까지 사유할 수 있게 하는 작품이라고 평가하였다. 자신의 종교를 맹목적으로 신앙하는 것이 아니라 그에 대한 깊은 사색을 통해 문학적 상상력과 신학적 사유의 만남의 장이 어떻게 펼쳐지고 있는가를 탐구함으로써 종교의 틀을 깬 작품이라고 보았다.

문학과 종교와의 관계 맥락에서 이 소설이 제기하는 문제는 크게 두 가지이다. 하나는 인간의 죄의식이 어떤 과정으로 해탈 혹은 구원에 이를 수 있는가 하는 문제이고 또 하나는 주인공의 실천적 신앙 행위가 과연 엔도 자신의 신앙의 출발점이었던 기독교의 성화와 구원에 해당하는가 하는 문제가 그것이다. 필자는 예수의 자기희생적인 사랑을 본받아 죽음을 맞는 인물 오쓰를 통해 왜 작가는 갠지스강과 힌두교도들의 성지인 바라나시(Varanasi)에서 그의 종교적 고뇌에 대한 궁극적인 답을 얻게 되었을까를 살피고자 한다. 아울러 엔도가 풀려고 노력했던 역사 속 예수의 성육신 사건이 어떻게 오쓰를 통해 구현되고 있는가를 추적해 볼 것이다. 일본문학사에서 서구 기독교 신앙의 수용 갈등이라는 큰 주제를 다루어 온 아쿠타가와 류노스케와 호리 다쓰오의 뒤를 잇는 엔도 슈사쿠의 신앙 궤적은 이 소설로써 종지부를 찍을 수 있었다는 점에서 그 의의가 크다 하겠다.

2. 존재의 심연에서 경험하는 신 인식의 전환

인간은 존재의 도덕적 변화나 삶에서의 구원과 해방을 얻기 위해 신을 찾는다. 『깊은 강』의 등장인물들은 모두 존재의 어두운 심연에서 우러나오는 삶에 대한 공허함과 죽음에 대한 두려움을 갖고 있다.

미쓰코(美津子)는 대학 시절에 오쓰가 탐구하는 신을 무너뜨리고 싶다는 충동적인 욕망으로 그에게 접근했다. 쿠르돌 하임에서 보았던 십자가에 달려 있던 무력한 사나이를 오쓰가 버리도록 유혹했고, 그가 굴복하자 쾌감을 느꼈다. 그녀는 내면의 어두운 감정을 허영으로 포장하고 삶에 대한 무료함에 시달리고 있었다. 결혼도 자신과 상대를 속이는 행위였고 신혼여행지에서도 알 수 없는 공허함 때문에 그곳 수도원에 머물고 있는 오쓰를 찾아갔다. 미쓰코는 무신론자이지만 오쓰를 통해 점차 신이라는 존재에 궁금증을 갖게 되고 영혼의 갈증을 해소하려고 한다.

이소베(磯辺)는 아내가 암으로 죽자 아내에게 사랑을 베풀지 못한 자신을 후회하고 있는 인물이다. 그는 영혼의 환생 문제를 탐구하고 있었는데 아내는 죽기 전에 환생에 대한 희망을 유언으로 남겼다.

> "나…… 반드시…… 다시 태어날 거니까, 이 세상 어딘가에. 찾아요……
> 날 찾아요…… 약속해요, 약속해요."(25)

이러한 유언 때문에 이소베는 인도 오지 마을을 찾아가 아내가 환생한 것으로 추정되는 소녀를 찾는다.

또 다른 인물 기구치(木口)는 미얀마 전투에서 패잔병으로 쫓기면서 전우 쓰카다(塚田) 덕분에 구사일생으로 살아남은 자이다. 그에게는 전쟁이라는 폭력과 죽음의 공포에서 비롯된 야만적 행위가 고통스러운 죄의식으로 남아 있었다. 병상에 있는 동화작가 누마다(沼田)는 새에게 말을 걺으로써 외로움과 죽음에 대한 두려움을 극복하고자 애쓰는 인물이다. 그가 사경을 헤매는 수술을 받고 나오자 병실을 지키던 구관조가 죽어 있었다. 그는 구관조가 자신을 대신해서 죽은 것이라 생각하고 목숨을 빚진 자 같은 미안함과 죄의식을 느낀다.

이들에게 인도는 일본의 문화와 종교와는 전혀 다른 별세계(別世界)였다. 그들은 다른 나라에서는 나지 않는 인간의 냄새를 인도에서 알게 되고 온갖 양태가 공존하는 그곳에서 가치관의 전도를 겪는다. 우선 미쓰코의 변화를 살펴보자.

그녀는 어둡고 음습한 바가바티 사원 지하에서 자신의 내면에 도사린 어둠을 응시할 수 있게 된다. 자비와 흉포함이 공존하는 칼리 여신이 지닌 선과 악의 이중성이 곧 자신의 양면성임을 발견한다. 그것은 내시경으로 마음 깊숙한 곳을 들여다보는 것 같은 불안과 쾌감이었다. 또한 희생과 사랑의 상징인 차문다 여신의 모습을 통해 오쓰가 일러준 조건 없는 사랑에 대해서도 눈을 뜬다. 차문다 여신이 병들고 말라비틀어진 모습으로 아이에게 젖을 먹이고 있는 모습은 고통의 상징인 동시에 그 고통을 끌어안는 거대한 사랑의 상징이었다. 이는 오쓰가 헌신하는 그 마른 사내의 모습(사.53:9)과 병치되어 미쓰코의 신 인식을 새롭게 변화시킨다.

한편 이소베는 아내의 환생을 찾아 헤매다가 택시 운전수와 점쟁이에게 속고 있다는 사실을 깨닫는다. 하지만 그런 혼란 속에서도 알 수 없는 평안을 맛본다. 그것은 환생에 대한 이소베 자신의 탐구 의지를 무화시키는 편이었다. 인도인들이 거룩한 곳으로 여기고 죽기 위해 찾아오는 성소 바라나시를 찾아가는 몇 시간 동안 그는 무명의 어둠을 통과하며 삶과 죽음의 경계가 사라지고 그 둘이 한데 섞인 듯한 느낌을 받는다. 인도인들에게 갠지스강은 죽은 자의 고향에 해당했다. 거기서는 문명이 만들어낸 청결과 불결이라는 감각이 근본적으로 부정되고 모든 게 뒤섞여 하나로 흘러간다. 마침내 그는 인생에는 합리적으로 이해할 수 없는 것들이 많이 남아 있음을 받아들이고 죽음과 삶이 끝없는 재생으로 이어지고 있다는 인식에 이른다.

인간관계에서 타인과의 소통에 어려움을 겪던 누마다는 인도 여행에서 소와 양 떼 등의 가축이 인간과 삶의 터전을 공유하며 어울려 사는 모습을 목격한다. 그는 어릴 때 기르던 강아지, 병실에서 고독을 함께 나누던 코뿔소 새, 자신의 죽음을 대신해 준 구관조 들을 통해 인간과 동물이 교감할 수 있음을 경험해 왔다. 이러한 생명의 하나 됨 의식은 지구상에 존재하는 동식물들을 인간 삶에서 경계 지을 수 없다는 것과 죽음 건너에도 새로운 삶이 존재할 것이라는 확신을 준다. 그는 야생 구관조를 사서 방생하는 의식을 치름으로써 아끼던 새의 죽음에 대한 죄의식을 청산하고 자유를 얻는다. 인간이 진심으로 이야기를 나누는 대상을 신이라 여긴다는 점에서 누마다는 만유재신론자에 가깝다.

기구치는 전쟁터에서 죽어가는 자신을 살리려고 애쓴 전우 스카다에게 미안해하면서도 원망하는 마음을 갖고 있었다. 전장의 굶주림 속에서 인육을 먹은 스카다는 죽은 전우의 미망인과 어린 아들을 만난 이후 양심의 가책을 느끼면서 여생을 술로 산다. 하지만 기구치는 인도여행을 통해 선과 악은 따로 존재하는 것이 아니라 서로 등을 맞대고 있다는 '善惡不二 (One without a second, advaya)'의 인식을 갖게 된다. 바가바티 사원의 지하실에서 그는 사람의 땀 냄새와 덥고 습한 공기, 고통에 찬 여신들이 새겨진 모습에서 미얀마 전장의 병사들 모습을 떠올린다. 인도에서는 창조의 신 브라흐마와 파괴의 신 시바가 함께 숭배를 받듯이 그는 신들의 고통스러운 모습과 추악함, 참혹함 역시 인간의 모습과 동일함을 발견하고 선악에 대한 판단을 벗어날 수 있었다. 불가항력적인 상황에서 인간이 저지른 죄악이 어떻게 용서받을 수 있는가를 고민하던 그는 살아남은 자의 죄의식을 갠지스강을 통해서 씻음 받는다.

이와 같이 그들은 갠지스강을 통해 삶과 죽음, 그 너머가 공존하는 초월적 지평으로 그들의 종교 경험을 확장시킨다. 엔도가 평생 고뇌한 근원적 실재에 대한 탐구는 참된 실재인 브라만과 인간의 참 자아인 아트만이 만나는 범아일체 사상으로 구현된다. 죽음과 악을 초월하고 인간 자신은 우주의 작은 일부분에 불과하다는 힌두교적 우주관을 받아들임으로써 그들은 과거의 죄의식을 벗어버리고 영혼의 자유와 평안을 맛보게 된다.

3. 그리스도 밖에서 구원을 향한 신 인식의 전환

『깊은 강』의 주인공 오쓰(大津)는 예수를 인생의 구원자로 받아들이려고 노력했지만 서구의 신학논리에 위화감을 느끼고 기독교를 체화할 수 없어서 갈등한다. 미쓰코를 처음 만났을 때 그는 신의 존재를 알지 못하는 그녀에게서 도전적인 질문을 받았다. 그때 오쓰는 솔직하게 자신의 신앙에 대한 회의(credere Deo)를 드러냈다.

> "당신 그거 본심이에요?"
> "미안합니다." 뜻밖에도 오쓰는 "믿는 건지 안 믿는 건지 별로 자신이 없습니다."라고 말했다.
> "자신이 없으면서, 무릎은 잘도 꿇는군요."
> "오랜 습관 탓인지 타성인지, 우리 집안은 다들 그렇고, 돌아가신 어머니께서 독실한 신자였기 때문에, 어머니에 대한 집착이 남아 있는 건지도…… 제대로 설명이 안 됩니다."
> "타성이라면 그런 거 당장 내다 버려요."
> "……" (59)

그 후 오쓰는 미쓰코의 유혹을 받아들였고 잠시 자신의 신앙을 버린다. 하지만 그녀에게 농락당한 것을 알고 다시 신을 찾게 되면서 그는 신학원에 입학해 수도원 생활을 한다. 이후 미쓰코가 오쓰를 다시 만났을 때, 그는 신에 대해 다음과 같이 말한다.

> "난 들었습니다. 나루세 씨에게 버림받고, 너덜너덜해져…… 갈 곳도 없이 어떡하면 좋을지 알 수가 없어, 다시 그 쿠르톨 하임에 들어가 무릎 꿇고 있는 사이, 나는 들었습니다. […] 오라 하는 목소리를요. 오라, 나는 너와 다름없이 버림받았도다. 그러니 나만은 결코 너를 버리지 않겠노라, 하는 목소리를." (92)

이러한 설정은 『침묵』에서 로드리고 신부를 향한 예수의 음성과 동일한 것인데 엔도는 미쓰코에게서 버림받은 오쓰를 통해 신은 언제나 인간의 죄와 허물을 용서하고 위로하는 어머니 같은 존재임을 역설하고 있다. 오쓰의 신앙이 자의에 의한 신앙(credere Deum)으로 변모하게 되었음을 알 수 있는 대목이다. 이후 세 번째로 미쓰코를 만났을 때, 그는 온갖 시련 속에서도 자신이 예수의 흔적을 좇아 사랑을 실천하는 사제임을 확언한다. 힌두교도들의 포용적인 자세와 갠지스강의 자비로운 모성적 힘에 이끌려 그는 평화를 얻고 어떠한 형태의 종교적 논쟁이나 고뇌도 극복한 상태였다. 그는 수도원에서 이단자로 취급받아 쫓겨났지만 아슈람(힌두교도 수도원)에서의 생활을 통해 진리의 상대성과 범신론적 사고를 받아들인 후, 종교의 다양성을 인정하고 그것들은 모두 같은 지점으로 모이고 통한다는 생각을 갖게 된다. 그의 믿음의 성격이 종교다원주의적 관점으로 변모한 것이다. 오쓰는 인도인들의 영적 귀의처인 갠지스강까지, 죽어가는 사람들을 업어 나르는 일을 하며 예수의 삶을 실천한다. 그리스도가 이곳에 있었다면 그분 역시 버려진 이들을 모른 체하지 않고 기꺼이 그의 등에 짊어졌으리라는 확신 때문이었다.

> "신이란 당신들처럼 인간 밖에 있어 우러러보는 게 아니라고 생각합니다. 그것은 인간 안에 있으며, 인간을 감싸고 수목을 감싸고 화초도 감싸는 저 거대한 생명입니다." (177)

오쓰는 신은 초월적으로 군림하는 동경의 대상이 아니라 인간들 곁에 하강해서 생명을 감싸는 실재라고 생각한다. 이러한 실재 중심의 다원주의적 신 이해는 신은 이제 어떠한 이름으로 불러도 상관없는 존재로서 유럽의 기독교뿐만 아니라 힌두교 안에도, 불교 안에도 환생해 있다는 생각으로 이어진다. 미쓰코에게서 버림받았을 때 오쓰는 사람들에게서 버림받아 비참하고 초라해진 성경의 그 사내를 사랑하게 되었다. 그는 이것이 신앙이 아니라 신뢰라고 말한다. 자신의 의지를 넘은 그 신의 손길은 '무한한 부드러움과 사랑 덩어리'였다. 그는 나중에 일본에 가면 일본인들의 마음에 맞는 기독교를 생각해 보고 싶다고 말하는데 이는 엔도 자신의 심중이 투영된 것으로 보인다. 오쓰는 젊은 일본인 관광객을 대신해 인도인들에게서 오해를 받고 돌팔매질과 주먹질에 쓰러지면서도 다음과 같이 생각한다.

> 당신은 등에 사람들의 슬픔을 짊어지고, 죽음의 언덕까지 올랐습니다. 나는 지금 그 흉내를 내고 있습니다. (291)

위 대목은 예수가 십자가를 지고 골고다 언덕을 오르며 뭇사람들의 조롱과 원망을 받을 때의 장면과 흡사하다. 오쓰는 목숨이 위태로울 지경으로 오해받고 죽임을 당하는 처지에서도 그것을 사랑으로 감싸고 용서하는 어머니 되시는 신의 품성을 구현하고 있었다. 신적 실재를 향한 사랑으로 오쓰는 자신의 신앙 원형(archetype)에 해당하는 예수의 헌신을 선택한 것이고 신의 부름에 대한 응답으로서 종교적 혹은 문화적 상황들과 결부된 방식으로 신적 현현을 이룰 수 있는 단계에까지 도달한 것이다.

한편 미쓰코는 '신'이라는 실체에 거부반응을 보였다. 하지만 오쓰는 그녀에게 그 존재의 이름을 토마토나 양파라고 불러도 좋다고 말한다. 그녀의 내면에 도사린 어둠이나 악한 생각은 초월적 가치를 추구하고픈 인간 본성에 기인한 것이자 인간의 죄조차도 구원을 위해 활용하는 신의 뜻에 해당했다. 오쓰를 통해 삶의 공허함을 채울 수 있는 신적 실재에 눈을 뜬 미쓰코는 문둥병에 문드러지고 독사에 휘감긴 차문다 여신의 모습이 곧 현세의 괴로움에 허덕이는 동양의 어머니임을 깨닫는다. 그 모습은 고상하고 품위 있는 유럽의 성모와는 전혀 다른 모습이었다. 그녀는 고난의 삶을 사는 오쓰의 모습에서 차문다 여신의 모습이 겹쳐지는 것을 느낀다. 또한 오쓰의 초라한 모습이 그 '양파'의 환영과 겹치는 것을 느낀다. 그것은 아름답지도 않고 위엄도 없으며 사람에게 업신여김을 받아 버린 바 된, 우리의 병고와 슬픔을 떠맡은 'X'라는 그 사람의 이미지였다. 미쓰코는 자신도 그 'X'를 원하고 있으며 자신을 채워줄 게 틀림없는 그 'X'와의 만남을 실현하고자 한다.

4. 재생의 강을 통한 종교 체험과 종교다원주의로의 귀착

4.1. 다원주의적 실재로서의 어머니 갠지스강

『깊은 강』의 인물들은 저마다 전갈에 찔리고 코브라에게 물린 차문다 여신과 같은 과거를 지니고 있었다. 그들은 차안과 피안이 무화되는 갠지스강의 신비를 통해 영혼이 치유되는 구원을 얻는다. 이때 갠지스강은 삶과 죽음이 연결되는 통로 역할을 한다.

아내의 유언을 따라 환생에 대한 기대를 갖고 오지 마을을 누비는 이소베, 미얀마 정글에서의 처참한 퇴각을 떠올리는 기구치, 야생 구관조를 찾는 누마다, 오쓰를 찾는 미쓰코 역시 과거의 환영을 좇아 그들 내면의 고통에 답하고자 했다. 하지만 그들은 갠지스강에 이르러 다른 차원의 영역으로 발을 들여놓는다. 미쓰코가 사리로 옷을 바꿔 입고 갠지스강에 몸을 담글 때, 그녀는 사람들이 저마다의 아픔을 짊어지고 깊은 강에서 기도하고 있는 모습을 보고 숙연해진다. 한쪽에서는 시신의 재를 삽으로 뿌리고 있고 한쪽에서는 그 물을 입에 머금고 손을 씻고 합장한다. 삶과 죽음이 공존하는 현장에서 미쓰코는 그 사람들을 보듬는 강의 존재는 인간의 깊은 슬픔의 강을 위무하는 거대하고 영원한 실재임을 느낀다. 갠지스강에서의 목욕은 정화와 세례의 경험인 동시에 윤회 환생으로부터의 해탈을 기원하는 행위이기도 했다. 미쓰코는 이제 허영을 벗어던지고 참된 자아이자 우주의 실재인 브라만에 도달하기 위해 자아 밖의 세계에 귀를 기울일 수 있게 되었다. 이러한 종교 경험은 지난날 사랑의 흉내 짓과 같은 자기중심적인 삶에서 벗어나 실재 중심(the Real-centered)적인 삶으로의 변화를 추구하게 한다. 그 '양파'는 까마득한 옛날에 죽었지만 그가 다른 인간 안에 환생했다고 생각한다. 여기서 "환생(転生)"(292)이란 단어는 마음속에 살아서 끊임없이 자신의 영혼을 움직이는 동력 같은 것을 의미한다. 즉 뒤따르는 이들에 의해 삶이 기억되는 것을 의미하며, 이로 인해 인생의 가치를 발견할 수 있다는 뜻으로 쓰인다. 미쓰코는 오쓰가 말한 그 '양파'가 거룩한 봉사를 하는 수녀들 안에도 환생해 있고 오쓰 안에도 환생해 있다고 짐작한다. 이러한 환생들이 인간의 강 속으로 흘러 들어가는 것이 곧『깊은 강』의 메타적 주제가 될 수 있다. 불교에서의 환생은 영혼이 육을 입고 다시 태어난다는 삶과 죽음의 윤회를 의미한다. 엔도가 쓰는 '부활'의 의미는 기독교에서의 부활을 의미하는 것이 아니라 죽은 자의 힘이 타인에게 작용하는 것을 뜻하는 것으로 환생과 같은 의미로 혼용되고 있다.

강은 죽음과 탄생의 의미도 내포한다. 죽은 육신이 갠지스강에 담김으로써 더 나은 다음 생을 받아 태어날 수 있다는 믿음은 죽음이 주는 상실감을 위로하고 치유하는 역할을 한다. 특히 이소베는 갠지스강에서 아내의 이름을 부르면서 수많은 죽음을 떠안은 강이 그것을 다음 세상으로 실어가고 있음을 본다. 죽음을 포함한 탄생으로서의 물의 재생성은 이소베를 정화시키고 죽음은 완전한 끝이 아님을 깨닫게 한다. 이러한 전환된 인식은 주관적인 종교 체험이지만 궁극적인 신적 실재에 대한 다양한 이해 중 하나라고 볼 수 있다. 누마다가 느끼는 죽음에 대한 공포 역시 갠지스강에서 해소된다. 하나인 듯 섞여 흐르는 그 강은 죽음이라는 과정을 초연하게 받아들일 수 있게 한다. 기구치 또한 강 건너편 숲으로 야생 구관조를 날려 보내는 행위를 통해 죽음을 생명으로 연계시킨다. 그들은 거기서 삶과 죽음이 함께 흘러가는 제의를 경험했고 죽음이 자연의 일부라는 것을 받아들였으며 삶과 죽음의 경계를 허물 수 있었다. 청결과 부정, 성스러움과 속됨, 선악 간의 이분법적 사고도 무화되는 경험을 했다. 혼돈과 모순을 포용해 주는 갠지스강은 어머니였고 어머니 되시는 신의 이미지로 오버랩되며 모든 종교 간의 벽이 허물어지는 모습으로 다가왔다. 거기에는 서양의 기독교가 주는 이질감과 거리감, 절대성과는 거리가 먼 초월적인 하강이 자리 잡고 있었다.

또한 강은 영원이자 역사이며 무의식의 표상이기도 하다. 강에는 시간이 존재하지 않는다. 강물은 어디서나 동시에 존재하며 오직 현재밖에 없다. 과거도 미래도 그림자도 없다. 엔도는 혼돈을 포용하는 강의 이미지를 통해 자신이 추구해 오던 일본적 영성과 서구 기독교의 만남 혹은 서구적 기독교의 일본적 변용이라는 과제를 심화시킬 수 있었다. 『침묵』을 쓰고 난 이후 엔도에게 일어난 종교적 사유의 변화는 『깊은 강』에 이르러 어머니 신에 대한 보다 웅숭깊은 이해를 드러내고 있는 셈이다. 그가 도달한 신 인식의 궁극적 탐구는 하향적 초월의 표상인 강이라는 실재를 얻기 위해 인간 심연의 무의식에까지 깊이 가라앉아야 하는 것이었다.

강은 어머니로서의 존재이자 여성 이미지를 갖고 있다. 『깊은 강』 서문에는 흑인영가인 〈Deep river〉가 에피그램으로 등장하는데 엔도의 종교다원주의적인 시각을 엿볼 수 있게 한다. 마리안 앤더슨이 불러 더 유명해진이 노래에는 깊은 강을 건너 저 그리운 곳으로 가고 싶다는 믿음의 기원이나온다. 흑인 노예들이 목화를 따며 바라본 미시시피강 저 너머란 기독교에서는 요단강 너머를 뜻한다. 약속의 땅, 영원한 고향인 천국을 은유한 것이다. 강 건너 그곳은 노예라는 천대와 억압을 벗어날 수 있는 자유의 고향 혹은 피안이다. 유대인들이 꿈꾸는 요단강과 흑인들이 꿈꾸는 미시시피강의 중첩된 이미지는 『깊은 강』에서 갠지스강으로 이어진다. 인도인들에게 성스러운 갠지스강은 인간과 동물의 죽음을 받아들이고 감싸 안는신적 실재이다. 갠지스강은 어머니 갠지스로, 엔도 슈사쿠가 추구해 온 모성적 신의 존재라는 이미지와 중첩된다.

☞☞ 흑인영가의 가사는 다음과 같다.
"깊은 강./ 나의 집은 요단 강 저편에 있네./ 깊은 강./ 오 주여./ 나는 강을 건너 저 그리운 땅으로 가고 싶네" 엔도는 여기서 "나의 집은 요단 강 저편에 있네"를 빼는 대신에 "깊은 강, 신이여, 나는 강을 건너, 집회의 땅으로 가고 싶어라"로 바꾸어 제시하고 있다.

아울러 『깊은 강』에는 어머니로서의 존재들이 죽음의 이미지와 연결되어 있음을 알 수 있다. 이소베의 아내는 그에게 어머니와 같은 헌신적인

Ⅱ. 현대소설과 기독교 세계관

☞☞ 갠지스강은 이승과 저승을 연결하는 매개물로서 일본인들의 종교의식 속에 있는. 사람이 죽어서 저승으로 가는 도중에 있다는 삼도천(三途川)과 같은 의미를 준다. 엔도는 마리아 관음상(觀音像)을 어머니 신으로 보기도 했다(나가하마 타쿠마, 32).

존재였지만 암으로 죽는다. 미쓰코에게 깊은 감명을 준 차문다 여신은 묘지에서 살고 있다. 어머니로서의 갠지스강은 인간의 죽음을 감싸 안고 다음 세상으로 운반한다. 인도의 어머니였던 인디라 간디 수상 또한 종교적 관용을 베풀다가 암살당했다. 마더 테레사는 '죽음을 기다리는 사람들의 집'을 만들었다. 이와 같이 엔도의 신앙 중심에는 항상 어머니로서의 존재가 자리 잡고 있어서 그의 오랜 과제였던 일본인의 심성에 맞는 기독교는 어머니 신의 속성으로 나타나고 있음을 재확인할 수 있다. 갠지스강은 엔도 슈사쿠가 찾아 헤매던 모성적 사랑의 신의 모습과 동일하게 그려짐으로써 엔도가 말년에 추구한 신적 실재는 곧 갠지스강이라고 할 수 있겠다.

4.2. 구원과 성화로서의 은유적 성육신

기독교를 상향적 초월을 꿈꾸는 종교라고 한다면 힌두교 사상은 혼돈과 무질서를 잠재우는 하향적 초월의 면모를 보여준다. 칼리 여신의 숭배자였던 라마크리슈나(Sri Ramakrishna)는 수많은 종교체험을 통하여 여러 종교가 궁극적으로 하나임을 깨달았으며 심지어 마호메트와 예수의 환상까지도 보았다고 한다. 그는 브라만은 유형, 무형 모두로 존재하며 이 하나의 실재가 시대나 환경, 민족 등에 알맞은 형식과 가르침을 통해 스스로를 다양하게 현현시킨다고 했다. 그러므로 모든 종교는 하나의 진리에 대한 다양한 표현이며 결국 동일한 목표에 이르는 여러 방법일 뿐이다. 힌두교는 모든 종교가 하나로 귀일한다고 보는 보편주의 종교관이자 종교다원주의 관점을 지닌다. 다양한 종교현상들 그 자체는 궁극적인 진리가 아니라 그 진리에 이르는 여러 상이한 길들이다. 믿음은 종교의 외적 형태가 아니라 궁극적인 사랑의 화신으로 인간을 변화시킨다는 점에서 모든 종교는 전통이나 교리의 차이를 떠나 추구하는 바가 동일하다는 것이 종교다원주의의 관점이다.

엔도의 힌두교에 대한 경도는 마하트마 간디의 어록집을 오쓰가 암기하는 대목에서도 드러난다. 간디 어록에 의하면, 모든 종교는 똑같은 신에게서 비롯되었지만 그것이 불완전한 인간에 의해 전해져 왔기 때문에 불완전성을 띠고 있다고 했다. 종교는 모두 동일한 지점에 모이고 통하는 다양한 길인 것인데 만일 도달하는 목적지가 같다면, 우리가 제각기 상이한 길을 더듬어간다 해도 별 상관이 없지 않느냐고 말한다. 엔도는 간디나 예수를 신적 영감이 충만한 위대한 성자로 파악하고 있는데 오쓰는 "예수에게 붙잡혔"(287)기 때문에 사랑을 보여준 '양파'의 일생에 대한 신뢰로서 그의 가르침을 따르고자 했다.

오쓰는 태어난 나라의 문화나 전통이나 각자의 환경에 의해 제각기 믿고 싶은 신을 선택할 수 있으며 개종도 가능하다고 생각한다. 신 혹은 실재란 인간보다 더 높고 그 무엇인가에로 마음을 열어놓을 수 있는 존재에 해당했다.

> "신은 다양한 얼굴을 갖고 계십니다. 유럽의 교회나 채플뿐만 아니라, 유대교도에게도 불교도에게도 힌두교도에게도 신은 계신다고 생각합니다.[…] 신은 여러 개의 얼굴을 갖고 계시며 각각의 종교에도 숨어 계신다고 생각하는 편이 진정한 대화라고 생각합니다."(182-84)

Ⅱ. 현대소설과 기독교 세계관

이와 같이 오쓰의 신 인식은 범신론적이고 다원주의적이다. 그는 자신이 예수의 사제라고 말하지만 그의 생활과 사고는 힌두교의 포용정신과 다양한 신적 대상을 추구하고 있었다. 그는 그리스도를 배제한 채 예수의 십자가를 이해한 것이다. 종교를 갖지 않았던 이소베의 경우, 신이나 부처가 존재한다면 아내를 살려달라고 호소했다. 이소베의 아내는 늙은 은행나무와 대화를 주고받거나 현실의 일을 꿈으로 보는 일종의 예지몽 같은 드림 텔레파시(dream telepathy)를 갖고 있었다. 또 몸에서 의식이 빠져나가 침대에 누워 있는 자신의 송장을 보는 임종체험도 했다. 이소베와 그의 질녀는 전생(life before life)이나 뉴사이언스에 대한 관심이 지대했다. 동식물과 대화하면서 구원을 얻을 수 있다는 누마다, 법요를 통해 죽은 자를 위로하는 기구치도 다양한 종교가 공존 혼재하는 인도에서 각각의 방식대로 구원의 경험을 얻는다. 부드러움과 엄격함을 동시에 지닌 지모신, 선악과 잔혹함과 사랑이 혼재된 여신들의 모습을 통해 사랑은 고통이 그 본질임을 깨닫는 미쓰코 역시 종교를 상대적 관점으로 이해하는 엔도의 다원주의적 성향을 보여준다. 엔도는 인간의 종교경험은 다양한 형태로 주어진다는 것과 어느 한 특정한 종교의 경험만이 궁극적 실재와 접하고 다른 종교들은 그렇지 못하다고 말할 수 없다는 것을 등장인물을 통해 보여주고 있다.

소설 속 오쓰의 고뇌는 엔도 자신의 고뇌이고 오쓰의 신 인식에 대한 변화 역시 엔도의 신 인식의 변화에 해당한다. 엔도 슈사쿠는 거룩한 마리아와 고통에 찬 차문다 여신의 이미지는 본질적으로 다르지 않으며 신은 인간에게 궁극적으로 사랑의 완성을 강조하고 있다고 보았다. 신은 사랑 그 자체로서 모든 것을 용서하는 분이자 오쓰가 흠모하는 예수의 삶을 모성적 사랑으로 완성시키는 분이었다. 등에 십자가를 지고 죽음의 언덕을 오르는 예수의 모습은 인도인들의 돌팔매질을 대신 당해서 사경을 헤매는 오쓰의 모습이자 고통과 희생의 여신 차문다의 모습이기도 하다. 오쓰는 스데반의 순교행위(행 7:54-60)와 같이 죽음으로써 구원을 얻게 되는데 이때의 구원이란 종교다원주의 시각으로 말하자면 신적 현존에 개방하고 응답한 인간으로서 궁극적인 사랑의 모습으로 성육한(incarnated) 것이 된다.

엔도는 자신이 추구하는 신적 실재에 대한 이론적 근거를 종교다원주의에서 찾았고 존 힉(John Hick)을 통해 성육신에 대한 새로운 이해에 도달하게 되었다. 힉은 종교인이 가지는 앎이란 그의 종교적 신념 안에서 자기 스스로와 자신의 모든 환경을 궁극의 어떤 의미에 관련시키는 해석 행위로 보았다. 이러한 그의 종교적 신념은 힌두교 전통의 지바(jiva), 즉 영혼이 반복적으로 육신을 입는 것과 비견될 수 있다고 했다. 그래서 모든 다른 종교의 신적 인물들과 인류 역사의 많은 성자들도 다양한 방식으로 성육신하여 신적 실재에 반응하는 삶을 살고 있다고 보았다.

성육신 사건을 하나의 상징이나 상대적 관점으로 해석할 경우 은유적 성육신(metaphorical incarnation) 개념이 탄생한다. 예수를 신적 영감이 충만한 위대한 예언자로 본다면 하나님이 인간으로 성육신한 것이 아니라 하나님의 사랑이 성육신한 것이며 예수는 하나님의 사랑을 우리에게 충만하게 전한 모범적 인물로서 성육신한 것이다. 참된 예언자들과 구루들은 그들이 구현한 도전적 진리를 거부하는 다른 신념체계를 가진 이들에 의해 순교를 당할 경우, 그들은 진리의 가르침을 몸소 구현하고 몸으로 살다가 성육한 것으로 해석한다. 엔도는 1984년 간디가 암살당한 사건을 소설의 시간적 배경으로 다루면서 간디가 종교적이며 인종적인 편견을 가진 광신도에 의해 죽임을 당한 사건은 다원주의적 관점에서 보자면 사랑과 정의

☞☞ 문화적·환경적 차이에 따른 신의 다양한 모습들을 은유로 이해하는 다원주의 신학은 예수의 성육신 또한 은유적으로 받아들여, 예수가 삶을 통해 보여주었던 사랑의 이미지를 강하게 부각시킨다. 신의 성육 (incarnation)의 경우, 그 본래 개념은 문자적 의미를 갖고 있지 않으므로 은유로 봐야 한다는 것이 존 힉의 관점이다. 힉의 기독론은 지상에서 하나님의 목적들을 수행하는 그리스도의 헌신적인 종들이 되는 것을 그리스도의 성육이 되는 것, 또는 하나님 아버지와 한 실체가 되는 것이라고 말한다. 예컨대 잔다르크, 조지 워싱턴, 윈스턴 처칠, 간디 같은 인물의 성격과 역사적 역할을 전달할 때 그들의 행위는 효과적인 은유가 된다. 힉의 논리대로 하자면 역사상 성인들은 각 시대 상황적 맥락 속에서 구원자로 간주되고 존경받는다. 각각의 성육이란 각각의 신적인 말씀으로 경험된다. 그래서 하나님 말씀의 성육들인 각각의 다른 이름들의 성육이 무수히 존재할 수 있게 되는 것이다. 이러한 다원적 성육신의 개념으로 보자면 예수의 죽음은 도덕적 특성들을 담지한 성육신으로서 신적 사랑을 반영하는 '사랑'을 성육하였다고 할 수 있다.

의 보편적 요구를 가르쳐 온 간디가 성육한 것으로 이해할 수 있음을 내비치었다. 만일 우리가 예수의 사랑을 이어받아 살면 우리들 안에 예수가 거한다는 것, 이것이 예수 부활의 표상이라는 논리이다. 그래서 성육신 사건은 보편적으로 반복될 수 있고 다원적으로 얼마든지 발생할 수 있다. 이는 힌두교나 동방정교 또는 아시아 제 종교에서 문화적 성육신의 개념으로 확장되고 있다.

　은유기독론 측면에서 예수는 인간의 삶을 살면서 신의 은총에 전적으로 호응하여 신의 의지를 행사하며 살았던 존재의 언표이다. 위대한 종교 인물들은 각기 다른 그들의 방식으로 신적 실재에 응답하면서 인간 삶의 이상을 '성육하였다.' 특히 오쓰는 항상 하나님을 의식하고 하나님과 대화하면서 하나님의 현존에 응답하며 산 인간이라는 점에서 그의 죽음은 은유적 성육신으로 치환된다. 그가 자발적으로 선택한 죽음의 방식은 도덕적 힘을 넘은 한 거룩한 희생이 언어를 초월하는 방식으로 인간에게 도전하고 인간을 고취하게끔 하는 상징이다. 그래서 오쓰는 인간의 삶이라는 깊은 강에 띄워진 사랑의 등불이자 인간 성화의 표본이요 구원의 나팔수로 떠오를 수 있다. 즉 하나님의 방식으로 이 세상을 살도록 지시하는 예수의 비유인 동시에 구체적인 현현이라고 볼 수 있게 한다.

엔도가 자신의 묘지에 함께 묻어달라고 했던 책은 『침묵』과 『깊은 강』 두 권이었다. 그만큼 엔도는 이 두 소설에 애착을 가졌다는 뜻일 것이다. 기독교 교리에 대한 작가적 상상력은 『침묵』에서는 순교와 배교의 고통을 탄생시켰고 『깊은 강』에서는 환생과 성육이라는 초월적 신비의 문제를 제기하였다. 『침묵』에서 로드리고는 예수를 부인했으나 자신은 여전히 그리스도교 사제라고 주장한다. 『깊은 강』에서의 오쓰는 서구 기독교와는 다른 예수의 사랑을 실천하며 자신은 여전히 가톨릭 사제라는 생각을 부정하지 않는다. 그러나 두 소설의 차이점은 전자는 믿음의 대상이 그리스도였고 후자는 믿음의 대상이 신적 실재 중심이라는 것이다. 엔도는 말년에 모든 종교는 결국 같은 신적 존재, 혹은 초월적인 신적 실재에 대한 인간의 응답이라고 보았다. 그에게 종교는 동일한 실재에 대한 다양한 방식의 응답일 뿐 모든 종교가 구원의 길이었다.

엔도가 평생을 걸쳐 탐구해 온 신앙 여정은 그리스도인들이 박해받던 『침묵』의 나가사키를 거쳐 『깊은 강』의 바라나시에서 끝을 맺게 되었다. 그는 일본의 범신론 풍토 위에 서구 기독교를 자신의 어머니 되시는 신 개념과 연결시키기 위해 실재 중심의 다원주의 방식을 구현했다. 이것이 그가 탐구한 신앙의 귀결점이며 모든 인간은 종교적 · 문화적 형식은 다를지라도 추구하는바, 신 혹은 궁극적 실재를 만나고자 노력하고 있음을 보여주었다. 이 노력을 통해 인간은 이기적인 삶의 방식을 벗어버리고 신적 실재 중심의 삶으로 방향을 전환하고 구원을 얻는다. 이것이 곧 성화이고 이러한 성화를 향한 염원이 갠지스강의 이미지와 혼용되어 인간의 깊은 강을 이루고 있음을 이 소설은 보여준다.

5. 나오며

 지금까지 『깊은 江』의 작가 엔도 슈사쿠는 왜 자신의 신앙을 다원주의 관점으로 전환하게 되었나를 살펴보았다. 서구 기독교의 일본적 변용이라는 과제를 심화시키려 했던 엔도의 어머니 되시는 신에 대한 탐구는 혼돈과 모순을 포용하는 갠지스강을 통해 완성되었다. 『침묵』 이후 작가에게 일어난 종교적 사유의 변화는 『깊은 강』에 이르러 모성적 종교에 대한 보다 다양한 이해를 드러낼 수 있었다고 본다. 그가 도달한 신 인식의 궁극적 탐구는 하향 초월의 표상인 강이라는 실재로서 인간 존재의 심연에 더 아래로 더 깊이 가라앉아야 하는 것이었다. 갠지스강은 인간이 추구하는 종교성의 실재를 표상하는데 삶과 죽음의 공존성과 환생의 신비로 다섯 명의 등장인물에게 구원의 경험을 가져다주었다.

 『깊은 강』은 엔도의 신앙 고뇌와 영적 순례의 마지막 결과물이자 예수의 성육신 사건을 문자로 보지 않고 은유로 해석하여 형상화한 소설이다. 심판의 하나님 대신 사랑의 하나님을 선택하고픈 인간의 자기중심적 시각에 비추어 보자면, 하나님은 사랑 그 자체인데 인간 세상의 고통에 대해 왜 침묵하시는가 하는 의구심과 그렇지만 하나님은 결국에는 모든 인간을 구원할 것이라는 희망의 하나님 개념을 엔도가 혼용한 것이라고 볼 수 있다.

 오쓰는 인간관계에서 따돌림을 받고 배반당하며 살지만 항상 하나님이라는 실재를 탐구하는 인물이었다. 그는 신학도이지만 범신론적 사고방식 때문에 기독교 교리에 순종하지 못하고 수도원에서 쫓겨났다. 힌두교도들의 아슈람에 머물면서 인도인의 생활 방식과 문화를 따랐다. 하지만 그는 예수의 제자로 자처하면서 죽어가는 빈자의 주검을 갠지스 강변까지 업어

나르는 일로써 예수의 삶을 실천했다. 엔도는 오쓰를 버림받은 자의 동반자로 설정하고 버림받음을 통해 오히려 그를 버린 자들의 존재를 성화시킬 수 있는 구원자의 역할을 부여했다.

이를 이루기 위해 기독교와 힌두교를 습합시켜 종교 간의 경계를 허물고 보편적인 신 혹은 초월적 실재에 대한 다원적 이해를 드러냈다. 그는 예수에게서 모성적인 신 개념을 찾았고 이를 범신론의 바탕 위에서 갠지스강을 신적 실재, 즉 어머니 되시는 신으로 자리하게 했다. 누마다에게 신은 만유재신의 의미였다. 미쓰코에게 신은 고통스러운 차문다 여신이 보여주는 희생적 사랑의 대명사였다. 기구치는 법요를 드림으로써 자신의 죄의식을 해결했고 이소베는 아내의 환생을 추적하는 심령주의를 탐구했다. 하지만 이들은 갠지스강을 통해 삶과 죽음이 함께 흘러가는 제의를 경험하고 죽음 또한 자연의 일부이며 성스러움과 속됨의 구분이나 선악 간의 경계도 무화되는 경험을 했다. 모든 죄의식을 수용하고 포용해 주는 갠지스강은 어머니의 품성이었고 어머니 되시는 신의 이미지로 오버랩되며 종교 간의 벽이 허물어지는 모습으로 다가왔다. 그들은 갠지스강을 통해 자기중심적이고 이기적인 삶을 벗어나서 실재 중심의 삶에 눈을 뜨게 되는 인식의 전환을 맞이했다.

『깊은 강』이 제시하는 궁극적인 구원의 상징은 오쓰의 죽음이 보여주는 성육으로 나타났다. 엔도는 존 힉의 은유적 성육신 개념을 차용하여 오쓰의 죽음을 역사적으로 얼마든지 거듭될 수 있는 성자의 출현이라는 개념으로 확대하였다. 예수를 신적 영감이 충만한 성자라고 본다면 하나님이 인간으로 성육신한 것(vere Deus, vere homo)이 아니라 하나님의 사랑이 성육한 것이며 예수는 무한한 하나님의 사랑을 우리에게 전한 모범적 인물이 된다. 아가페를 소유한 이상적 인간이 무한한 실재자에게 순응하는 삶을 살면 그것이 곧 성육으로 의미화되는 것이다. 그래서 성육은 보편적으로 반복될 수 있고 다원적으로 발생할 수 있다. 예수 죽음의 의미가 신앙과 신뢰 속에서 전적으로 자신을 하나님께 드리는 것에 있다고 본다면 오쓰는 예수의 사랑을 실천하다가 죽음에 이르렀으므로 곧 성육한 것이라는 논리가 성립한다.

엔도에게 있어 예수는 일본의 가쿠레 기리시탄들의 고통과 허물을 용서하고 위무하는 어머니 되시는 신의 이미지였다. 하지만 예수가 어떻게 그리스도인가 하는 문제에 대한 그의 고민은 여전히 X로 남아 있었다. 그래서 가장 일본적인 사랑의 신을 창조하기 위해 예수의 성육신 사건을 은유적으로 해석하고 인간의 모범자인 예수를 오쓰를 통해 구현해 내었다. 용서와 사랑의 화신으로 죽음을 감내한 예수의 이미지는 오쓰에게 투영되어 성육은 다원적으로 끊임없이 재생될 수 있다는 여지를 남겼다. 오쓰의 성육 사건은 엔도가 추구한 일본인의 심성에 적합한 모성적 신의 원형으로 떠오를 수 있다고 본다.

☞☞ 『깊은 강』은 엔도의 평생을 사로잡고 있던 문학 테마인 일본인의 심성에 적합한 모성적 신을 탐구한 역작이다. 마음의 상처와 죄의식을 치유받기 위해 인도여행을 떠난 다섯 명의 등장인물은 힌두교와 갠지스 강을 통하여 개별적인 종교체험을 하고 구원을 얻는다. 인간의 고통을 무화시키는 갠지스강은 기독교의 부활과 불교의 전생까지도 함께 포용해 흐르는 신적 실재로 나타났다. 어머니로서의 강은 영혼을 정화하며 초월을 지향하는 힘을 소유하고 있었다. 엔도는 기독교에 뿌리를 두고 있으나 서양의 하나님을 체화하지 못하고 종교다원주의 관점에서 예수를 이해하려고 했다. 그 결과 예수는 가쿠레 기리시탄의 고통을 위무하고 사랑으로 감싸 안는 상징이 되었다. 예수는 인간의 모범을 보여준 성자였고 죽임을 당함으로써 인간의 종교성을 고양시키는 신화를 탄생시켰다. 예수의 부활은 이러한 관점에서 은유적 성육신에 해당하고 문화와 역사의 맥락에 따라 성육신은 반복적으로 이어질 수 있다는 희망을 남긴다. 엔도는 예수를 본받은 오쓰의 성육신이 일본인의 심성에 적합한 모성적 신의 원형으로 떠오를 수 있음을 보여주었다.

제7장

『천국의 열쇠』에 나타난
목회자상

천국의 열쇠(*The Keys of the Kingdom*)
권위주의(Authoritarianism)
관용(Tolerance)
자기희생적 사랑(Self-sacrificing love)
선교지 상황(the Atmosphere of Mission area)
실천신학(Practical theology)

1. 들어가며

오늘날 목회자와 사제는 어떤 존재인가, 어떤 가치 안에서 무엇을 위해 존재하는 사람들인가 하는 물음은 신학의 여러 방법론 못지않게 중요한 본질적인 물음이 된다. 성경 요한복음 10:11의 "나는 선한 목자라 선한 목자는 양들을 위하여 목숨을 버리거니와"로 나타나는 선한 목자상은 하나님께 부름 받은 존재로서의 사역자의 임무를 말하고 있거니와 이 질문에 하나의 답을 제시할 수 있는 문학작품이 곧 『천국의 열쇠(*The Keys of the Kingdom*)』이다.

'천국의 열쇠'라는 용어는 마태복음 16:16에 따르면, 예수께서 베드로의 신앙고백을 칭찬하신 후 그 고백 위에 당신의 교회를 세우겠다고 말씀하시고 이어서 천국의 열쇠를 베드로에게 주겠다고 말씀한 것에서 비롯된다. 곧 "내가 천국 열쇠를 네게 주리니 네가 땅에서 무엇이든지 매면 하늘에서도 매일 것이요 네가 땅에서 무엇이든지 풀면 하늘에서도 풀리리라"(16:19)라는 말씀이다.

그런데 여기서 '매고 푸는 일'에 주목한다면 그것은 우리의 판단과 뜻대로 행하는 일이 아닐 것이다. 지성이면 감천이라는, 인간의 열심과 노력으로 무언가를 성취할 수 있다거나 하느님을 조정하여 기도한 대로 복을 누릴 수 있다는 생각은 하느님 나라와 '천국의 열쇠'를 짊어지는 일과는 거리가 있을 것이다. 오히려 신앙의 본질이라 할 수 있는 하느님의 하느님 되심(Let God be God)을 인정하고 하느님께서 하느님의 일을 이루어가기를 기도하는 자세야말로 피조물인 인간됨의 도리라 하겠다. 십자가 구속의 은혜가 인간에게 그 원인과 조건이 있지 아니하고 오직 하나님의 작정과 섭리 속에 있음을 받아들인다면 그 "작정과 섭리의 중심인 구속 성취와 구속 적용의 진리"(이명호, 「존 머레이의 "구속론" 연구」, 웨스트민스터신학대학원 대학교 석사학위 논문, 2009, vii.)를 몸으로 실천하며 살아가는 인물이 곧 목회자라고 할 수 있다. 날마다 자기 의를 내려놓고 그 구속의 중심인 십자가를 붙드는 삶, 그의 나라와 그 의를 구하기 위해 예수 그리스도를 닮아가는 삶이야말로 목회자가 지녀야 할 기본적인 덕목이라 본다.

☞ 목회자 또는 목사는 기독교에서, 사제는 가톨릭에서 쓰는 용어다. 그러나 이 글에서는 주인공 치점 신부의 초교파적 신앙관에 비추어 가톨릭과 개신교의 용어 구별 없이 모두 한 하느님을 섬기는 피조물 된 인간이라는 차원에서 '목회자'와 '사제'를 같은 의미로 쓰고자 한다. 또한 아도나이(my lord, master)의 의미도 '하나님(개신교)', '하느님(가톨릭)'으로 표기가 다르지만 여기서는 번역서의 표현대로 '하느님'으로 쓴다.

☞ 크로닌의 작품 중 유독 「천국의 열쇠」만이 한국에서 널리 알려져 있다. 다른 작품의 경우, 번역은 됐으나 크게 주목받지 못했고 번역 상태도 재점검해 봐야 할 듯하다. 재번역된 작품으로는 「성채」 1, 2, 민음사, 2009가 있다. 「천국의 열쇠」는 그레고리 팩 주연의 영화(1944)로 올드팬들에게 잘 알려져 있는데, 영화는 파이탄의 선교활동에서부터 시작한다. 그러나 배우가 아무리 배역을 잘 소화한다고 해도 주인공의 외모에 있어서, 작달막한 치점 신부의 키가 그레고리 펙의 큰 키로 바뀌는 데는 한계가 있지 않을까 싶다.

아취볼드 조셉 크로닌(Archibald Joseph Cronin, 1896-1981)의 『천국의 열쇠』(이윤기 역, 『천국의 열쇠』, 섬앤섬, 1990, 70. 이후 모든 인용은 이 번역본의 쪽수로 한다. 역자는 켈트족 특유의 어법을 살리려고 애쓴 결과, 다소 문맥이 매끄럽지 않고 말줄임표가 많다. 그러나 인용은 번역본에 활자화된 대로 한다.)는 1941년 초판이 발행된 후 반년 동안 60만 부가 매진되고, 이어 10여 년간 미국에서 베스트셀러 1위를 차지했던 소설이다. 제목으로 보자면 천국을 여는 열쇠가 있다거나 천국에 들어가기 위해 필요한 여러 덕목을 뜻하는 것으로 읽힐 수 있지만, 오히려 선교 현장이라는 삶의 자리(Sitz im Leben)에서의 바람직한 목회자상을 제시하는 소설이다.

이 글에서는 '양의 문'(요 10:7b)이 되는 예수 그리스도를 좇아 어떤 환경에서도 양 무리를 위한 자기희생과 생명 사랑의 실천을 아끼지 않은 주인공 신부의 삶을 작품내재적 관점으로 살펴보고 천국의 열쇠가 의미하는 바를 고찰해 보고자 한다.

소설은 한 평범한 소년이 어느 날 갑자기 고아가 되고, 신학교를 거쳐 외방전도자로 발령받아 중국 파이탄에서 36년간 선교 사역을 감당하는 행적을 그리고 있다. 소설의 시작은 갖은 풍상을 다 겪은 프랜시스 치점 신부가 선교지에서 귀국한 후, 고아 소년 앤드류를 데리고 살아가는 근황에서 출발한다. 즉, 1938년 9월 현재에 펼쳐지는 〈끝의 시작〉은 곧 액

☞ ☞ 성직자의 고난이나 순교 문제를 다룬 작품들의 공통점은 전도와 선교를 금지하는 낯선 땅에서 고난을 당하면서 신에 대한 회의와 한계상황에 절망하며 출구를 찾지 못하고 갈등하는 모습이 부각된다는 것이다. 포교가 금지된 상황에서 죽음을 담보로 포교와 예배 활동을 전개하면서 소명을 채 감당하지 못하고 인간의 한계와 삶의 부조리성에 피폭되는 모습이 많다. 「천국의 열쇠」의 경우, 선교지의 정치·군사적 상황의 폭압보다 전도와 선교 문제에 관한 성직자의 내적 소명의식이 어떻게 행위 실천으로 드러나는가에 초점이 맞춰져 있다.

자 속 이야기인 60년 전 4월의 어느 토요일로 이어지고, 시간적인 순서로 사건이 전개되다가 다시 현재의 삶으로 돌아와 〈시작의 끝〉으로 마무리되는 순환적 구성을 이루고 있다. 순환적 구성이라 일컫는 것은 그리스도인에게 있어 이 땅의 삶은 순례이며 살아 움직이는 일상적 삶은 어제 오늘이 반복되는 순례의 여정이면서 동시에 시작과 끝의 반복이라는 함의를 지니고 있기 때문이다. 달리 말해 그에게 있어 삶과 목회는 분리가 허용되지 않는 영원한 현재인 셈이다.

문학과 현실과의 관계에서 과연 소설에서와 같은 성직자가 존재할 수 있는가 하는 의문이 제기될 수도 있지만, 문학이 인간의 본질을 궁구하고 이상을 제시하는 수단이 된다는 점에서 치점 신부의 활약상은 시사하는 바가 크다. 치점 신부가 보여준 소명의식과 헌신, 인내와 중용의 덕, 관용과 겸손의 태도는 산상수훈에 소개된 심령이 가난하고 애통하는 자, 온유한 자, 의에 주리고 목마른 자, 긍휼히 여기는 자, 마음이 청결한 자, 화평하게 하는 자, 의를 위하여 박해를 받은 자의 모습에 다름 아니라고 본다. 이제 그가 어떻게 그리스도를 예배하는 소명자로서 성령의 열매(갈 5:22-23)를 맺어가며 묵상과 노동으로 공동체의 평화를 갈구하는지 그 행위 실천의 면모를 살펴보자.

2. 아무것도 무(無)에서 생겨나지는 않는다

영국 북스코틀랜드의 타이니캐슬에 사는 프랜시스 치점은 9살 되던 해 봄, 평범하고 행복한 보통 가정에서 갑작스레 부모를 잃는다. 당시 스코틀랜드는 신·구교 사이의 갈등이 무력 충돌로 이어져 서로 박해를 가하던 시기였다. 그의 부모는 종파가 달라도 서로를 존중하며 평화롭게 살고 있는데, 어느 날 "면도칼같이 날아 들어온 '종교'라는 말"(34)이 그의 가정과 운명을 바꾸어 놓았다. 어린 시절의 프랜시스는 왜 사람들은 서로 자기가 살고 싶어 하는 대로 살게 내버려두지 않을까 하는 궁금증을 갖고 있었다. '다른 이름으로 섬겨도 같은 하느님을 섬기는데, 사람들은 왜 서로를 미워하는지'에 대한 고민은 이후 그의 목회실천에 있어 근본적인 물음이 된다.

종파 간 분쟁의 와중에서 하루아침에 고아가 된 프랜시스는 외할아버지의 빵 가게에서 살게 되지만 외할아버지의 후처인 글레니 부인의 간교 때문에 학교를 그만두고 조선소 직공으로 전락해서 외로움과 가난에 시달린다. 프랜시스의 외할아버지는 "머리는 아브라함의 품속에다 두고 두 발은 밀가루 반죽통에다 넣고 뼈 빠지게 일"(60)하는 일명 다니엘 성자요, 전도자요, 박애주의자였다.

> 그가 설교하는 교리의 요체는 형제애에 바탕을 둔 서로간의 사랑과, 하느님에 대한 사랑이었다. 말하자면 이 사랑을 통하여 다른 사람들을 돕고 이 땅에 평화와 선의가 뿌리내리게 해야 한다는 것이었다. […] 그는 어떤 교파에도 싸움을 걸지 않았으며 어떤 교파든 가리지 않고 부드럽게 타일렀다. 그의 주장에 따르면 문제는 하느님을 섬기는 형식이 아니라 미덕과 인간애와 자비……, 그리고 관용이었다. 그는, 중요한 것은 이런

것을 가르치는 것이 아니라 실천하는 것이라는 주장도 곁들였다. (70)

　이렇게 외할아버지가 설교하는 교리와 평화에 대한 신념은 훗날 치점 신부의 목회실천에도 그대로 이어진다. 실제로 작가 크로닌의 아버지는 아일랜드의 엄격한 구교 출신이며 어머니는 개신교 스코틀랜드인이었다. 크로닌은 7살 때 아버지를 여의고 외가에서 살게 되었는데 종교에 대한 편견이 심했던 당시의 분위기 때문에 개신교 아이들에게서 학대를 많이 받았다고 한다. 그가 후에 자신의 작품을 통해 종교의 편협성을 극복하고자 추구했던 노력은 이러한 자전적 경험 때문일 것이다. 크로닌이 추구하는 신앙은 종교의 교리에 갇혀 있는 독선적이고 배타적인 계율이 아니었다. 진리와 사랑이 삶의 기본이며 종교는 인간을 그리로 인도하기 위하여 존재하는 것일 뿐, 만일 인간이 종교의 형식과 계율에 구속당한다면 오히려 참 신앙에서 멀어지는 것임을 다른 작품에서도 말하고 있다.

　프랜시스는 힘들고 외롭게 소년 시절을 보내며 하느님을 알지 못하는 사람들에 대해서 "왜 이 사람들은 이렇듯이 친절하고 행복해 보이는 것일까? 어째서 나날의 삶에 만족하고 있는 것일까? 하느님의 존재를 부정한다기보다는 오히려 무시하는 듯한 현실주의자들이니 마땅히 지옥에 떨어져 지옥불의 고통을 받고 있어야 당연하지 않은가……"(75) 하는 신앙의 갈등과 고민도 겪는다.

　홀리웰(Holywell) 신학원 시절에는, 권위에 얽매이지 않고 흉허물 없이 생도들을 추켜세우거나 끈기 있게 생도들의 성장을 기다려주는 맥냅 학장 신부로부터 연어 낚시를 배우는 즐거움도 맛본다. 또 천성적으로 프랜시스와는 잘 맞지 않는, '성격이 모질면서도 남을 야유하기 좋아하는' 타란트

부학장 신부를 통해서 일기로 자신을 성찰하고 다듬어가는 훈련을 받기도 한다.

타란트 신부는 유독 프랜시스에 대해 가차 없는 단죄를 내리거나 엄격한 원칙을 적용시키는 인물이다. 이유는 프랜시스에게서 '영적인 반골 냄새'가 난다는 것이었다. 또 프랜시스가 자기 마음에 들지 않기 때문에 프랜시스를 대할 때마다 말 속에 비수를 묻는다거나 지나치게 까다롭게 굴기도 한다. 프랜시스는 타란트 신부에게, 교파라는 것은 어쩌다 보니 생긴 것이고 하느님께서는 이 교파의 문제를 배타적인 시각으로 보시지 않을 것으로 생각한다고 직언한다. 이러한 발언의 진의는 결코 교파를 무시하거나 종교 혼합주의를 표방하는 것이 아니라 교리와 교파 등의 고정관념과 우월적이고 배타적인 지배 구조를 벗어나야 한다는 자신의 신념을 표출한 것이었다. 이후 산모랄레스(Sanmorales) 신학교를 다니면서도 그는 순진하고 선병질적인, 정신적인 고집이 강한 청년으로 주위 사람들에게 인식된다.

이와는 달리 어릴 때부터 한 마을 친구였던 안셀름 밀리는 타란트 신부의 추종자이자 프랜시스와는 판이하게 다른 신념으로 신부들의 총애를 받으며 성장한다. 그는 신학교의 제도나 계율에 대해 별다른 갈등이나 마찰 없이 잘 적응하여 탄탄한 출세 가도를 달리며 평탄하게 최고위 성직자의 반열에 오르는 인물이다.

프랜시스 치점은 항상 일기 쓰기와 묵상 행위를 통해서, 자신이 하느님께 예속되어 있다는 느낌을 저버리지 않는다. "인간은 계산되고, 계획되고, 따라서 거스를 수 없는 우주의 운행에 예속되어 있다는 느낌, 인간은 결코 무에서 생겨나 무로 돌아가는 존재가 아니라는 느낌"(126)은 그가 어떤 역경에 처하든지 항상 스스로를 돌아보게 하고 절대자에 대한 경외심을 잃지 않도록 하는 원동력이다. 이는 아무것도 무에서 생겨나지는 않는다(Ex nihilo nihil)는 작가의 신앙관이 표현된 것이라 하겠다.

그러나 때때로 갇혀 있다는 육체적인 무력감을 떨칠 수 없어 프랜시스가 무단외출을 감행하자 온 신학교 전체가 떠들썩해지고 그는 여러 의혹의 핵심에 놓이기도 한다. 원장 맥넵 신부는 프랜시스의 이러한 행위를, "인생을 보는 깊이와 가슴에 이는 불길"(178) 때문에, 감수성이 예민한 청년의 우울증 경향으로 파악하고 '이 모든 것을 고귀한 정신의 이면에 감춰두고 있는 투사'의 면모로 이해하고 감싸준다. 이렇게 신학교 안에서 "어린아이 같은 소박함과 논리적인 강단이 기묘하게 한데 어우러져 있"(179)는 철저한 개체주의자로 인식된 프랜시스는 졸업 후 탄광촌의 〈구세주 성당〉을 첫 임지로 발령받아 보좌신부가 된다.

3. 권위주의와 편견에 맞서다

치점 신부가 신학교 울타리를 벗어나 세상 한가운데서 소명을 실천하는 과제는 어떤 것이었을까?

첫 부임지에서 그는 인간의 영혼을 대적하여 싸울 기회를 얻었다고 생각한다. 그의 관심은 어떤 마을이라는 특정 장소가 아니라 마을 사람들이라는 인간에 있었다. 그러나 그가 보좌하는 키저 주임신부는 종교를 하나의 공식으로 환원시켜 버리는 인물이었다.

그에게 종교의 내면적 의미, 정신적 의미 같은 개념은 아무것도 아니었다. 융통성이라는 것도 그에게는 통하지 않았다. 그의 가슴 속에 자리 잡고 있는 종교의 모양은, 이렇게 하라, 하지 않으면 지옥에 간다……. 하는 식이었다. 성당에는, 말로 치르는 의식, 물로 치르는 의식, 기름으로 치르는 의식, 소금으로 치르는 의식이 있었다. 주임 신부의 방식대로라면, 그대로 하지 않으면 아가리를 벌리고 있는 뜨거운 화염 지옥에 떨어지지 않을 도리가 없는 것이었다. 지독한 편견에 사로잡혀 있는 그는 마을의 다른 교파를 공공연하게 비난하고는 했다. (205)

율법에 사로잡힌 주임신부의 바리새인 같은 태도는 교인들과도 평화롭지 못했다. 강단에서 두 눈을 부라리며, 어떻게 주임신부인 자신과 교회에 대해 교인들이 무심할 수 있느냐고, 많지도 않은 교인들을 질책하곤 했다.

집세는 어떻게 내고, 세금은 어떻게 물고, 보험료는 어떻게 지불하라는 겁니까? 지붕만 머리 위에 있다고 교회 행세를 할 수 있는 것입니까? 나에게 달라는 것이 아닙니다. 전능하신 하느님께 바치라는 것입니다. […] 내가 구경하고 싶은 것은 누런 동전이 아니라 반짝거리는 은전입니다. […] 가난한 교회를 위해서, 쓰는 것을 절약하고 헌금 액수를 늘린다면 이것도 다 복 받을 일인 것입니다.
그는 이렇게 소리를 지르고는 금방이라도 잡아먹으려는 듯한 얼굴로 신도석을 돌며 접시를 코앞에 들이밀어 손수 헌금을 모으고는 했다. (205-06)

주임신부의 이러한 무지막지한 요구는 자신과 교인들 사이에 생긴 반목의 골을 더 깊게 할 뿐이다. 주임신부가 의도하면 할수록 헌금 액수는 자꾸 줄어들게 되고 이에 격분한 주임신부는 갈색 종이봉투 하나씩을 교인석에 돌리는 방법까지 고안해 낸다. 하지만 미사가 끝난 교인석에 어지

Ⅱ. 현대소설과 기독교 세계관

럽게 구겨진 봉투를 주우면서 그는 "이것들이, 전능하신 하느님 대접을 이렇게 해?"(206) 하고 자신을 하느님과 일치시키는 태도를 보인다.

주임신부의 이러한 혈기는 16개의 광산을 소유한 어느 자선사업가의 1백 기니짜리 수표가 성당에 배달되었을 때, 다음과 같은 태도로 거드름을 피운다.

> "기니란 말이야. 쩨쩨하게 파운드 단위로 노는 게 아니라구. 신사적인 것이란 바로 이런 것을 두고 말하는 게 아니겠어!"(206)

그곳에서 프랜시스에게 맡겨진 교회 일은 실로 견디기 어려운 격무였다. 그는 1주일에 세 번씩 자전거를 타고 벽촌으로 가서 미사를 집전하고 고해를 듣고 마을 공회당에서 교리문답을 주관한다. 격무 자체는 참을 수 있다고 하더라도 교인들의 무관심은 그를 견딜 수 없게 했다. 아이들마저 노는 데 정신을 빼앗겨 그의 열의에 반응해 주기는커녕 골탕을 먹이려 들기가 일쑤였다. 문제는 가난이었다. 절대가난에 시달리고 있는 대부분의 신자들은 신앙의 길에서 저만큼 벗어나 그저 무덤덤하게 생활이 이끄는 대로 살아가고 있었다. 프랜시스는 그들의 일상에 굴복하지 않겠노라 다짐하면서 그들 마음 가까이 다가가 그들의 잠든 의식을 깨우고 싶다는 열망을 버리지 않는다. 자신의 무력감과 무능을 절감하면서도 그것이 자기에게 주어진 기회라고 여기고 열심을 다하여 불씨를 지피고, 재가 된 생명의 불꽃을 다시 피우기로 마음먹는다.

프랜시스가 택한 첫 번째 방법은 고행이었다. 그는 음식을 줄이고 홍차한 잔과 빵 몇 조각으로 하루를 견딘다. 기도하다가 양심의 가책에 시달릴 때면 한밤중에 교회로 내려가 무릎을 꿇고, 시련과 맞설 용기를 달라고 간절히 구한다. 달빛에 씻긴 고요한 교회 안은 낮에 볼 때처럼 추하지 않아서 좋고 한참을 기도하면 십자가에 매달린, 고통 속에서도 끝없이 인내하는 자비로운 분의 모습에 마음의 평화를 느끼곤 한다. 이러한 치점 신부의 행위는 목회자가 그리스도의 형상을 닮기 위해 자기를 부인하고 자기 십자가를 지고자 원하는 헌신의 자세라 할 만하다. 그러나 키저 신부는 프랜시스가 기도를 마친 후 밤늦게 처소로 올라가는 계단의 삐걱거리는 소리가 자신의 잠을 깨운다고 책망한다.

그는 풀죽은 주민들에게 활력과 전도의 계기를 마련하고자 애쓰지만, 키저 신부의 편협한 논리로는 한 마을에서 젊은 남녀가 어울려 춤을 추거나 오락을 하는 것은 상상조차 할 수 없었다. 완고하고 편협한 사고를 지닌 키저 주임신부로부터 치점 신부는 독신자(瀆神者)라는 소리까지 들으면서도 하느님으로부터 받은 첫 임지의 가엾은 사람들을 도와주려는 열망에 사로잡힌다. 그는 교회와 신자들을 잇는 교량 역할을 할 수 있는 회관을 짓고자 다음과 같이 결심한다.

> 복종만 하고 있을 수는 없다. 하느님께서도 그런 굴종만을 요구하시지는 않을 것이다. 싸워야 한다. 키저 신부의 권위주의와 고집과 싸우기로 한다. 그 자신을 위해서가 아니라 가엾은 교회의 신자들, 교회의 신도석을 반도 채우지 못하는 신자들을 위해서 싸워야 한다……. (217)

의에 주리고 목마른 자처럼 권위주의와 편견에 맞서 싸우기로 작정한 그는 주임신부에게서 소외와 무시를 당하지만 정력적으로 일한다. 그는 자신이 마을 사람들의 교회에 대한 반감을 풀어주고 그들의 무감각한 삶에

빛을 던져주고 있음을 실감한다. 가난과 비참한 삶에 시달리는 그들을 감싸 안고, 사랑과 연민 가운데 보이지 않는 하느님 앞으로 다가가고 있다는 느낌은 곧 자신이 지향하는 삶의 목표이자 실천 사역을 성취해 나가는 보람이기도 했다. 그런데 신축 마을회관 문제는 주민들로부터 큰 환영을 받았지만 키저 신부에게서는 냉대를 받고 프랜시스는 결국 쫓겨나고 말았다.

두 번째 부임지 〈성 도미니크 성당〉의 피츠제랄드 주임신부는 몸가짐이 고상하고 태도가 깔끔한 데다 스스로 신사임을 자처하는, 키저 신부와는 또 다른 극을 이루는 인물이다.

피츠제랄드 주임신부는 사순절 기간을 참으로 견디기 어려워하는 신부였다. 그는 교리를 곧이곧대로 따르는 사람이라 금식을 하기는 하지만, 기름진 음식과 맛있는 마실 것에 몸이 길들었기 때문에 금식이 어울리지 않았다. 사순절 기간이면 곧 그의 건강과 성미가 시험을 당하는 때라서 그는 자꾸 감기는 눈으로 사방을 둘러보며 남들을 의식하고 사제관 안을 서성거린다. 그러다가 밤이 되면 또 하루의 고행이 끝났다는 생각으로 달력의 날짜에다 십자가를 하나 더 긋는, 신심도 깊지만 세속의 처세술도 능한 사람이었다. 그는 몸과 마음을 교회에 다 바치고 사는 사람이라면 교회 내에서의 지위도 상당해야 한다는 생각을 가지고 있다. 즉, "거룩한 교회가 이 세상에서 드높아지는 것을 열망하는 만큼 자기의 지위도 드높아지기를 열망하는"(250) 태도로 은근히 자신을 영국 가톨릭교회의 추기경에다 견주고 이제는 그럴 만한 자격이 있다는 생각으로 때를 기다리는 인물이다.

프랜시스는 이곳에서 안셀름 밀리 수석보좌 신부와 함께 사역하게 된다. 밀리 신부는 프랜시스의 고뇌에 찬 사역 행위와는 대조적으로 사람들에게 잘 보이려는 출세 지향적 성향을 보인다. 밀리 신부는 항상 자신이 약속한 사람들 이름과 약속 시간을 빼곡히 수첩에 적어 놓고, 성당의 기부금을 마련하기 위해 부지런히 외부로 다니면서 명문대가의 초대와 강연에 응한다. 마을신문의 편집자나 이 마을에 오는 유명한 성직자의 연설과 강론에 참석한 후 그 사람들에게 명문장의 편지를 보내서 그들의 방문으로 영적인 은혜를 입었다고 추켜세우기 때문에 그 도시에서 영향력 있는 친구들이 많았다. 밀리 신부의 의욕적인 처세술과는 대조적으로 이 무렵 프랜시스 치점 신부의 모습은 어른티가 완연한데도 불구하고 눈가에는 그늘이 지고 나이에 어울리지 않게 가냘픈 몸매를 지닌, 이렇다 할 가시적인 성과를 내지 못하는 못난이 보좌신부로 자리매김된다.

피츠제랄드 주임신부는 부지런한 밀리 신부의 말은 무조건 신임하고 따르는 반면, 타이니캐슬로 몰려드는 폴란드 이민자들을 위해 부름 받은 루마니아인 신부에게는 그를 혹으로 여기거나 의식적으로 무시하는 편견을 지니고 있다. 예컨대 그 신부의 엉망진창인 영어 발음, 법의를 입고도 중산모를 쓰는 이상한 습관, 식사 때마다 냅킨을 턱수염 아래로 찔러 넣는 괴상한 버릇들을 몹시 싫어한다. 프랜시스는 자신이 고아라는 신분과 성장 환경, 친구관계 등의 과거가 뛰어넘기 어려운 불리한 조건일 수 있다는 것을 느낀다.

그러나 낡아빠진 일상적인 강론에다 주일마다 되풀이되는 앵무새 노래 같은 강론에 식상한 프랜시스는 자신의 강론 차례가 되면 인간의 존엄성이라는 주제에다 자신의 생각을 정리하여 싱싱하고 독창적인 강론을 해버려 엉뚱한 결과를 초래하기도 한다. 그래서 주임신부의 신임을 받고 있는 밀리 수석보좌 신부가 그의 강론에 해독제를 뿌리는 임무를 띠고 강단에 오르는 일도 벌어진다.

치점 신부가 맡은 구역은 타이니캐슬에서 가장 조건이 나쁜 지역, 싸구려 셋방과 하숙집뿐인 지독한 빈민굴인 샨드 가(街)의 노동소년회 일이었다. 아무리 해봐야 결과는 뻔하다는 그 지역을 그는 할 일이 많다는 이유로 좋아한다. 오히려 자기의 두 눈으로 그 지역의 빈곤을 있는 그대로 보는 훈련을 쌓고, 가난한 삶의 설움과 오욕, 되풀이되는 가난의 실체를 직면할 수 있도록 자신을 단련한다. 그가 원하는 것은 성자와의 친교가 아니라 죄인과의 친교였으므로, 죄인과의 친교는 그를 늘 연민의 눈물로 젖게 했다. 그에게는 산상수훈의 가르침을 실천하는 행위야말로 곧 복 있는 사람의 증상이요, 자신의 신앙을 지키는 길이요, 그리스도를 본받는 길이었다.

그런데 새로 교구에 편입된 한 지역의 동굴 샘에서 50년 전에 말랐던 샘물이 다시 솟는다는, 일종의 〈마리아의 기적〉이 일어났다. 사람들은 마리아의 샘을 성지로 만들어 관광산업과 연계시켜 돈을 벌어들이려는 계획을 세운다. 그러나 프랜시스는 먼저 신앙적으로 이러한 기적을 믿어보려고 애를 쓴다. "들어갔다가 나와 옷을 털면 목욕통 속으로 이가 떨어질 지경인 그 빈민굴을 나다니며"(256) 병든 자들, 불구가 된 자들에게 위로를 주고 싶은 심정이 간절했기 때문에 더더욱 그 사건을 믿고 싶어 한다. 그는 하나님의 불가지성 앞에서 인간은 "세상의 시작조차 알지 못하는, 수백만 겹의 이불에 덮여 있는, 바닥없는 심연에서 하늘을 올려다보려는 개미와 같"(284)다고 자신을 낮추며 겸손한 믿음을 달라고 간구한다. 결국 이

☞☞ 사건의 진상은, 오랫동안 병을 앓던 한 소녀가 산책을 나갔다가 '마리아의 샘'이란 곳을 지날 때쯤, 하얀 옷을 입고 파란 망토를 두르고 머리에는 별이 박힌 관을 쓴 여인이 나타나 소녀를 위로하면서 샘에 물이 다시 솟아나게 했다는 것이다. 심지어 소녀의 손바닥에는 빨간 못 자국이 선명하게 나타나 있기까지 했다.

사건은 소녀의 광적인 조울증이 빚어낸 경계선적 장애에서 비롯된 것임이 밝혀지고 사건의 진상을 목도한 프랜시스는 소녀 스스로가 고해를 통해 이 사건을 마무리 짓기를 권고한다. 이처럼 프랜시스는 어떤 상황에서도 인내하며 중용을 지키며 누구를 비난하거나 원망하지 않고 기도와 묵상을 통한 목회의 실천 행위에 중점을 두었다.

4. 그리스도의 살아 있는 배필

『천국의 열쇠』에서 정점을 이루는 〈제4부 중국에서〉는 1902년 초, 낯선 사람들 틈에서 뜨거운 인간애의 충동을 느끼며 마침내 구원해야 할 영혼들 속으로 내던져진 치점 신부의 장렬한 고난의 기록이 펼쳐진다. 외방 전교회 회장 격인 안셀름 밀리의 편지에는 중국 절강성 파이탄 선교관은 설립된 지 불과 3년밖에 안 되는데도 성체 배령자는 400명, 영세 받은 사람의 수는 천 명을 넘으며 이 가운데 신심이 별로 없는 신자는 3분의 1밖에 안 된다고 적혀 있었다. 그러나 현장에서 살펴본 선교관은 곧 외양간이었고, 그는 이 외양간에 짐을 풀고 엎드려 선교 사역을 시작한다.

> 지붕은 날아가 버리고 없었다. 이 교회의 잔해 옆에는 한때는 집이었음 직한, 벽돌 무더기가 있었다. 주위는 온통 부얼부얼한 잡초밭, 이런 폐허 가운데 그나마 지붕 같은 게 남은 초라한 움막 같은 게 하나 있었다. 외양간이었다. (302-03)

이렇게 프랜시스 치점 신부는 폐허가 된 선교관 터의 움막에서 무릎을 끓고 별이 무수히 박힌 하늘을 올려다보며 "하느님께서는 저에게, 아무것도 없는 곳에서 시작하라고 하십니다. […] 좋습니다. 일하겠습니다. 하느님을 위해서 싸우겠습니다. 포기하지 않겠습니다……. 절대로, 절대로"(305)라고 외친다.

그레고리 팩 주연의 〈천국의 열쇠〉(1944)
https://blog.daum.net/kgjmission/13837670

교통이 두절된 오지에서 철저히 무시당하며 그곳 사람들과 싸워야 하는, 무에서부터 시작된 치점 신부의 목회 실천은 하느님 자신에게도 불가능한 일로 비칠 것이라고 그가 일기에 기록하리만큼 힘든 소명이었다. 더구나 돈을 노리는 왕 씨 부부의 선동 때문에 신부에 대한 주민들의 적의가 깊어져도 그는 끝내 수단을 부려서 신자를 확보하거나 돈으로 신자를 사들이는 짓은 하지 않는다.

신부는 때때로 아이들의 놀림감이 되기도 한다. 때가 꼬질꼬질하게 묻은 아이들이 그의 뒤를 따라다니며 욕지거리를 해대거나, 어쩌다 걸음을 멈출라치면 거리의 불량배들이 그의 발치에다 오줌을 누는 일도 있었고, 어둠 속에서 날아온 돌멩이에 이마를 맞는 일도 있었다. 터진 이마를 붕대로 감으면서도 그러면 그럴수록 치점 신부의 투지는 더 뜨겁게 달아오른다. 어떤 부모가 갓 낳은 자식의 목을 졸라 버린 시체를 수습해서 비단보 자기에 싼 뒤 선교관 한 구석에 묻어줄 때는 이 이상한 땅이 자신을 필요로 하고 있다는 강한 소명의식을 느낀다.

> 중국에서의 아이들의 값은 글자 그대로 헐값이었다. 기근과 혹심한 가난과 유교의 남존여비 사상에 젖은 중국인들은 아이들, 특히 여자아이들을 심하게 천시하여 저자거리에다 내다버리는 것도 마다하지 않았다. 그러나 조금만 있으면 그의 선교관 교실은 아이들로 가득 찰 터였다. […] 그는 미래가 아이들에게 달렸다는 것을 의심하지 않았다. 그리고 그 아이들, 자기 손에 자라난 그 아이들이 장차 하느님의 자녀가 될 것이라는 사실도 믿어 의심치 않았다. (355)

전임자 로울러 신부는 교회를 사상누각으로 세워놓은 셈이었다. 막대한 자금력을 동원하여 사람들에게 돈을 주고 영세를 받게 하고 이렇게 해서 얻은, 돈에 팔린 기독교도들 이름을 긴긴 보고서에다 올림으로써 이들에게 사기당하는 줄도 모르는 엉터리 승리감에 도취해 있었던 것이다. 이러한 문제는 파이탄 사람들이 바보 같은 외국인 선교사들을 마음 놓고 조롱할 수 있는 빌미를 주기도 했다. 파이탄의 그리스도인들은 돈 때문에 신앙을 사고파는 기회주의자로 전락해 있었다.

그는 물질로 교인을 모으지는 않겠다고, 하느님의 도우심과 자기의 두

☞☞ 작가는 치점 신부를 초인적인 인간으로 끌고 가는 것이 아니라, 평범한 성정을 지닌 소박한 사제로 묘사함으로써 독자에게 더욱 공감을 준다. 그는 우리와 성정이 같은 사람이라, 사람을 원망하고 스스로 절망할 때도 있지만 밤이 되면 무릎 꿇고 은혜를 간구하는 행위를 통해 새 힘을 얻고 또다시 직분을 감당하는 결연한 모습을 보인다.

Ⅱ. 현대소설과 기독교 세계관

손으로 모든 것을 이루어 내겠다고 기도로 결심한다. 자기 안에 존재하는 악마와도 싸워야 했고, 자신의 무능을 탓하는 자책과도 싸워야 했다. 때로는 번지르르한 말로 자신을 절망의 구렁텅이로 내몬 외방전교회 사람들에 대한 서운함 때문에 더욱더 고립감을 느끼는 경우도 있었다. 또한 중국인 파오 씨의 사촌 동생으로부터 선교에 대한 원망스러운 질문도 받는다.

> 왜 신부님들은 우리 중국으로 오신다지요? 귀국(貴國)에는 이제 신부님들이 회개시킬 사악한 인간이 없어진 것인가요? 우리 중국에는 사악한 인간이 없는데, 이상한 일이 아닌가요? 우리에게는 우리의 종교가 있습니다. 우리에게는 당신네들보다 훨씬 오래 전부터 신들이 있었습니다. 지난번에 여기에 계셨던 신부님은 조그만 병에 든 물을 죽은 사람에게 뿌리면서, 어쩌고저쩌고 노래를 불러서 사람들을 기독교인으로 만듭디다. 맨살 가릴 옷감을 주고 배만 채워주면 무슨 노래라도 부를 사람들에게 입을 것을 주고 먹을 것을 주어서 기독교인으로 만듭디다. 신부님께서도 이러실 건가요? (314-15)

☞ 위와 같은 발언은 엔도 슈사쿠의 『침묵』에서도 동일하게 나타난다. 이후 치점 신부가 물 고문을 당할 때, 그 물로 몇만의 현지인들에게 세례를 베푸는 광경을 상상하며 치욕을 견디는 모습 또한 『침묵』의 로드리고 신부의 독백과 유사하다.
선교 사역에서 흔히 발생하는 마찰은 목회자들이 기독교 정신에 입각한 서구 문명과 문화를 표준으로 간주하면서, 피선교지 원주민들의 문화나 그들의 신념을 무시하거나 개종을 종용하는 경우다. 이를 복음의 상황화로 극복해야 한다.

선교 현장에서 원주민들의 이와 같은 비난은 선교사들에게는 피할 수 없는 질문이다. 그러나 치점 신부는 이와 같은 배척 속에서도 복음의 토착화 또는 상황화를 고려하면서 겸손과 관용의 태도를 유지한다.

치점 신부는 그가 속한 공동체의 사회문화적 상황과 삶의 다양성을 존중하고 이웃을 먼저 배려하는 자세로 그들에게 다가간다. 영세와 혼배성사, 미사를 드릴 때 그들의 의식을 정통적인 가톨릭 의식 절차에 걸맞게 고치려면 오랜 세월이 걸린다는 것을 알고 고치는 것에 큰 의미를 두기보다 그들 나름의 전통적 의식을 존중하는 방법을 택한다. 타인을 사랑으로 올바르게 대접하는 방법이란, 자신의 관점에서 타인을 정죄하거나 '진주'나 거룩한 것으로 타인에게 자신의 의와 종교적 전통을 강요하며 괴롭히는 일은 하지 않는 것이다. 돼지에게 무턱대고 자신의 진주를 던지는 것처럼(마 7:6) 진주를 던지는 방식에 우월감을 갖지 않고, 피선교지의 사람들을 존중하며 사랑하며 인격적으로 대하는 치점 신부의 모습은 선교 사역의 한 귀감이 되고 있다.

선교지의 현실을 파악하고 하느님 앞에서 상대를 존중하며 상대를 먼저 대접하는 이러한 사려 깊고 은혜로운 접근 방법은, 장차 열매 맺게 될 하느님 나라의 도래를 확신하는 자세로서, 천국을 여기 있다 저기 있다 하지 않고 스스로 천국을 일구어나가는 성직자의 모습이다.

한번은 마을 유지 챠 씨 아들의 손이 곪았는데 한의사들이 고약을 붙여서 그 아들이 도리어 사경을 헤매는 일이 벌어졌다. 치점 신부의 가벼운 수술 행위로 그 아들이 낫게 되자, 챠 씨는 감사의 뜻으로 기독교도가 되려고 찾아오지만 신부는 이를 거절한다. 믿을 의향도 없고 믿음도 없는 사람이 아들의 병을 고침 받았다는 감사의 빚 때문에 기독교도가 되고 싶어한다는 사실을 그는 허락하지 않는다. 치점 신부는 교인들의 자발적인 신심이 아니고서는 누구도 교인 되는 것을 허락하지 않을 정도로 철저하게 신앙의 자율성을 강조하는 선교관을 보인다.

이러한 치점 신부의 목회 실천은 교인 수에 상관없이 꾸준하게 이어져서 10년 후에는 미사의 회중이 60명 정도로 늘어난다. 또한 마적 떼와 비정규군이 정기적으로 파이탄을 약탈하는 와중에도 자비량으로 노동을 통해 선교관의 재정을 돕는다. 낡은 법의 대신 지저분한 멜빵바지를 입고 나무삽으로 점토를 이기고 자신이 고안한 특수한 가마로 벽돌도 구워 방을 늘이고 양봉도 한다. 또한 마을에 흑사병이 돌자 고통당하는 사람들을 선교관으로 불러들이고, 쑨 중위와 정부군 병사들의 도움을 받아 시체를 매장하는 일까지 손수 한다. 또 그의 친구이자 빈민구호병원에서 일하는 의사 탈록을 불러들여 구호사업도 활발히 전개한다. 그러나 폭설로 교통이 두절되고 약품도 부족해서 구호사업은 제대로 되지 않고 전염병에 대한 공포도 무디어져 가는 상황이 되었다. 그는 죽어가는 사람들을 연민의 눈으로 바라보면서 다음과 같이 애통해한다.

> 그리스도께서는 우리에게 고통을 약속한 것이거니……, 우리에게 주어진 이 삶은 다른 삶에 대한 준비에 지나지 않는 것이거니……. 그래, 하느님께서 우리의 눈에서 슬픔의 그림자를 닦으시는 날, 우리의 눈물 많은 삶도 끝나는 것이거니……. (410)

이 땅에서의 삶이 내세에서의 다른 삶에 대한 준비에 지나지 않는다는, 하늘이 치유할 수 없는 땅의 슬픔은 없다는 확고한 신앙관은 치점 신부를 고통 속에서 더욱 강인하게 하며 사랑의 수고를 아끼지 않도록 이끌고 있다. 그 와중에 의사 탈록마저 흑사병으로 목숨을 잃자, 그는 인간이 괴로움을 겪는 것 그것 자체가 곧 "회개하는 행위"(419)라고 말하면서 내세를 모르고 떠난 그의 믿음 없음을 탓하지 않는다.

이러한 치점 신부의 절대자에 대한 전적인 신뢰는 역질로 폐허가 된 상황에서 또 홍수까지 겹쳐 예배 처소마저 무너지는 절망 속에서도, 다시 시작할 수밖에 없는 것이 삶임을 받아들인다. 실로 치점 신부는 "근심하는 자 같으나 항상 기뻐하고 가난한 자 같으나 많은 사람을 부요케 하고 아무 것도 없는 것 같으나 모든 것을 가진 자"(고후. 6:10)로서 삶의 자리를 은혜로 지켜 나간다.

한편 외방전교회의 회장 밀리 신부의 활약상은 치점 신부와는 대조되게 세간을 떠들썩하게 한다. 그는 런던 사교계의 저명인사로 부각되어 여성들의 우상이 되거나 돈 많은 독신녀의 사랑을 받는다. 학자와 문인들이 많은 사교 모임의 회원이자 외방전교회 본부의 돈자루 노릇을 톡톡히 해서 로마 교황이 몸소 감사의 인사를 전할 정도였다. 밀리 신부는 점점 사업 수완이 뛰어나고 수리(數理) 능력도 있고 돈 관리 능력도 있는 연예인으로 변해 간다. 그는 치점 신부의 선교지를 둘러보며, "상류계급에 속하는 사람들, 돈 많은 상인들의 호감을 얻었더라면 선교가 쉬"(450)웠을 것이라고 하면서 외방전교회 회장으로서의 불만을 토로한다. 신자 수로 선교의 승패를 좌우할 수는 없지만 실로 외방전교회 본부에서 보자면 통계 숫자로 꼴찌인 치점 신부의 선교 실적은 문제가 되지 않을 수 없었다.

밀리 참사는 치점 신부에게, 전도회장을 고용하고 한 달에 얼마간의 경비를 써서 신자 수를 늘리라고 권고한다. "일천 명을 신자로 만드는 데 일천오백 달러도 안 든다는 계산"(450)이라고 충고하거나, 치점 신부의 초라하고 허름한 꼴을 보고, 사람들에게 위엄을 보일 필요가 있다고 하면서 가마도 하나 장만하고 하인도 몇 들이고 살라고도 말한다. 밀리 신부는 치점 신부를 농담 삼아 천박하기 짝이 없는 이교 성직자에 비유하기까지 한다. 치점 신부는 이교 성직자들 중에도 선하고 귀한 사람들이 얼마든지 있다고 응수하지만 자신이 하느님의 눈이나 인간의 눈에 공히 실패자로 비쳤을 수도 있다는 생각 때문에 괴로워한다.

그러나 함께 일하는 베로니카 원장 수녀를 통해 그동안 그녀가 치점 신부를 함부로 대했다는 회개의 눈물을 보게 되고 그녀에게서 고결한 영혼의 소유자라는 위로도 받는다. 하지만 치점 신부는 오히려 하느님 보시기에는 나나 원장이나 다 어린아이에 지나지 않는다면서 서로 도와가면서 함께 일하는 것이 자신의 바람이라고 피력한다. 이와 같은 온유한 품성의 공동체의식은 대지에 발을 붙이고 일하면서 사는 하루하루가 천국의 삶과 그리 멀지 않을 것이라는 치점 신부의 목회관이자 말씀과 일상이 분리되지 않은 자세라고 하겠다. 소설은 치점 신부의 "기도하는 마음까지 버린 텅 빈 마음으로 평화로운 어둠"(456)을 응시하는 관상기도의 모습이나, 가난하고 평범한 한 사람으로 무릎을 꿇은 채 하느님에게 나아가는 겸손한 태도를 곳곳에서 엿보게 한다.

그는 학교를 증축하고 축사와 외양간, 선교관 등이 유복한 농가와 같을 정도로 피선교지의 생활양식에 근접하도록 지었다. 이제는 자발적인 교인 수가 200명으로 늘었고 고아원 규모도 갑절로 커져 고아원에서 자라 혼사를 치른 아이도 있고, 신부가 눈밭 속에서 주워다 기른 안나도 수련 수녀로 일하게 되는 등의 열매를 맺었다.

43세의 나이에 머리가 벗겨지고 관절염을 앓는 늙은이로 변해 버린 치점 신부의 타 종교에 대한 관용정신은 파이탄 중심부에 들어선 개신교 선

☞☞ 하느님 말씀인 성서를 깊이 묵상하도록 도와줌으로써 관상(觀想)에까지 이르도록 이끌어주는 전통적인 기도인 '렉시오 디비나(lectio divina)'는 말씀 정독과 묵상, 기도, 관상 등의 영적 실습과정이다. 하느님의 말씀을 자신 안에 내면화하고 육화시키는 이러한 성독(聖讀) 행위는 치점 신부의 일상이었다.

교관 목사와의 우정에서도 잘 나타난다. 그는 교리가 다른 두 선교관 사이의 관계가 혹시 중국인들의 눈에, 참 믿음이 서로 자기 교파에게만 있다고 주장하는 바벨탑 꼴로 비칠까 봐 염려한다.

> 천국으로 들어가는 문은 여러 개 있습니다. 우리가 만일 이 문으로 들어 간다면 새로 오시는 선교사는 다른 문으로 들어갑니다. 그런데 우리가 어떻게, 나름의 방법으로 선행을 베풀고 믿음을 전하는 그들의 권리를 부정할 수 있겠습니까? 그들도 와서 선행을 베풀고 믿음을 전하고 싶어 한다면, 마땅히 그렇게 할 수 있도록 해주어야 할 것입니다. (467)

그는 가시관을 쓴 그리스도의 얼굴을 올려다보면서 묵상할 때마다 인내와 지혜와 관용이 자신과 함께하기를 기도한다. 우리는 모두 하느님께서 쓰시는 도구라는 생각으로 라오쯔(노자)의 "종교는 많지만 진리는 하나다. 우리는 모두 형제다"(476)라는 말을 인용하기도 한다. 그에게 친절과 관용, 이 두 가지는 종파 간의 마찰을 피할 수 있는 신념이었다.

치점 신부는 피스크 목사로부터 자신이 마치 개신교 목사와 하이 앵글리칸 목사를 섞어 놓은 것 같다는 평을 듣지만 이에 아랑곳하지 않는다. 오히려 가장 기본적인 덕목인 하느님과 이웃에 대한 사랑만 갖추었다면 그걸로 족하다는 것이다. 그리고 지금이야말로 교리를 복잡하게 만들거나 교회가 서로 반목하는 것을 그만두고 하나가 되어야 할 때라고 주장한다.

그러나 이렇게 평화주의자로 살아가고자 하지만, 다시 파이탄에 마적 떼가 침입하고 마을의 평화는 깨어진다. 실로 치점 신부와 수녀들은 가난하고 기댈 곳 없는 사람들을 온몸으로 사랑하고자 타국에 왔을 뿐인데, 땅을 일구면서 소박하게 공동체를 이루며 살고 싶은 꿈을 지녔을 뿐인데, 폭

Ⅱ. 현대소설과 기독교 세계관

군이 들어와 총부리를 겨누고 가난한 사람들이 서로를 죽이는 이 현실을 안타까워한다. 그들은 왜 죽고 죽이는지 까닭을 모르면서 살육을 저지르고, 포연과 총성이 가라앉으면 더 많은 세금을 바치고 더 무서운 압제에 시달리며 더 튼튼한 멍에를 지는 고달픈 삶의 양태를 반복한다. 평화를 파괴하는 전쟁에 대한 신부의 반전 태도는 제1차 세계대전 발발 소식을 전해 들은 세 수녀 간의 애국심 논쟁에 대해서도 일침을 놓는다.

> [⋯] 그리스도께서는 한결같은 사랑을 가르치셨습니다. 그리스도께서는 형제애를 가르치셨습니다. 산상에서, '죽여라! 죽여라! 증오로 무장하고 나가 네 형제의 배에 총검을 꽂으라.'고는 가르치지 않으셨습니다. 오늘날 기독교국의 교회에서, 대성당에서 들려오는 목소리는 그리스도의 목소리가 아닙니다. 시대를 섬기는 비겁한 자들의 목소리일 뿐입니다. 우리가 섬기는 하느님의 이름으로, 이른바 이교 국가인 이 이방 나라로 온 우리가, 우리의 교리와는 어긋나는 짓을 하면서 어떻게 감히 주제넘게 우리의 믿음을 전할 수가 있겠습니까? 중국인들이 우리를 조롱하고, '기독교는 거짓 종교다, 계급과 돈과 증오의 종교다, 사악한 전쟁을 섬기는 종교다.' 이렇게 지탄한다면 여러분에게 할 말이 있겠습니까? 왜 이럴 때 그리스도의 살아 있는 배필의 구실을 하지 못하는 것입니까? 증오를 부추기고 신자를 선동하는 대신, 왜 교황의 목소리로, 사제의 목소리로, '무기를 버려라, 죽이지 말라, 명하노니 싸우지 말라.'고 외치지 못하는 것입니까? (509-10)

전쟁 대신 그리스도의 형제애를, 그리스도의 살아 있는 배필로서의 성직자의 역할을 강조하는 치점 신부의 이와 같은 메시지는 실로 선지자의 외침처럼, 시대와 상관없이 종교의 본질을 되짚어보게 하는 중대한 발언이다.

> ……교회는 이 시대에 비겁했던 죗값을 무느라고 오래 고통을 받을 것입니다. 품안에 넣고 기른 독사는 언젠가는 그 기른 자의 가슴을 깨물 것입니다. 무력을 신성하게 여기는 사람이 부르는 것은 파괴뿐입니다. 이러다가는, 수백만의 군대가 일어나 교회를 무너뜨리고, 무수한 신자들을 타락하게 하여, 다시 한 번 저 카타콤에 가두는 시대가 오고 말 것입니다. (511)

이와 같은 항변 역시 기독교가 세속화되고 권력화하는 현상에 대한 비판이자, 검을 쓰는 자는 검으로 망한다는 평화주의자의 신념을 보여주는 말이다. 마적 떼가 양민을 약탈하고 파이탄 시내를 포격하는 와중에 치점 신부는 평화를 위해서 살고 평화를 위해서 죽게 해 달라고 기도하면서 쓰러진 적군 병사를 선교관으로 옮겨와 돌본다. 또한 선교길에서 도적 떼에게 납치를 당하고, 몸값을 요구받고 오지로 끌려다니며 조롱과 위협을 당하고, 대나무 장대에 묶여 강물을 뒤집어쓰는 '물 고문'을 당하기도 한다. 찢기고 먹지 못하는 것은 물론 토굴에 감금당하고 끌려 나와 얼음물 고문을 당해도, 신부는 그들을 원망하기는커녕 오히려 수난을 통해 인간을 죄에서 거듭나게 하는 세례를 떠올린다.

> 한 방울이면 죄짐을 벗을 수 있게 해 주는 세례……. 여기에는 몇 방울이나 되는 물이 있을까? 백만 곱하기 백만……, 한 방울씩의 물로 세례를 기다리는 4억의 중국인들……. (614)

Ⅱ. 현대소설과 기독교 세계관

이렇게 신부 일행은 도적 떼 앞에서도, 죽음의 위기 앞에서도 청지기로서의 자신의 본분을 잃지 않는다. 다니엘이 사자굴에 들어가게 되는 것이나 스데반이 돌에 맞아 죽게 되는 경우와 같은 핍박이나 고난은 의를 위하여 받는 핍박으로서 하나님의 절대주권을 인정하는 당당한 자세라 하겠다. 신부는 고문으로 다리뼈가 부러지고 탈출을 시도하다가 총탄을 맞아 턱이 부서지는 수난을 당하고 훗날에는 천연두까지 앓게 된다. 실로 그는 "하느님밖에 모르시는 망각의 황야 한 귀퉁이에 조그만 보석"(572)으로서 그의 "몸을 거룩한 산 제사로 드리"(롬 12:1)는 사명을 감당한 것이라 하겠다.

☞☞ 존 스토트는 『설교란 무엇인가』에서 설교자의 사명과 역할을 '청지기, 사자, 증인, 아버지, 종'의 다섯 가지 자질로 나누어 설명했다.(존 스토트, 『설교란 무엇인가』, 채경락 역, IVP, 2010.)

그동안 밀리 신부는 〈타이니캐슬 대성당〉의 주임사제로 취임하고, "훌륭한 언어학자, 괄목할 만한 음악가, 교구 내의 예술가들과 과학자들의 보호자이며, 영향력 있는 지기를 폭넓게 사귀고 있"(576)다는 평까지 듣게 된다. 그러나 치점 신부는 밀리 신부를 질투하거나 폄하하기보다는 운이 좋은 사람이라고 인정하며, 자신은 하느님을 좇아 틈만 나면 앞뒤 안 가리고 머리를 들이미는 짓밖에는 한 것이 없다고 자신의 부족함을 돌아본다.

고난과 역경의 선교 사역을 마칠 때 즈음, 치점 신부는 선교관 뜰에 묻은 묘비를 먼저 찾는다. 산 자와 죽은 자를 갈라놓은 그 묘비야말로 뭇 인간의 평범한 순례의 시작이자 끝이며 이정표였음을, 죽음은 또 다른 삶의 여정임을 되새긴다. 옛 선교관 터에서 드리는 기도 또한 청지기의 자세로 살아온 가난한 사제의 모습을 엿보게 한다.

그의 눈에는 중국인 소년 하나만을 데리고, 화로 앞에 앉은, 열의와 고집 뿐인 한 젊은 사제의 모습이 보이는 것 같았다. 그 자리는 종도 복사도 없이 혼자서 트렁크를 제대삼아 최초의 미사를 드리던 바로 그 자리였다. 그때의 일이 그의 눈에 선했다. 그는 불편한 몸으로 거기에 무릎을 꿇고는, 이루어 놓은 일보다는 이루려 하던 의욕으로 자신을 심판해 주실 것을 하느님께 빌었다. (630)

치점 신부는 사람들에게 위로받기를 원치 않았으나, 파이탄의 유지인 챠 씨에게서 인내와 용기를 필요로 하는 고요한 삶에 대한 인정과 칭송을 받게 된다. 또한 챠 씨에게서 신부님과 자기는 형제라는 고백과, 신부님의 주님은 자신의 주님이어야 한다는 결단을 들은 후, 자원하는 심령의 챠 씨를 그리스도인으로 맞아들인다. 비록 치점 신부가 파이탄에서 36년 동안 개종시킨 신자의 수가 다른 신부가 5년 동안 개종시킨 신자 수보다 적었다고 할지라도 전도와 선교는 눈에 보이는 실적에 기반하는 것이 아니다. 신앙인의 자세는 언제 어디서나 하느님 앞에서 마음의 항복을 받아내는, 눈에 보이는 결과보다 믿음의 선한 싸움을 경주하는 일에 달려 있다 하겠다.

그가 선교 현장에서 체험한 것은 '어리석음과 완고함과 잔악함과 맞서서 용감하게 싸울 것, 관용은 가장 귀한 미덕. 겸손은 그 다음'이라는 실천적 의지였다. 치점 신부는 다음과 같은 공자의 말을 연 종이에 써서 높이 띄운다.

우리의 육신은 이 땅의 흙이 되지만 우리 영혼은 하늘로 올라가 지고한 삶의 모습으로 천상의 광명 가운데 살게 됩니다. 하느님은 모든 인류의 한 분뿐이신 아버지이십니다. (660)

인류 공동의 한 분 하느님을 전파하려는 한 평화주의자의 목회 실천은 그리스도를 닮은 청지기로서 목회자의 본분을 수행하는 일이었다. 누가 누구에 대해서 비난하거나 정죄하지 말고 서로 사랑하며 용서하기를 그리스도가 우리에게 한 것같이 하라는 가르침을 몸소 실천하고 본을 보인 치점 신부는 인생이라는 순례 길에 창조주를 알고, 다른 교리를 통해서라도 그를 인정하는 것이야말로 인간의 근본 도리임을 다음과 같이 강조한다.

> 우리가 어떻게 감히 하느님에 대해, 이런 생각이 옳다, 저런 생각이 옳다고 할 수 있겠어요? 우리가 쓰는 '하느님'이라는 말은 사람이 만든, 창조자에 대한 경칭입니다. 이런 경칭을 쓰는 사람, 이렇게 섬기는 마음을 가진 사람은 누구나 하느님을 봅니다. (661)

하느님을 보는 천국은 "하느님의 천국 통치가 만인에게 열려 있기 때문에 아무도 팔복에서 제외되는 사람이 없다"(윌라드, 179)는 산상수훈의 의미를 다시금 되새기게 한다. 심령이 가난한 자, 애통하는 자, 온유한 자, 의에 주리고 목마른 자, 긍휼히 여기는 자, 마음이 청결한 자, 화평하게 하는 자, 의를 위하여 박해를 받은 자는 복이 있다는 말씀은 곧 인간의 무능함과 부족이 우리를 좌절시키지 못한다는, 하느님에 대한 전적인 신뢰에서 출발하는 일임을 알 수 있다. 그러므로 천국을 여는 열쇠는 곧 십자가를

☞☞ 생사의 고비를 여러 번 넘나든 치점 신부의 옹골찬 모습은 그의 업무 점검 보고서를 밀리 주교에게 전해야 하는 슬리드 신부에게, 은퇴 권유를 받아들이지 않으려는 저항으로 비쳐 공연한 트집거리가 된다. 슬리드 신부는 〈성 콜롬바 성당〉의 소탈한 가족적인 분위기에도 뭔가 핀잔을 주려고 심술을 부린다. 그러나 노신부 치점의 자비로운 관용정신에 견주어 보면 자신은 "편견 덩어리, 현학적인 속물, 야심가"(663)라는 내면의 소리를 듣고, 썼던 보고서를 슬그머니 찢어버린다. 치점 신부의 지속적인 목회 실천 사역을 인정한다는 뜻이다.

통하여 우리에게 본을 보인 예수 그리스도이며 목회자의 삶은 그분을 닮아가는 자기 부인과 자기 십자가의 길이요, 기도로 "그리스도의 남은 고난을 그의 몸 된 교회를 위하여 내 육체에 채우"(골 1:24b)는 것이라 말할 수 있다. 소설 속에 드러난 치점 신부의 이러한 목회 실천 행위는 신앙과 삶이 분리되지 않은 신행일체의 귀감이라 할 만하다.

이제, 마치 하루 전에 교구를 떠났다가 다시 돌아온 사람처럼 그렇게 고향의 〈성 콜룸바 성당〉에서 사역하는 치점 신부는 60년을 하루같이 일상화된 소명의식 속에서 다시 〈시작의 끝〉으로 인생의 순례를 이어간다.

5. 나오며

이상으로 참 성직자의 본을 보인 프랜시스 치점 신부의 일대기를 통해 천국을 여는 열쇠의 의미를 살펴보았다. 목회자는 많아도 진정한 성직자는 드물다는 말이 회자되고 있는 오늘날, A. J. 크로닌은 치점 신부의 행위 실천의 삶을 통해 진정한 종교 지도자의 모습을 우리에게 선보이고 있다.

이 소설을 통해 목회자란 순수한 신앙의 열정을 가지고 자기희생적인 사랑의 실천에 헌신하는 인물임을 알 수 있다.

치점 신부는 교파 간에 반목할 이유도 없고 공연한 증오와 질투도 할 필요가 없다는 것을 역설한다. 그 이유는 비록 간접적이긴 하지만 어린 시절에 신 · 구교 분쟁과 관련하여 부모님을 여의고 가정의 평화가 깨진 경험이 있었기 때문일 것이다. 외가에 더부살이를 하면서 외할아버지의 박애주의 정신에 영향을 받기도 했지만 하느님의 나라는 사랑과 화평을 실천하지 않고서는 이뤄지지 않음을 파이탄 선교지의 참상을 보면서 몸소 실천했다.

신부는 선교 현장에서 마적 떼의 습격을 받으면서도, 그들이 누구이든지 간에 가난과 질병에 시달리고 있을 때 사랑의 수고를 아끼지 않았다. 자신의 교구에 개신교 선교관이 들어섰을 때에도 타인의 편견을 뒤엎고 장로교 목사와 사이좋게 전도에 힘쓰는 기지를 발휘했다. 그는 하느님이 인류 공동의 아버지 되심을 설교하고, 피선교지의 통념을 거스르지 않고 공자나 노자의 가르침까지 흡수하여 36년간 사랑의 실천자로 살았다. 인간을 향한 사랑과 관용과 인내의 실천은 치점 신부의 소명의식이었으며 자기희생의 열매였다. 그는 항상 그리스도의 멍에를 짊어진 수난자의 형상을 감당하면서 곧 천국의 열쇠인 예수 그리스도와 동행할 수 있었고 스스로가 가난하고 외로운 자들의 이웃이 되고자 찾아 나섰으며 끝까지 예수 그리스도의 사랑과 평화를 추구했던 인물이었다.

한편 치점 신부가 보좌신부로 있던 두 성당의 주임신부들은 자신의 지극히 개인적인 주장을 마치 하느님의 뜻이라도 되는 양 미화하거나, 교인들 위에 군림하면서 교인들에게 무조건 충성을 강요하는 면모를 보여주었다. 또한 안셀름 밀리 신부의 경우처럼, 탄탄한 출세 가도를 걸으며 사업가 못지않은 수단으로 교인 수를 늘리고 자금줄을 끌어들이는 수완가 신부도 볼 수 있었다. 그러나 교인 수를 늘리는 데 선교의 본질이 있는 게 아니라면 참삶의 도리와 믿음의 실천에 있어서 마음으로부터 전능자를 인정하고 겸손하게 그의 뜻을 준행하는 일이야말로 하느님이 기뻐하시는 사역이 될 것이다.

그렇다고 치점 신부에게 결점이 없는 것은 아니었다. 작가는 치점 신부의 됨됨이를 혼자서만 의로운 인물로 그리지는 않는다. 그는 소심하고 때로 고집이 세며 사리판단이 명석하기보다는 끝까지 맡은 임무를 다 해내는 끈기와 인내, 성실성을 보였다. 하느님은 꺾어진 자를 쓰시되 그가 얼마나 충성되게, 남이 알아주거나 알아주지 않거나 간에 묵묵히 자신의 본분에 충실한가를 저울질하실 것이다. 아무리 똑똑한 신학 지식을 소유하고 신비스러운 은사 체험이 있고, 웅변 같은 설교로 남을 설득하는 능력이 뛰어나다 할지라도 겸손하고 덕스럽게 사랑을 실천하지 않으면 잎만 무성한 나무가 되기 쉬울 것이다. 신부는 일의 정세가 그에게 불리해지고 해를 당하더라도 항상 남을 배려하는 입장에서 사람들을 돌보고 자기희생을 마다하지 않았다. 중요한 것은 상황이 아니라 인간을 향한 하느님의 뜻을 몸소 실천하려는 의지였다.

소명을 감당하려는 성직자에게 닥치는 고난과 시련은 그리스도의 군사된 신앙인에게 피할 수 없는 연단이요, 그 연단을 통해 보다 성숙한 그리스도인이 될 수 있는 기회가 된다. 작가는 이 소설에서 하느님에 대한 찬미나 거듭남의 기쁨, 각종 은사와 방언의 문제 같은 개인의 영적 성장문제에 접근하기보다는 오히려 치점 신부의 일생일대의 모험과 간증이라고 할 수 있는 고난 받는 종의 진수를 보여주고 있다 하겠다. 선한 양심을 지녔으되 박해와 멸시가 함께하는 선교 현장에서 먼저 그들을 껴안으며 사랑과 돌봄을 실천하는 그의 겸손한 수고는 고난의 기쁨이란 무엇이며 천국을 여는 열쇠는 어떤 은혜인지를 숙고하게 한다.

그리스도인이 된다는 것은 하느님에게 자신이 원하는 목표를 놓고 기도하여 소원을 성취하고 이 땅에서의 물질적인 풍성함을 누리는 것이 아니라 고난 속에서 오히려 청빈에 힘쓰며 인내와 수고를 아끼지 않는 팔복

II. 현대소설과 기독교 세계관

의 삶이어야 한다. 고통받는 선한 사마리아인처럼 이웃을 향한 관심과 배려, 온정과 자비의 손길은 기독교 정신의 핵심일 것이다. 이웃 사랑의 실천은 하느님의 일반 은총 속에 살고 있는 우리에게 모든 인류의 아버지로서의 하느님의 자비를 널리 드러내는 일이다.

피에트로 페루지노의 프레스코화 〈성 베드로에게 천국의 열쇠를 주는 예수〉
https://terms.naver.com/entry.naver?docId=875379&cid=42645&categoryId=42645

```
┌─  · 참고 자료 ·  ─┐
```

Ⅰ. 한국 현대시와 기독교 세계관

제1장 김현승 시의 정신주의와 절대귀의

기본자료

김현승, 『김현승 전집』 1 · 2, 시인사, 1985.

다형 김현승 시인 기념사업회 편, 『다형 김현승 전집』-운문편 · 산문편, 다형 김현승 시
　　　인 기념사업회, 2012.

_____, 『다형 김현승의 삶과 문학』, 다형 김현승 시인 기념
　　　사업회, 2015.

단행본 및 논문

숭실어문학회 편, 『다형 김현승 연구』, 보고사, 1996.

유성호, 『다형 김현승 시 연구』, 소명출판, 2015.

홍문표, 『신학적 구원과 시적 구원: 키르케고르와 김현승의 고독에서 구원까지』, 창조
　　　문학사, 2005.

제2장 박목월 시에 나타난 신앙의식의 세 양상

기본자료

박목월, 『박목월 시전집』, 서문당, 1984.

박목월, 『박목월 시 전집』, 민음사, 2003.

박목월 유고시집, 『소금이 빛나는 아침에』, 문학사상사, 1987.

단행본 및 논문

금동철, "박목월 시의 어머니 이미지와 근원의식", 《한국시학연구》 3집, 2000.

오세영, 「영원탐구의 시학-박목월론」, 『한국현대시인연구』, 도서출판 월인, 2003, 507-560.

이승훈 편집, 『박목월-한국현대시문학대계』 18, 지식산업사, 1985.

이희중, 「목월 시의 변모과정」, 『현대시의 방법 연구』, 2001.

전동진, 『창조적 인간과 초연한 인간』, 서광사, 2002.

최승호, "박목월론: 근원에의 향수와 반근대의식", 『국어국문학』 제126집, 2000.

한광구, "박목월의 시에 나타난 어머니의 이미지 연구-어머니에 나타난 시간성과 공간성을 중심으로", 《한국시학연구》 제7집, 2002.

한예찬, 『박목월의 시인의식 연구』, 한국학술정보, 2008.

제3장 박두진 시에 나타난 구원의 서정(序程)

기본자료

박두진, 『나 여기에 있나이다 주여』, 홍성사, 1983.

단행본 및 논문

박두진a, 『예레미야의 노래』, 창작과 비평사, 1983.

_____b, 『가시 면류관』, 종로서적, 1988.

_____c, 『문학적 자화상』, 도서출판 한글, 1994.

_____d, 『고향에 다시 갔더니』, 신원문화사, 1996.

김미희, 「박두진 시에 나타난 기독교 사상 연구: 후기 시 『사도행전』을 중심으로」, 동덕

여자대학교 여성개발대학원, 2002.

유성호, 「윤리와 실존으로서의 종교 의식」, 『현대문학의 연구』 37 (2009): 97-122.

이명호, 「존 머레이의 "구속론" 연구」, 웨스트민스터신학대학원대학교 석사학위 논문, 2009.

존 머레이, 하문호 역, 『구속론』, 성광문화사, 1979.

제4장 시적 진실로서의 고통과 성서 인유

기본자료

김춘수, 『김춘수 시 전집』, 현대문학사, 2004.

_____, 『김춘수 시론 전집 I · II』, 현대문학사, 2004.

_____, 『달개비꽃』, 현대문학사, 2004.

_____, 『하느님의 아들 사람의 아들』, 현대문학사, 1985.

단행본 및 논문

남진우 엮음, 『왜 나는 시인인가』-김춘수 대표에세이, 현대문학, 2005.

민영진, 『교회 밖에 핀 예수꽃』, 창조문예사, 2011.

신규호, 「김춘수 시의 비애미와 기독교적 심상」, 『한국 현대시와 종교』, 국학자료원, 2003, 170-182.

엔도 슈사쿠, 이평아 역, 『예수의 생애』, 가톨릭출판사, 2003.

_____, 정종화 역, 『그리스도의 탄생』, 고려원, 1984.

이진흥, 「김춘수의 〈예수를 위한 6편의 소묘〉 연구」, 『논문집』 11집, 대구산업정보대학교, 1997, 278-295.

정끝별, 『패러디 시학』, 문학세계사, 1997.

정효구, 『김춘수 문학앨범』, 웅진출판, 1995.

제5장 예수를 이해하는 시적 세계관의 두 양상

기본자료

김춘수a, 『김춘수 시 전집』, 현대문학사, 2004.

_____b, 『김춘수 시론 전집 I · II』, 현대문학사, 2004.

박두진a, 『박두진 전집 I-X』, 범조사, 1983.

단행본 및 논문

김성리, 「김춘수의 시와 세계관」, 『한국문학논총』 56 (2010): 243-291.

김춘수c, 『하느님의 아들 사람의 아들』, 현대문학사, 1985.

_____d, 남진우 엮음. 『왜 나는 시인인가』, 현대문학사, 2005.

도스토옙스키 표도르, 『카라마조프가의 형제들 1』, 문학동네, 2018.

박두진b, 『문학적 자화상』, 도서출판 한글, 1994.

_____c, 『시적 번뇌와 시적 목마름』, 신원문화사, 1996.

_____d, 『고향에 다시 갔더니』, 신원문화사, 1996.

신대철, 「박두진 연구 26-「당신의 사랑 앞에」를 중심으로」, 『어문학논총』 29 (2010): 1-20.

유성호, 「윤리와 실존으로서의 종교 의식」, 『현대문학의 연구』 37 (2009): 97-122.

이진홍, 「김춘수의 〈예수를 위한 6편의 소묘〉 연구」, 『논문집』 11 (1997): 278-295.

II. 현대소설과 기독교 세계관

제1장 김동리 소설에 나타난 성서 모티프의 샤머니즘적 변용과 신인간주의

기본자료

김동리, 『김동리문학전집』 1 · 2 · 10 · 12 · 27 · 28 · 29 · 30 · 31 · 32, 계간문예,

2013.

김동리, 「마리아의 회태(懷胎)」, 차봉준, 『기독교 전승의 소설적 형상화와 작가 의식』,
　　　인터북스, 2009, 247-264.

단행본 및 논문

김윤식, 『사반과의 대화』, 민음사, 1997.

노승욱, 「김동리 소설의 샤머니즘 수용 양상」, 『인문학연구』 89 (2012): 5-32.

차봉준, 『기독교 전승의 소설적 형상화와 작가의식』, 인터북스, 2009.

제2장 한국 소설에 나타난 가룟 유다 서사

김덕환, 『가룟 유다의 피밭』, 일맥사, 1984.

김성진, 『가룟 유다의 진실-아페스』, 문화전사, 1997.

＿＿＿＿, 『금지된 인간』 1 · 2, 민미디어, 2007.

김형식, 「가룟 유다」, 『기독교사상』 6.5 (1962): 94-100.

레오니트 안드레예프, 이수경 역, 『가룟 유다』, 지만지, 2011.

레이 앤더슨, 진은경 역, 『가룟 유다로부터 온 복음』, 가리온, 2003.

몰리 캘러한, 이현일 역, 『가룟 유다의 고백』, 한솔미디어, 1996.

박상륭, 『아겔다마』, 문학과 지성사, 1997, 9-25.

발터 옌스, 박상화 역, 『유다의 재판-가리옷 유다의 시복재판에 관한 보고서』, 지만지,
　　　2011.

백도기, 「가룟 유다에 대한 증언」, 『우리시대 우리작가15-백도기』, 동아출판사, 1987.
　　　15-156.

＿＿＿＿, 「그의 앞에 서다」, 『기독교사상』 6.8 (1962): 122-130.

설부진, 『유다의 선택』, 달무리, 1995.

이창훈, 『붉은 소금』 상 · 하, 글사랑, 1996.

정선웅, 「유다를 위한 변호」, 『활천』 491 (1994): 119-120.

조기탁, 「유다의 양심선언」, 『새가정』 307-310 (1981-1982): 112-119, 128-134, 131-138.

조기탁, 『유다의 양심선언』, 명문당, 1990.

카트린 슐라르 편, 박 아르마 역, 『유다』, 이룸, 2003.

제3장 『침묵』에 나타난 율법과 사랑

기본자료

엔도 슈사쿠, 공문혜 역, 『침묵』, 홍성사, 2003.

遠藤周作, 『沈黙』, 新潮社, 1966.

단행본 및 논문

김승철, 『엔도 슈사쿠의 문학과 기독교-어머니되시는 신을 찾아서』, 신지서원, 1998.

박승호, "엔도 슈사쿠의 『침묵(沈黙)』의 주제연구", 문학과 종교학회, 《문학과 종교》, 2003.

박유미, "엔도 슈사쿠의 『침묵』론-로드리고와 기치지로의 '인생'을 통한 '순교'", 한국일본문화학회, 《일본문화학보》, 2008.

임종석, "엔도 슈사쿠의 『침묵』에 있어서의 기독교", 한국일본학회, 《일본학보》, 2002.

제4장 순교의 진실과 침묵하는 신

기본자료

김은국a, 도정일 역, 『순교자』, 문학동네, 2010.

김은국b, 『순교자』, 을유문화사, 1990.

엔도 슈사쿠, 공문혜 역, 『침묵』, 홍성사, 2003.

단행본 및 논문

김욱동, 『김은국 -그의 삶과 문학』, 서울대학교출판부, 2007.

신익호, 「한 · 일문학에 나타난 순교와 배교의 양상」, 『기독교문화연구』 14 (2009): 37-48.

이경직, 「개혁주의 생명신학의 속죄론 연구-그리스도의 십자가 죽음을 중심으로」, 백석대학교 박사학위논문, 2011.

이동하, 「김은국의 『순교자』에 나타난 진실의 문제」, 『한국소설과 기독교』, 국학자료원, 2003, 158-169.

이신형, 「『순교자』가 제기한 신학적인 질문과 대답」, 『문학과 종교』 15.3 (2010): 177-204.

임영천, 『한국 현대문학과 기독교』, 태학사, 1995.

임종석, 『엔도 슈사쿠가 빚어 만든 신』, 충남대학교출판부, 2008.

장원재, 「이반의 희곡에 나타난 종교적 상징 연구」, 『외국문학연구』 10 (2002): 571-586.

정인모, 「하인리히 뵐이 본 김은국의 『순교자』」, 『독어교육』 31 (2004): 491-513.

조회경, 「김은국의 『순교자』에 나타난 희생양 메커니즘의 작동과 해체」, 『문학과 종교』 18.3 (2013): 173-191.

제5장 신정론의 고뇌와 신비 체험 양상

기본자료

이청준, 『벌레 이야기』, 열림원, 2002.

아쿠타가와 류노스케, 김영식 역, 「남경의 그리스도」, 문예출판사, 2008.

_____, 조사옥 역, 「남경의 그리스도」, 조사옥 편, 『아쿠타가와 류노스케 전집 III』, 제이엔씨, 2012.

단행본 및 논문

권오룡 엮음,『이청준 깊이 읽기』, 문학과지성사, 1999.

전달수,「신비체험과 신비현상에 대한 고찰」,『현대가톨릭사상』13 (1995): 3-29.

최재선,「한국현대소설에 나타난 신정론 연구」,『문학과 종교』13.2 (2008): 1-22.

최정아,「아쿠타가와 류노스케(芥川龍之介)의『南京의 그리스도(南京の基督)』론」,
　　　　『일본학보』45 (2000): 527-542.

제6장 존재의 구원 문제와 은유적 성육신 고찰

기본자료

엔도 슈사쿠, 유숙자 역,『깊은 강』, 민음사, 2007.

遠藤周作,『深い江-遠藤周作全集 IV』, 新潮社, 1999.

단행본 및 논문

김승철,『엔도 슈사쿠, 흔적과 아픔의 문학』, 비아토르, 2017.

나가하마 타쿠마,「엔도 슈사쿠 ≪깊은 강≫론 -〈일본인의 심성에 맞는 기독교〉에 대
　　　　하여」,『東北亞基督敎作家會議集』제17회 동북아기독교작가회의 자료집 17
　　　　(2019): 31-33.

엔도 슈사쿠 b, 이평아 역,『그리스도의 탄생』, 가톨릭출판사, 2003.

　　　　　　　　c, 이평춘 역,『예수의 생애』, 가톨릭출판사, 2021.

이영화,「엔도 슈사쿠 문학의 종교에 대한 틀 깨기」,『일본근대학연구』63 (2019): 87-
　　　　102.

후루하시 마사나오,「엔도 슈사쿠(遠藤周作)에서 보는 신앙의 인지적(認知的) 패턴 -깨
　　　　달음의 문학, 신(神) 탐구와 자기 이해의 틈새에서」,『東北亞基督敎作家會議
　　　　集』제17회 동북아기독교작가회의 자료집 17 (2019): 17-20.

　　　　　　　　　　　,「엔도 슈사쿠의 창작방법에 나타난 신학적 의도 -신학의 방법과

형태에 대한 시사」(遠藤周作の創作方法に現れた神学的意図 -神学の方法と形
に対する示唆-),『遠藤周作研究』7 (2014): 84-103.

힉 존, 변선환 역, 『성육신의 새로운 이해: 다원주의 시대의 기독론』, 이화여자대학교
출판부, 1997.

제7장 『천국의 열쇠』에 나타난 목회자상

기본자료

A. J. 크로닌, 이윤기 역, 『천국의 열쇠』, 섬앤섬, 2005.

단행본 및 논문

달라스 윌라드, 윤종석 역, 『하나님의 모략』, 복있는사람, 2007.

참고 자료

현대문학과
기독교 세계관

초판인쇄 2023년 11월 10일
초판발행 2023년 11월 10일

지은이 남금희
펴낸이 채종준
펴낸곳 한국학술정보(주)
주 소 경기도 파주시 회동길 230(문발동)
전 화 031-908-3181(대표)
팩 스 031-908-3189
홈페이지 http://ebook.kstudy.com
E-mail 출판사업부 publish@kstudy.com
등 록 제일산-115호(2000. 6. 19)

ISBN 979-11-6983-785-9 93230